Alexandra Wetzel

China

Reich der Mitte

Parthas

Bildlexikon der Völker und Kulturen, Bd. 3
Herausgegeben von Ada Gabucci

In der Reihe bereits erschienen:
Mesopotamien – Sumerer, Assyrer und Babylonier, Bd. 1
Rom – Kultur der antiken Stadt, Bd. 2

Aus dem Italienischen
Caroline Gutberlet

Lektorat der dt. Ausgabe
Alexandra Wetzel,
Katja Richter

Redaktion
Barbara Tarvaglini

Bildrecherche
Marta Alvarez,
Marta Carenzi,
Giovanna Intra

Grafische Gestaltung
Dario Tagliabue

Layout
Anna Piccarreta

Umschlaggestaltung
Birgit Zschunke

Satz
Klaus Rudolf Bittl

Druck und Bindung
Mondadori Printung Spa,
Martellago, Ita

ISBN 978-3-936324-73-0

Für die Lautumschrift der chinesischen Begriffszeichen wurde das offizielle chinesische (phonetische) Transkriptionssystem *Pinyin* verwendet.

Umschlagabbildung
Kutscher (Ausschnitt),
Qin-Dynastie, 221–206 v. Chr., Grube Nr. 2
der Grabanlage des ersten Kaisers von China,
Terrakotta, H: 190 cm, Lintong, Museum der
Terrakotta-Armee des Kaisers der Qin.

Abbildung auf Seite 2
Changxin-Palast-Lampe
Westliche Han-Dynastie, spätestens
150 v. Chr., aus dem Grab der Prinzessin
Dou Wan in Mancheng (Provinz Hebei),
vergoldete Bronze, H: 48 cm,
Shijiazhuang, Provinzmuseum von Hebei.

Bildlexikon der Völker und Kulturen

Inhalt

Einführung

Trotz seiner immensen geographischen Ausdehnung gehört China, das von seinen Bewohnern Zhongguo, *»Reich der Mitte«, genannt wird, zu den ältesten Weltkulturen mit einer historischen Kontinuität, und zwar vom ausgehenden 3. Jh. v. Chr. bis ins 20. Jh. Die zwischen dem 5. und dem 3. Jh. v. Chr. sich herauskristallisierende Vorstellung eines Weltreiches, das »alles, was unter dem Himmel ist«* (tianxia) *in sich vereint, wurde erstmals Wirklichkeit, als der Herrscher des Qin-Reiches – von »Qin« leitet sich unsere Bezeichnung »China« ab – die Kämpfe zwischen den zahlreichen rivalisierenden Reichen beendete und sich im Jahr 221 v. Chr. zum »Ersten Erhabenen Göttlichen« ausrief.*
Das theoretische Fundament des Kaiserreiches legte die nachfolgende Han-Dynastie (206 v. Chr. – 221 n. Chr.), die den Konfuzianismus, eine im 5. Jh. v. Chr. entstandenen gesellschaftlich-ethischen Bewegung, zur Staatslehre erhob. An der Spitze des sozialen Gefüges stand der Kaiser, der als Mittler zwischen den beiden kosmischen Entitäten Erde und Himmel fungierte.
Die systematische Erfassung von Experimenten und empirischen Beobachtungen in Verbindung mit einer effizienten Organisation der Produktionsprozesse führte dazu, dass China auf technisch-wissenschaftlichem Gebiet dem Abendland anhaltend bis ins 15./16. Jh. n. Chr. überlegen war. Der Daoismus, die zweite autochthone Denkrichtung des antiken China, förderte die Forschung im protowissenschaftlichen Bereich durch die Erkundung der regelmäßig wiederkehrenden Erscheinungen der Natur und des Kosmos.
Der Zusammenbruch des Kaiserreichs nach dem Sturz der Han-Dynastie begünstigte den Kulturaustausch mit den Völkern in den Grenzregionen und ermöglichte das Eindringen des (aus Indien stammenden) Buddhismus in das Herz der chinesischen Gesellschaft. Nach über 350 Jahren wurde das Reich durch die nur kurz regierende Sui-Dynastie (581–618) wieder hergestellt. Sie führte grundlegende Reformen durch, die der 300-jährigen Herrschaft der nachfolgenden Tang-Dynastie (618–907) zugute kamen.
Die Zeit der Tang-Dynastie war das Goldene Zeitalter des antiken China, das sich durch geographische Ausdehnung, religiöse Toleranz und eine kosmopolitische und liberale Politik auszeichnete. Nach dem Ende der Tang-Dynastie und einer fast fünfzig Jahre währenden Periode der Auflösung wurde China wiedervereint, doch die barbarischen Völker des Nordens stellten eine ernsthafte Bedrohung dar, der die Song-Dynastie (960–1279) sich nur durch die Zahlung hoher Tributleistungen und später durch die Verlegung der Hauptstadt nach Südchina (1127) erwehren konnte. In dieser Periode einer intensiven Förderung der Künste prägte sich die so genannte Kultur der Literaten-Beamten aus. Die Song-Dynastie wurde durch die mongolische Eroberungswelle

überrollt, und Kubilai, ein Enkel Dschinghis Khans, stieg auf den Kaiserthron. Er begründete die Yuan-Dynastie (1279–1368), eine fast hundertjährige Fremdherrschaft, deren Administration vor allem Ausländer einstellte. Während dieser Zeit gelangten die Erfindungen des antiken China ins Abendland, also ausgerechnet als die Diskriminierungen jeden schöpferischen Impuls bremsten.
Die nachfolgende Ming-Dynastie (1368–1644) besann sich auf die herkömmlichen chinesischen Werte zurück, doch die sinozentristische Politik führte zu einer völligen Abriegelung nach außen und erstickte jede Reformbestrebung im Keim. Hier endet der vorliegende Band, also vor dem traumatischen Zusammentreffen mit der technologischen Überlegenheit der Westmächte, das sich zur Zeit der Regierung des letzten Herrscherhauses abspielte, der Qing-Dynastie (1644–1911). Diese letzte Periode des Kaiserreiches könnte für sich allein ohne weiteres einen eigenen Band füllen, wie im Übrigen auch die vordynastische Epoche, die sich durch eine kulturelle Vielfalt auszeichnet, von der man dank der intensiven Grabungsaktivität im heutigen China immer mehr Kenntnis hat. Die Weitergabe des Wissens durch eine intellektuelle Elite, die sich aus Angehörigen der Beamtenschicht zusammensetzte, hatte tatsächlich eine Gleichschaltung der literarischen Produktion und der Geschichtsschreibung zur Folge. Diese historischen Quellen werden heute jedoch von materiellen Zeugnissen flankiert, die eine Erweiterung und teilweise Revision unserer Kenntnisse zu zahlreichen Aspekten der Kultur im antiken China erforderlich machen.
Die Bestattungsikonographie, wie sie uns beispielsweise in den Gräbern von Mawangdui begegnet, offenbart uns eine imaginäre Welt, die parallel zum Konfuzianismus existierte, der magisch-religiöse Aspekte ignorierte oder in rationale Begriffe fasste. Die wichtigsten archäologischen Quellen sind Gräber, Felsentempel und zufällige Funde bedeutender Schätze. Das, was von den alten kaiserlichen und privaten Sammlungen übrig geblieben ist, bietet einen Überblick über die Malerei und Kalligraphie, dafür mangelt es an architektonischen Zeugnissen, was mit der Verderblichkeit des hauptsächlich verwendeten Baumaterials – Holz – zu tun hat.
Im Abendland ist China sehr lange ein Märchenland gewesen, fern jeder Realität. Aufgrund der mit der Übersetzung der schriftlichen Quellen verbundenen Schwierigkeiten einerseits und der Komplexität der beiden wichtigsten chinesischen Lehrgebäude Konfuzianismus und Daoismus andererseits kam es nur verzögert zu einem tieferen Verständnis dieser alten Weltkultur. Doch dank des bei wissenschaftlichen Grabungen zutage geförderten archäologischen Materials und genauerer philologischer Untersuchungen haben wir heute die Möglichkeit, uns ein lebendiges, dynamisches Bild von diesem großen alten Reich zu machen.

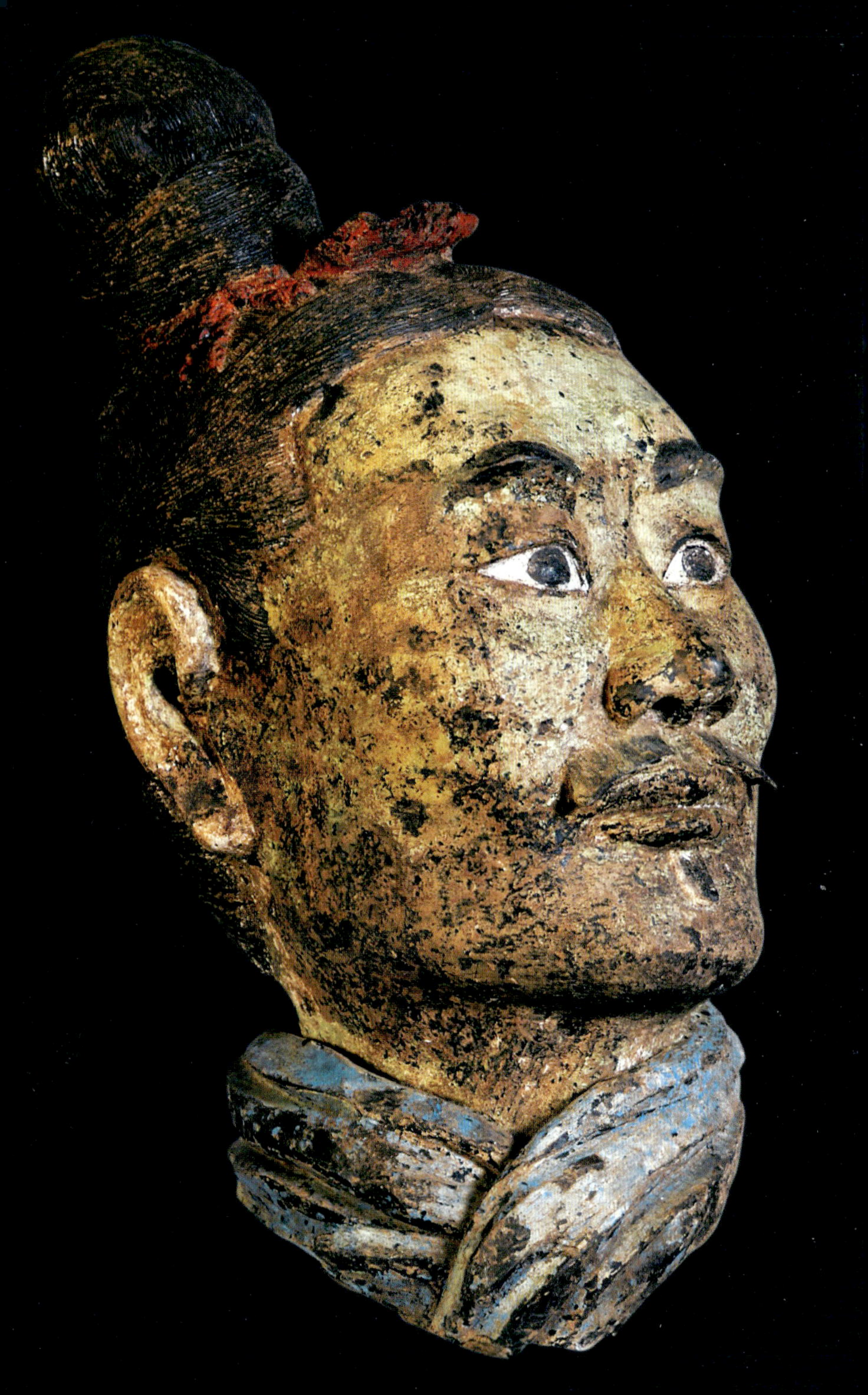

Bedeutende Persönlichkeiten

Qin Shi Huangdi
Li Si
Han Wudi
Sima Qian
Familie Cao
Tang Taizong
Xuanzang
Wu Zetian
Li Bai
Song Huizong
Su Shi
Zhu Xi
Kubilai Khan
Hongwu
Yongle

◄ Kopf mit grüner Gesichtsfarbe, Qin-Dynastie, 221–206 v. Chr., Terrakotta, Lack, Pigmente, Lintong, Museum der Terrakotta-Armee des Kaisers der Qin.

»Er veränderte den Kalender, erkor Schwarz zu seiner Farbe … und bestimmte die Sechs zur Grundzahl: Die offiziellen Siegel und Mützen maßen alle 6 Zoll, die Wagen 6 Fuß.« (Sima Qian)

Qin Shi Huangdi

Erster Kaiser von China

Periode
Qinzeit
(221–206 v. Chr.)

Regierungszeit
247–221 v. Chr.
(König Zheng von Qin);
221–210 v. Chr. (Kaiser)

Familienname
Zhao oder Qin

Begriffe
Kleine Siegelschrift
(xiaozhuan)

Verwandte Stichworte
Li Si; Mandat des Himmels; Kontrolle der Gewässer; Krieg; Große Mauer; Streben nach Unsterblichkeit; Xianyang

Nach der Annexion der sechs größten Königreiche Chinas verlieh sich der Herrscher des Qin-Reiches im Jahr 221 v. Chr. den neuen Titel Shi Huangdi, »Erster Erhabener Göttlicher«, und legte die Grundlagen für ein Reich, dessen Struktur über 2000 Jahre Bestand haben sollte. Zur Stärkung der Zentralgewalt gliederte er das Land in 36 Verwaltungseinheiten, deren Gouverneure den zentralen Behörden gegenüber rechenschaftspflichtig waren. An die Stelle der Gesetze der Einzelreiche trat ein Strafgesetzbuch, das bis zum Beginn des 20. Jh. die Grundlage des Rechtssystems bildete. Das Geldsystem, die Maße und Gewichte, sogar die Spurweite der Wagen wurden vereinheitlicht; desgleichen die Schrift, die als sog. Kleine Siegelschrift reichseinheitliche Literatursprache werden sollte. Der Erste Kaiser unternahm riesige Bauvorhaben: Er ließ neue Straßen und Kanäle anlegen und bestehende Wehranlagen verstärken und miteinander verbinden, sodass an der Nordgrenze eine lange Grenzbefestigung entstand: die Große Mauer. Prunkvolle Paläste und ein gigantisches Mausoleum sollten die kaiserliche Macht auf immer erkennbar machen. Doch die ungeheuerlichen Entbehrungen, die das Volk ertragen musste, um Geld und Arbeitskraft für diese Werke aufzubringen, führten zu einem allgemeinen Aufruhr und schließlich wenige Jahre nach dem Tod des Ersten Kaisers zum Ende der Qin-Dynastie.

► Dreifußgefäß vom Typ *ding*, Qin-Dynastie, 221–206 v. Chr., aus der Grube der Akrobaten des Mausoleums des Ersten Kaisers in Lintong, Bronze, Ø (Rand): 64 cm, Peking, Museum der chinesischen Geschichte.

Das Dreifußgefäß vom Typ ding *gehört zu den ältesten Ritualgefäßen. In den shangzeitlichen Königsgräbern wurde es für Fleischbeigaben verwendet.*

In Quellen aus dem 6. bis 4. Jh. v. Chr. wird zum ersten Mal von Neun göttlichen Dreifüßen berichtet: Sie sollen zur Zeit der sagenhaften Xia-Dynastie gegossen worden sein und werden als Symbol der Übertragung der politischen Macht und der Herrschaftslegitimation von Dynastie zu Dynastie weitergegeben.

Die Szene stellt den Augenblick dar, in dem die Taue reißen und die Menschen nach hinten fallen. Die hanzeitliche Darstellung symbolisiert die Missbilligung des Himmels gegenüber der Herrschaft der Qin und legitimiert damit die Machtübernahme durch die Han.

In der Hanzeit kursierte die Geschichte, dass der Erste Kaiser Tausende Menschen losschickte, um die Dreifüße aus dem Fluss zu holen, aber im entscheidenden Augenblick ein Drache mit dem Maul die Taue wegriss und die Dreifüße daraufhin wieder in den Fluten verschwanden.

Die Darstellung beruht auf einer Legende, die der Geschichtsschreiber Sima Qian (Mitte 2. Jh. v. Chr.) wiedergibt. Nach ihr wurden die Neun Dreifüße 150 Jahre vor der Reichseinigung durch die Qin in den Fluss Pengcheng versenkt.

▲ *Der Kaiser sucht den Dreifuß,* Östliche Han-Dynastie, 2. Jh. n. Chr., Abreibung eines Steinreliefs an der Ostwand von Zimmer Nr. 2 des Wu-Liang-Schreins (Provinz Shandong).

Unmittelbar nach seiner Thronbesteigung als König von Qin im Jahr 246 v. Chr. veranlasste der spätere Erste Kaiser den Bau seines Mausoleums auf dem Berg Li in der Nähe der Hauptstadt Xianyang. Die Arbeiten dauerten bis 208 v. Chr. an.

Qin Shi Huangdi trug Sorge, für ein angenehmes Leben im Jenseits ausgestattet zu sein: Diese beiden Quadrigen sollten ihm für seine Inspektionsreisen durch die überirdische Welt dienen.

Pferdegeschirre und Wagenzubehör waren mit Gold- und Silberintarsien verziert. Über beide Wagen waren Baldachine aus feinster Bronze gespannt.

Die Karossen, Kutscher und Pferde waren bemalt, was die realistische Wirkung der Quadrigen noch vergrößerte.

Die beiden im Maßstab 1:2 angefertigten, mit einer Deichsel ausgestatteten Wagen aus Bronze waren voll funktionsfähig und bildeten bis ins kleinste Detail die kaiserlichen Karossen nach.

▲ Zwei freigelegte Quadrigen am Fundort, 1980, Westareal der Grabanlage des Ersten Kaisers in Lintong (Provinz Shaanxi), Qin-Dynastie, 221–206 v. Chr.

▲ Eine der beiden Quadrigen nach der Restaurierung, Lintong, Museum der Terrakotta-Armee des Kaisers der Qin.

Die drei riesigen Gruben des Mausoleums mit den über 7000 Terrakotta-Soldaten sind weltbekannt, aber kaum bekannt ist, dass alle Statuen mit einer Lackgrundierung überzogen und mit wertvollen Mineralfarben bemalt waren.

Beim Freilegen der Statuen lösten sich die Lackschichten von deren Oberfläche und blieben an der Erde kleben, in der sie über 2000 Jahre begraben waren.

Erst in den letzten Jahren gelang es mittels verschiedener chemischer Verfahren, die Bemalung der Terrakotta zu erhalten. Dieser Bogenschütze wurde im Jahr 1999 vor Ort mittels eines eigens für die Terrakotta-Armee des Ersten Kaisers entwickelten Verfahrens restauriert.

▲ Restaurierter Bogenschütze, am Fundort fotografiert, Qin-Dynastie, 221–206 v. Chr., Grube 2 der Grabanlage des Ersten Kaisers, lackierte und bemalte Terrakotta, Lintong, Museum der Terrakotta-Armee des Kaisers der Qin.

»Daher gibt es im Staat eines intelligenten Herrschers keine Literatur ... alleinige Lehre ist das Gesetz; die Leitsprüche der vergangenen Könige gelten nicht mehr, die Beamten sind die einzigen Vorbilder.« (Han Fei)

Li Si

Kanzler von Qin Shi Huangdi

Periode
Qinzeit (221–206 v. Chr.)

Lebensdaten
um 280–208 v. Chr.

Begriffe
Gesetz *(fa)*; Legisten-Schule (auch Legalisten; *fajia*, wörtl. »Schule des Gesetzes«); Methode *(shu)*; *Shangjun shu* (»Buch des Herrn von Shang«); *Han Feizi* (»Meister Han Fei«)

Verwandte Stichworte
Qin Shi Huangdi; Beamte und Gelehrte; Schrift; Konfuzianismus

Die theoretische Untermauerung der strengen Politik Qin Shi Huangdis lieferte die Legisten-Schule, die am Kaiserhof durch den Kanzler Li Si vertreten war. Die beiden wichtigsten Schriften dieser philosophischen Strömung entstanden im Reiche Qin, das *Buch des Herrn von Shang* im 4. Jh. v. Chr. und das *Meister Han Fei* im 3. Jh. v. Chr. Im legistischen Musterstaat läuft die Regierungsmacht in den Händen des Souveräns zusammen, dessen Herrschaft sich auf das unbeugsame und für alle – den Herrscher selbst ausgenommen – gleiche Gesetz stützt und sich der Methode bedient, den Staat durch Ausnutzung der menschlichen Instinkte zu kontrollieren. Der legistische Staat erkennt kulturelle Unterschiede nicht an und lässt für Individualität keinen Raum. Damit findet die Vereinheitlichung der Maße und Gewichte sowie der Schrift ihre ideologische Begründung. Die spätere Geschichtsschreibung rechnete Li Si die Verwirklichung der neuen Einheitsschrift als Verdienst an, gab ihm aber auch die Schuld an den Verfolgungen von Literaten und an der Zerstörung literarischer und historischer Werke aus vergangenen Epochen. Als Qin Shi Huangdi starb, beteiligte sich Li Si an der Verschwörung, die den zweiten Kaiser auf den Thron brachte. Wenig später fiel er selbst einer Verschwörung zum Opfer – kurz vor dem Zusammenbruch der Qin-Dynastie, mit dem auch die Vorherrschaft der Legisten-Schule endete.

► Maßeinheit mit einem Erlass des Ersten Kaisers, Qin-Dynastie, 221–206 v. Chr., aus Zhuguo, Zoucheng, geritzter Ton, Ø: 20,5 cm, Jinan, Provinzmuseum von Shandong.

Die chinesische Geschichtsschreibung berichtet, der kaiserliche Berater und Befürworter eines zentralistischen Staatssystems Li Si habe den Ersten Kaiser zu einer drastischen Maßnahme gedrängt, um Proteste im Keim zu ersticken: einer Bücherverbrennung, die im Jahr 213 v. Chr. stattfand.

Zu den Werken, die in den Flammen aufgingen, gehörten die Chroniken der Lehnsstaaten, aber auch die konfuzianischen Klassiker; gerettet wurden nur die Chroniken des Staates Qin und wissenschaftliche Schriften.

Der Literat Fu Sheng versteckte in den Jahren der Verfolgung unter Qin Shi Huangdi eine Abschrift vom Shujing (»Buch der Urkunden«), *einem der kanonischen Klassiker des Konfuzianismus. Die letzten Jahre seines Lebens verbrachte der inzwischen über 90-jährige Fu Sheng damit, den Inhalt des Buches zu verbreiten.*

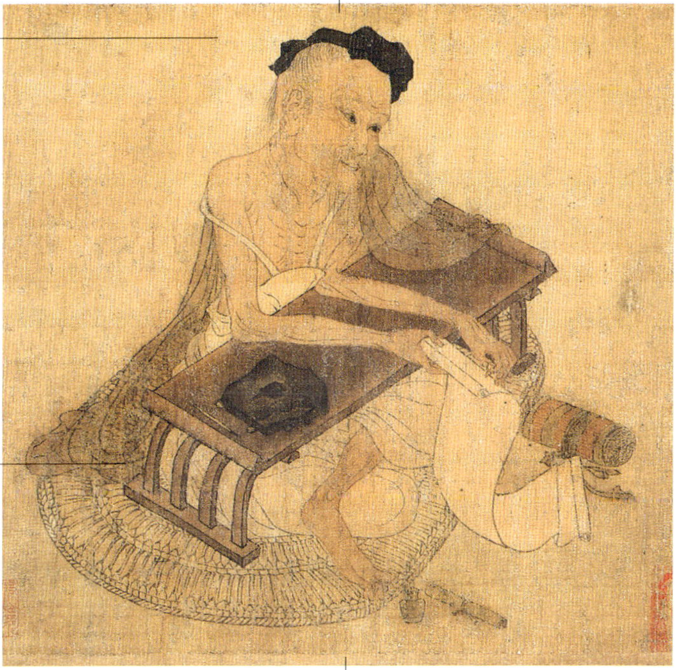

Fu Sheng sitzt mit überkreuzten Beinen auf einer einfachen Matte; auf dem niedrigen Tischchen befinden sich die Werkzeuge des Literaten: ein Pinsel und der Tuschestein. Vor der Matte liegt das berühmte Buch, das er versteckte.

Der Legende nach wurden im Jahr 212 v. Chr. 460 konfuzianische Gelehrte lebendig begraben, weil sie sich für ihre Ideen stark gemacht hatten.

▲ *Porträt des Gelehrten Fu Sheng*, Tang-Dynastie, 9. Jh. n. Chr., Tusche und Farbe auf Seide, 25,4 x 44,7 cm, Osaka, Städtisches Kunstmuseum.

»Daher weisen wir die Provinz- und Kreisleiter an, Beamte und Privatleute zu prüfen ... die imstande sind, unsere Generäle, unsere Minister und Botschafter zu werden.« (Han Wudi)

Han Wudi

Kaiser

Periode
Westliche Hanzeit (206 v. Chr. – 8 n. Chr.)

Regierungszeit
141–87 v. Chr.

Familienname
Liu

Eigenname
Zhi, später Che

Tempelname
Shizong

Postumer Name
Kaiser Wu

Begriffe
Region (*bu*, später *zhou*); Kaiserliche Akademie (*taixue*); *Wujing* »Die *Fünf Klassiker*«: *Yijing* (»Buch der Wandlungen«); *Shujing* (»Buch der Urkunden«); *Shijing* (»Buch der Lieder«); *Liji* (»Buch der Riten«); *Chunqiu* (»Frühlings- und Herbstannalen«)

Verwandte Stichworte
Qin Shi Huangdi; Beamte und Gelehrte; Konfuzianismus; Handel; Chang'an (Westliche Hanzeit); Mogao

Die versöhnliche Linie der ersten Kaiser der Han-Dynastie in den Beziehungen zu den Nachbarvölkern und insbesondere zu den Xiongnu-Klans in Nordchina wich unter Han Wudi einer expansionistischen Haltung, die im Laufe seiner 54 Regierungsjahre zur Verdoppelung des Staatsgebiets führte. Die zentralistische Innenpolitik des Kaisers schwächte die Lokalmagnaten und die Macht der Kaufleute wurde durch das staatliche Monopol auf die Münze und auf die Herstellung und den Vertrieb von Salz, Eisenwaren und Alkohol eingeschränkt. Die bestehenden Verwaltungseinheiten wurden zu 13 Regionen zusammengefasst, die regelmäßig von der Zentralregierung gegenüber verpflichteten Inspekteuren aufgesucht wurden. Wie seine Vorgänger war auch Han Wudi ständig auf der Suche nach fähigen Beamten: Die Gouverneure wurden aufgefordert, die würdigsten Kandidaten anzuzeigen, die dann in der Hauptstadt examiniert wurden. Im Jahr 124 v. Chr. gründete Han Wudi die Kaiserliche Akademie, in der die ausgewählten Beamtenanwärter Unterricht in den konfuzianischen *Fünf Klassikern* erhielten. Diese Klassiker, die die Essenz des Konfuzianismus enthalten, bekräftigten die Legitimität der bestehenden Gesellschaftsordnung und insbesondere der kaiserlichen Institutionen. Seit der Regierungszeit Han Wudis gründete sich die kulturelle Identität des chinesischen Reiches auf den Prinzipien des Konfuzianismus, die durch die Beamten- und Literatenschicht bewahrt wurden.

Zhang Qian ist von seinem Pferd abgestiegen und kniet vor dem berittenen Kaiser; im Zentrum der Szene erklärt eine Inschrift das Geschehen.

Zhang Qian wurde von den Xiongnu gefangengenommen und konnte erst nach zehn Jahren fliehen und zu den Yuezhi gelangen, die jedoch nicht in einen Krieg gegen die Xiongnu hineingezogen werden wollten.

Obwohl das Ziel der Mission nicht erreicht wurde, war die Reise von größter Bedeutung für die chinesische Regierung, die erstmals Informationen aus erster Hand über die Völker der »Westlande« erhielt.

Im Jahr 138 v. Chr. schickte Kaiser Han Wudi einen Beamten namens Zhang Qian mit einer Hundertschaft Männer in diplomatischer Mission zu den im antiken Baktrien in Zentralasien ansässigen Yuezhi, um mit ihnen ein Bündnis gegen das mächtige Nomadenvolk der Xiongnu zu schließen.

Das sich in einem buddhistischen Felsentempel befindende Bild will dem Betrachter suggerieren, dass der eigentliche Zweck der Mission religiös gewesen sei, doch den historischen Quellen nach kam der Buddhismus erst in der Mitte des 1. Jh. n. Chr. auf.

◄ Wildschwein (?),
Westliche Han-Dynastie, 2. Jh. v. Chr.,
Stein, L: 163 cm, Xi'an,
Grab des Generals Huo Qubing.

▲ *Kaiser Han Wudi entsendet Zhang Qian in die Westlande,*
Tang-Dynastie, um 705–713 n. Chr.,
Wandmalerei der Nordwand von Grotte Nr. 323 in Mogao,
Dunhuang (Provinz Gansu).

Dian war eines der Fürstentümer in den Südwest-Regionen des Reiches, die bis zum Machtantritt Han Wudis ihre Unabhängigkeit bewahrt hatten.

Trotz der Einflüsse der angrenzenden Völker und des fernen Machtzentrums der Han hatte sich in Dian eine eigenständige Kultur der Bronzeverarbeitung von hohem Niveau entwickelt.

In der Mitte des Deckels dieses Gefäßes, das für die Bewahrung von Kauris – der Währung von Dian – bestimmt war, ist ein goldener Reiter mit seinem Pferd auf einer kleinen Plattform montiert.

Dank der modellierten Ornamente der Gefäße haben wir heute Kenntnis von den Ritualen, Musik- und Kriegsbräuchen von Dian; die einzelnen Elemente wurden im Wachsausschmelzverfahren hergestellt und anschließend aufgeschweißt.

Neben Waffen aller Art, die vor allem bei der Jagd und in den Kriegen gegen Nachbarstaaten zum Einsatz kamen, wurden landwirtschaftliche Geräte, Gefäße, Musikinstrumente und Fibeln der Dian-Kultur gefunden.

Die Rinderart mit großen Hörnern und einer kräftigen Nackenmuskulatur kommt in der Dian-Kunst häufig vor. Sie spielte eine Rolle bei kultischen Handlungen, über die bis heute nichts Genaueres bekannt ist.

▲ Kauri-Gefäß, Han-Dynastie, um 150–50 v. Chr., Fund aus Grab Nr. 10 von Shizhaishan, Jinning, teils vergoldete Bronze, H: 50 cm, Kunming, Provinzmuseum von Yunnan.

»Ich beschloss, all meine Hoffnungen in meine Worte zu setzen: Ich stellte alle alten Traditionen zusammen und klassifizierte sie ... untersuchte, wie bestimmte Unternehmungen durchgeführt wurden.« (Sima Qian)

Sima Qian

Geschichtsschreiber

Periode
Westliche Hanzeit (206 v. Chr. – 8 n. Chr.)

Lebensdaten
um 140 – 90 v. Chr.

Begriffe
Tugend *(ren)*; *Shiji* (»Aufzeichnungen der Geschichte«)

Verwandte Stichworte
Han Wudi; Zeichen des Himmels; Mandat des Himmels; Beamte und Gelehrte; Konfuzianismus

Die *Aufzeichnungen der Geschichte* von Sima Qian fassen in einer realistischen und konkreten, häufig durch Dialoge aufgelockerten Sprache die geschichtlichen und kulturellen Ereignisse von der antiken, halb mythischen Epoche des Gelbkaisers bis zur Herrschaft von Han Wudi zusammen. Schon Sima Qians Vater, der seinem Sohn sein Amt als Hofastrologe übertrug, hatte mit dem Sammeln von historisch relevantem Material begonnen. Sima Qian führte diese Arbeit mit sorgfältigen Forschungen in den kaiserlichen Archiven und einer langen Reise, auf der er die konkreten Zeugnisse der Vergangenheit aufspürte, zum Abschluss. Das Werk trug zur Konsolidierung der konfuzianischen Lehre als Basis der politischen und gesellschaftlichen Ordnung bei, da Sima Qian die geschichtliche Entwicklung aus der ethisch-moralischen Sicht dieser Ideologie erklärte. Aufbau und Stil der *Aufzeichnungen der Geschichte* – das Ergebnis der Privatinitiative eines Beamten – hatten Vorbildwirkung für die offizielle Geschichtsschreibung aller nachfolgenden Dynastien: Nach jedem Dynastiewechsel ließ der neue Machthaber die Geschichte der vergangenen Dynastie aufzeichnen, einerseits um aus der Vergangenheit zu lernen, andererseits aber auch zur Rechtfertigung der Gegenwart.

◄ *Bildnis des Sima Qian*, Ming-Dynastie, 17. Jh., Tusche und Farbe auf Seide, Verbleib unbekannt.

Sima Qian war sich der Bedeutung seiner Aufgabe als Geschichtsschreiber bewusst: Obwohl er wegen der Fürsprache für einen in Ungnade gefallenen General mit der Strafe der Kastration belegt wurde, führte er sein Werk zu Ende.

Die Geschichten, Mythen und Legenden, auf die Sima Qian in seinem Werk verweist, regten unzählige Künstler und Kunsthandwerker an. Die dargestellten Szenen, die sich viermal wiederholen, erzählen von berühmten Tierbändigern, Konzerten unter Freunden und philosophischen Unterhaltungen.

Der »Vater der chinesischen Geschichtsschreibung« schuf einige der ideologischen Prämissen, die bis in unsere Tage für die chinesische Geschichtsschreibung bestimmend geblieben sind, allen voran die Vorstellung einer seit den Ursprüngen bestehenden kulturellen und politischen Einheit Chinas.

Sima Qians Werk ist in fünf Teile mit 130 Kapiteln gegliedert: Herrscherannalen, Zeittafeln, wissenschaftliche Abhandlungen, Genealogien der Adelsfamilien und Biografien. Diese Einteilung wurde von den nachfolgenden Geschichtsschreibern übernommen.

▲ Mit historischen Szenen verzierte Spiegel-Rückseite, Westliche Han-Dynastie, 206 v. Chr. – 8 n. Chr., Bronze, Ø: 18,6cm, Washington D.C., Freer Gallery of Art, Smithsonian Institution.

»Hier, der Wein! Nun möge man singen, / denn das Leben ist so kurz / wie der Tau am Morgen / und die Vergangenheit recht traurig.« (Cao Cao)

Familie Cao

Gegen Ende der Östlichen Hanzeit war die Zentralgewalt in die Hände der Eunuchen am kaiserlichen Hof gelangt, während in den Grenzregionen hochrangige Militärs um die Vorherrschaft rivalisierten. General Cao Cao, der über weite Gebiete in Nord- und Zentralchina herrschte, zwang Kaiser Han Xiandi im Jahr 196 n. Chr., die Hauptstadt nach Xuchang (Provinz Henan) zu verlegen. Im Jahr 200 n. Chr. gelang es ihm zwar, die Truppen seines größten Feindes zu besiegen, aber der Versuch, das ganze Land unter seine Befehlsgewalt zu bringen, schlug 208 n. Chr. endgültig fehl: Sein Heer wurde durch die vereinten Kräfte seiner zwei bedeutendsten Rivalen besiegt, den späteren Begründern der Reiche von Shu (221 n. Chr.) und Wu (229 n. Chr.). Nach seinem Tod im Jahr 220 n. Chr. verlieh ihm sein Sohn Cao Pi postum den Kaisertitel der Wei-Dynastie und setzte damit der 400-jährigen Herrschaft der Han formell ein Ende. Cao Cao und seine Söhne Cao Pi und Cao Zhi gehörten zu den bedeutendesten Dichtern der Zeit, die unter dem Namen der letzten Phase der Han-Dynastie zusammengefasst werden: Jian'an (196–220 n. Chr.). Die Gedichte im Jian'an-Stil sind in Versen mit je fünf Schriftzeichen geschrieben, die den Übergang von den Volksliedern zur gebildeten Poesie widerspiegeln und häufig die Vergänglichkeit der Welt und die Gaben des Weines, der Augenblicke trügerischer Freude zu bereiten vermag, zum Thema haben.

Familie von Staatsmännern und Dichtern

Periode
Ende der Östlichen Hanzeit (9–220 n. Chr.), Beginn des Zeitalters der Drei Reiche (220–265 n. Chr.)

Lebensdaten
Cao Cao: 155–220 n. Chr.;
Cao Pi: 187–226 n. Chr.;
Cao Zhi: 192–232 n. Chr.

Begriffe
Jian'an-Stil *(Jian'an fenggu)*

Verwandte Stichworte
Dichtkunst; Roman; Theater; Luoyang

◄ Quadratischer kleiner Tisch, Ming-Dynastie, 15./16. Jh., lackiertes Holz mit Perlmutteinlagen, H: 52 cm, Tokio, Lee Family Collection.

In den chaotischen Zeiten, die auf den Niedergang der Han-Dynastie folgten, erlebte man in verschiedenen Regionen Chinas den raschen Aufstieg mächtiger Potentaten, die das Land wiederzuvereinen versuchten, indem sie ihre Rivalen in großen Bruderkriegen bekämpften.

Vor allem ab der Songzeit übte die Figur von Cao Cao, der nicht nur Kriegsherr und Stratege, sondern auch Dichter und Reformer war, eine große Faszination auf die Geschichtsschreiber und Literaten aus.

Die Szene zeigt Cao Cao, stehend, der dem besiegten General Guan Yu einen herrlichen Palast, einen berühmten Fuchs und Brokatgewänder anbietet (Letzterer lehnte aber ab).

Eine Einfriedung mit Steinpfeilern begrenzt die Steinterrasse, auf der sich der Palast aus Holz erhebt.

▲ Quadratische Platte des kleinen Tisches auf S. 21,
Ming-Dynastie, 15./16. Jh.,
lackiertes Holz mit Perlmutteinlagen, H: 52 cm,
Tokio, Lee Family Collection.

Cao Cao ist eine der Hauptfiguren des Romans der Drei Reiche, *der dem Literaten Luo Guanzhong zugeschrieben wird, sowie des Musiktheaters und der Pekingoper.*

Während die Geschichtsschreibung Cao Cao als begnadeten Strategen beschreibt, wird er im Roman und noch mehr im Theater als grausamer und argwöhnischer Tyrann, als Inkarnation des Bösen dargestellt.

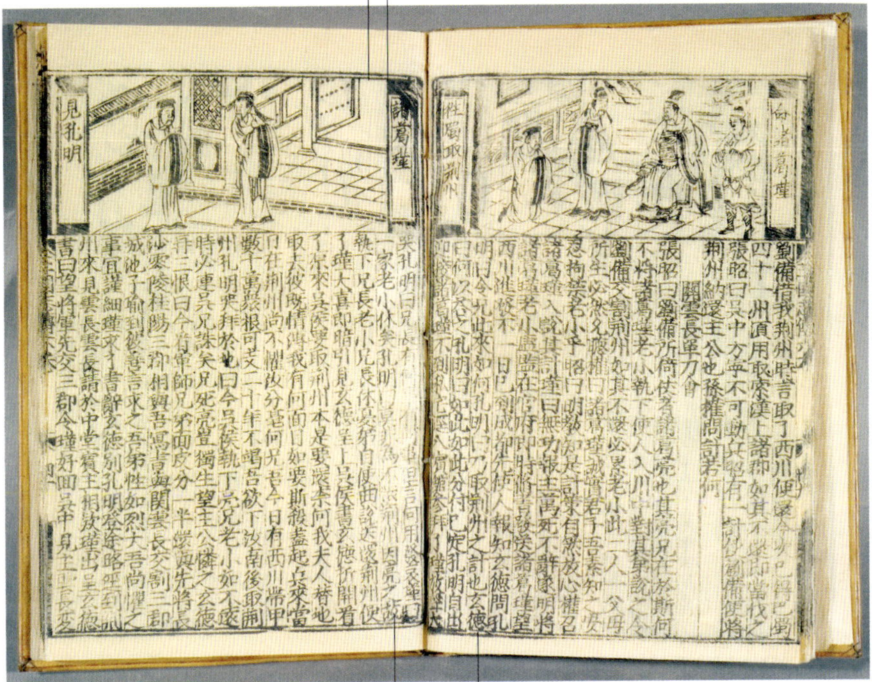

Von dieser Ausgabe ist heute nur noch ein unvollständiges Exemplar erhalten. Die Übersetzungen des Romans in die westlichen Sprachen basieren auf einer Ausgabe aus der frühen Qingzeit.

Der Roman handelt von der Zeit der Kriege nach dem Niedergang der Han-Dynastie im Jahr 220 n. Chr. und trägt epische Züge: Viele historische Personen wurden mit übernatürlichen Kräften versehen.

▲ Doppelseite aus dem *Roman der Drei Reiche*, Ming-Dynastie, Edition Ye Fengchun von 1548, Madrid, Real Biblioteca del Escorial.

»Welche Tat der alten Herrscher vermag sich zu messen / mit der Rückkehr des Kaisers der Tang ins Leben?«

(Die Reise nach dem Westen)

Tang Taizong

Kaiser

Periode
Tangzeit
(618–907 n. Chr.)

Regierungszeit
626–649 n. Chr.

Familienname
Li

Eigenname
Shimin

Tempelname
Taizong

Postumer Name
Kaiser Wen

Begriffe
Amt für Geschichte *(shiguan)*; Gleichstellung von Grund und Boden *(juntian)*

Verwandte Stichworte
Xuanzang; Wu Zetian; Beamte und Gelehrte; Ausbildung und Prüfungssystem; Konfuzianismus; Handel; Chang'an (Tangzeit)

Obwohl Taizong durch einen Staatsstreich den Thron bestieg – er zwang seinen Vater, der während der nur kurz regierenden Sui-Dynastie Oberbefehlshaber gewesen war und später die Tang-Dynastie begründete, zu seinen Gunsten abzudanken –, wird er in der konfuzianischen Geschichtsschreibung als einer der hervorragendsten Herrscher Chinas beschrieben. Der kultivierte Kaiser war pragmatisch und ließ viel Raum für Kritik und neue Ideen. Taizong baute die Behörde für Staatsprüfungen aus und richtete ein Amt für Geschichte ein, weil er erkannt hatte, wie wichtig die Geschichtsschreibung als Instrument politischer Legitimation und moralischer Bildung war. Die Wirtschaft wurde durch Agrar- und Steuerreformen angekurbelt, die die Lebensbedingungen der Menschen verbesserten und eine beachtliche Ausdehnung des Reiches ermöglichten. Mit Hilfe des Militärs weitete Taizong den chinesischen Machtbereich auf die Gebiete der heutigen Inneren Mongolei und Xinjiangs aus. Die diplomatischen Beziehungen zu den Nachbarvölkern und zu fernen Ländern trugen dazu bei, den Ruf Chinas zu verbreiten, das fortschrittlichste und kosmopolitischste Reich der antiken Welt zu sein.

► Drachenhenkelamphore, Tang-Dynastie, 7. Jh. n. Chr., glasierte Keramik, H: 55 cm, Xi'an, Historisches Museum der Provinz Shaanxi.

Die kosmopolitische Politik Taizongs äußerte sich auch in Maßnahmen wie der offiziellen Anerkennung der Musik aus Zentralasien im Jahre 642 n. Chr. In Chang'an wurde zehn Orchestern die Genehmigung erteilt, öffentlich aufzutreten.

Der Mann spielt die aus dem Mittleren Osten stammende Kurzhalslaute Pipa, die Frau hält eine kleine Trommel auf dem Schoß, die mit einem Schlägel oder den Händen geschlagen wird.

Die Musiker – möglicherweise Fundstücke aus ein und demselben Grab – tragen die typische Tracht der chinesischen Oasenstadt Kuqa: enge Ärmel und weiter Rock, der um die knienden Figuren ausgebreitet ist.

▲ Musikerpaar,
Tang-Dynastie, 1. Hälfte 7. Jh. n. Chr.,
Keramik, glasiert, H: 17 cm,
Paris, Musée Guimet.

Die sechs Steinreliefs mit Pferdedarstellungen befanden sich ursprünglich im Nordareal der Grabanlage des Kaisers Taizong in Zhaoling bei Chang'an.

Die Pferde sind sehr realistisch dargestellt: Sowohl die Details der Sattel als auch das Muskelspiel der Tiere in Bewegung sind erkennbar.

Die Tiere hatten eindrucksvolle Namen, z. B. »Purpur des flüsternden Taues«. Ihre frisierten Mähnen bilden »drei Blumen« (sanhua), *das Merkmal, das sie als Pferde des kaiserlichen Reitstalls auszeichnet.*

Im Jahr 1914 zerbrachen einige der Steinreliefs, als Schwarzhändler versuchten, sie in die USA zu schmuggeln. Zwei von ihnen befinden sich heute in Philadelphia (USA), die anderen kamen in ein Museum nach Xi'an (Provinz Shaanxi).

General Qiu Xinggong zieht einen Pfeil aus der Brust eines der kaiserlichen Schlachtrosse, das in einer Schlacht verwundet wurde.

Im Jahr 636 n. Chr. beauftragte der chinesische Kaiser den berühmten Maler Yan Liben, die sechs Schlachtrosse, die ihm auf seinen Kriegszugen in der Zeit vor seiner Thronbesteigung gedient hatten, zu malen. Diese Darstellungen dienten später als Vorbilder für die Steinskulpturen.

▲ Die sechs Schlachtrosse des Kaisers Taizong, Kopien aus der Songzeit (973 n. Chr.) der Originale aus der Tangzeit, um 636–645 n. Chr., Steinreliefs, jeweils ca. 170 x 220 cm, Xi'an, Provinzmuseum von Shaanxi, und Philadelphia, University of Pennsylvania Museum.

Im Jahr 641 empfing Kaiser Taizong den Gesandten des ersten Königs von Tibet, der gekommen war, um die Prinzessin Wencheng nach Tibet zu eskortieren.

Die Prinzessin heiratete den König von Tibet ganz im Sinne der Tradition der Heiratsdiplomatie der chinesischen Kaiser. Im Unterschied zu anderen Ehen, bei denen die chinesischen Gemahlinnen sich in den kalten Jurten ihrer Nomadengatten nach der Heimat sehnten, war diese Ehe sehr glücklich.

▲ Yan Liben (zugeschrieben), *Der Kaiser empfängt den tibetischen Botschafter* (Malerei), Tang-Dynastie, 7. Jh. n. Chr., Querrolle, Tusche und Farbe auf Seide, 38,5 x 129 cm, Peking, Palastmuseum.

Der Gesandte Ludongzhan, der mit zwei Männern aus seinem Gefolge dargestellt ist, trägt ein langes Brokatgewand, an dem seitlich das königliche Schreiben befestigt ist.

Kaiser Taizong, der wesentlich größer dargestellt ist als die Damen seines Gefolges, sitzt auf einer von sechs Frauen getragenen Sänfte; weitere Begleiterinnen halten große Fächer und einen Sonnenschirm.

Alte Werke lassen sich selten eindeutig einem bestimmten Maler zuschreiben; das hat mit der gängigen Praxis zu tun, dass Künstler berühmte Bilder kopierten, um deren Komposition zu verinnerlichen und deren Wesen zu erfassen.

Die Figuren sind mit gleichmäßigem feinem Strich gezeichnet. Während die Hauptfiguren deutliche individuelle Züge tragen, unterscheiden sich die Gesichter und Kleidungsstücke der Gefolgsdamen nicht voneinander.

»Bald wird er den Kaiser verlassen, um nach dem Westen zu reisen / mit unveränderlicher Treue und dem Bewusstsein der Großen Leere.« (Die Reise nach dem Westen)

Xuanzang

Buddhistischer Mönch

Periode
Tangzeit
(618–907 n. Chr.)

Lebensdaten
602–664 n. Chr.

Weltlicher Name
Chen Yi

Begriffe
Xiyuji (»Aufzeichnungen aus den westlichen Gegenden«); *Xiyouji* (»Die Reise nach dem Westen«)

Verwandte Stichworte
Tang Taizong; Buddhismus; Chang'an (Tangzeit); Buddha-Darstellungen; Binglingsi

Obwohl seine Regierung sich auf die Grundsätze des Konfuzianismus stützte, bevorzugte Kaiser Taizong persönlich die daoistische Schule und gewährte anderen Religionen Ausübungsfreiheit. Ein großer buddhistischer Tempel wurde in der Hauptstadt Chang'an errichtet und der verstorbenen Mutter des Herrschers geweiht. Als der chinesische buddhistische Mönch Xuanzang nach einer 16 Jahre währenden Indienreise im Jahr 645 n. Chr. in die Hauptstadt zurückkehrte, wurde ihm ein hohes Amt am Hof angetragen. Er lehnte ab, schrieb aber für den Kaiser seine Erinnerungen, die *Aufzeichnungen aus den westlichen Gegenden*, nieder. Xuanzang hatte die Festlandroute gewählt, die durch die Wüste Gobi und die Gebirge Tianshan und Pamir führte, und Unterstützung bei mächtigen Herrschern wie dem König von Turfan und dem Großkhan der Westtürken gefunden, die zu jener Zeit freundschaftliche Beziehungen mit dem chinesischen Reich unterhielten. In Indien hielt er sich mehrere Jahre lang in den wichtigsten buddhistischen Studien- und Glaubenszentren auf. Xuanzang brachte 657 kanonische Schriften nach China, die Taizong dem seiner Mutter geweihten Tempel zur Verfügung stellte. Unter der Schirmherrschaft des Kaisers stürzte Xuanzang sich in ein weiteres großes Abenteuer: die Übersetzung der heiligen buddhistischen Schriften, von denen er bis zu seinem Tode 75 erschließen konnte.

► *Die Heilung der Pferdekrankheiten durch den Affen Sun Wenkong, den Reitknecht der himmlischen Reitställe*, 20. Jh., Holzschnitte mit Glückwünschen zum neuen Jahr *(Nianhua)*, hergestellt in Fengxiang (Provinz Shaanxi).

Der Affe Sun Wenkong ist die zweite Hauptfigur des Romans: Das geistreiche und respektlose Äffchen wurde von Buddha ausgewählt, um den Mönch auf seiner Reise zu beschützen.

Xuanzangs Reise inspirierte den Literaten Wu Cheng'en (um 1500–82) zu seinem Roman Die Reise nach dem Westen; *noch heute begeistert dieser Bestseller ein breites Publikum.*

Der Affe wird heute noch als Schutzgott der Pferde verehrt, da Buddha ihn einst zum »Reitknecht der himmlischen Reitställe« ernannte. Als »Affenkönig« fand Sun Wenkong Eingang in das traditionelle chinesische Schauspiel und amüsiert das Publikum mit seinen geistreichen Einfällen und akrobatischen Kunststücken.

▲ Illustration des Romans *Die Reise nach dem Westen*, Edition *Li Zhuowu xiansheng piping Xiyou ji*, Ming-Dynastie, frühes 17. Jh., Paris, Bibliothèque Nationale de France.

In dem Roman ist Xuanzang die Inkarnation eines Buddhaschülers und wird auf der langen Reise von drei berüchtigten Unholden eskortiert, die teils menschliche, teils animalische Züge aufweisen und über übernatürliche Kräfte verfügen.

Der Mönch reist auf einer Wolke in Begleitung eines Tigers und eines kleinen Buddhas, der in Meditationspose auf einer anderen Wolke sitzt. Die laufende Figur strahlt Energie und Dynamik aus.

Festgemacht an einem Stock, baumelt ein kleines Rauchgefäß an einer Kette über mehreren Schriftrollen: Zweifellos sind es die heiligen Texte des buddhistischen Kanons, die der Mönch in einer Art Tornister auf dem Rücken trägt.

Die Gesichtszüge des Pilgers mit den geöffneten fleischigen Lippen, den eckigen Zähnen, der stark vorspringenden Nase und den dichten Augenbrauen haben fast etwas Karikaturhaftes und kennzeichnen den Mönch als fremdländisch.

Xuanzang war nicht der erste buddhistische Wandermönch aus China auf der Seidenstraße: Der Mönch Faxian gelangte auf einer langen Reise (399–413) bis nach Indien, ihm folgte im Jahr 518 der Gläubige Huisheng.

In der Linken hält der Mönch einen Fliegenwedel, mit der Rechten stützt er sich auf einen Stock.

▲ *Wandermönch* (Ausschnitt), späte Tang-Dynastie, 9. Jh., aus Dunhuang (Provinz Gansu), Tusche und Farbe auf Papier, 49,6 x 29,4 cm, Paris, Musée Guimet.

In dieser Pagode, die Taizongs Nachfolger errichten ließ, wurden die von Xuanzang mitgebrachten Schriften aufbewahrt.

Die Pagode gehört zu einer der Mutter des Kaisers Taizong geweihten Tempelanlage namens Da Ci'en si *(»Großer Tempel der Barmherzigkeit und des Guten Willens«).*

Die Pagode, deren Stufen sich nach oben hin verjüngen, hat einen quadratischen Grundriss. Der Bau wurde mehrfach zerstört und erneuert; zu den ursprünglichen fünf Stockwerken kamen in späterer Zeit zwei weitere hinzu.

Im Innern führt eine hölzerne Wendeltreppe bis in den siebten Stock. Auf jedem Stockwerk führen von einem kleinen Raum in der Mitte vier schmale Gänge zu den Fenstertüren, die auf allen vier Seiten des Gebäudes eingelassen sind.

Die Steinarchitrave der Erdgeschosstüren sind mit buddhistischen Motiven dekoriert, die der Legende nach der berühmte Maler Yan Liben schuf.

▲ Die Große Wildganspagode *(Da Yan Ta)*, Tang-Dynastie, 652 n. Chr. (gestiftet), Ziegel, H: 64 m, Xi'an (Provinz Shaanxi).

»Dient eine Frau ihrem Manne nicht, so werden die ehelichen Beziehungen zwischen Männern und Frauen und die natürliche Ordnung der Dinge vernachlässigt und zerstört.« (Ban Zhao)

Wu Zetian

Gemahlin des Kaisers Gaozong, Kaiserin

Periode
Tangzeit
(618–907 n. Chr.)

Regierungszeit
690–705 n. Chr.

Familienname
Wu

Eigenname
Mei, später Zhao

Postumer Name
Kaiserin Zetian

Begriffe
Dayunjing (»Sutra der Großen Wolke«)

Verwandte Stichworte
Tang Taizong; Beamte und Gelehrte; Ausbildung und Prüfungssystem, Konfuzianismus; Buddhismus; Frau; Handel

Wu Zetian, der einstigen Konkubine des Kaisers Taizong, gelang es, in den Rang der kaiserlichen Hauptfrau des nachfolgenden Kaisers Gaozong aufzusteigen, und als dieser im Jahr 660 erkrankte, übernahm sie die Regentschaft. Nach Gaozongs Tod 683 akzeptierte sie zunächst die formelle Ernennung des Sohnes Zhongzong, ersetzte ihn aber bald durch einen anderen Sohn. Im Jahr 690 begründete Wu Zetian schließlich eine eigene Dynastie namens Zhou und bestieg den Thron. Über die einzige Frau, die in Chinas langer Geschichte je Kaiser wurde, fällte die spätere konfuzianische Geschichtsschreibung ein hartes Urteil, weil sie sich nicht in die traditionelle Frauenrolle einfügte. Vorwand für den Tadel war u. a. die Grausamkeit, mit der Wu Zetian ihren Willen durchsetzte, wobei sie nicht einmal vor der eigenen Familie haltmachte. Ihre Regentschaft hatte aber auch positive Seiten: Die Kaiserin begünstigte den Aufstieg einer neuen Elite durch die Förderung des staatlichen Prüfungssystems und die Verlegung des Hofes nach Luoyang. Unter ihrer Herrschaft lebte der chinesische Buddhismus auf: Überall im Land wurden Tempel gebaut, die dem *Sutra der Großen Wolke* geweiht waren, einer Lehrschrift, die eine Prophezeiung über die Wiedergeburt einer Göttin in Gestalt eines Weltherrschers enthält. Nachdem die Kaiserin 705 abdanken musste, wurde die Tang-Dynastie wiederhergestellt.

► Der zur Grabanlage des Kaisers Gaozong und der Kaiserin Wu Zetian führende »Geisterweg« *(shendao)*, Tang-Dynastie, 684–706 n. Chr., Qianling (Provinz Shaanxi).

Gegenüber dem Eingang zum gemeinsamen Grab von Gaozong und Wu Zetian wurden zwei Zwillingsstelen aufgestellt: Während die eine mit 8000 Schriftzeichen die Unternehmungen des Kaisers preist, ist die andere, die ursprünglich keine Schriftzeichen aufwies, der Kaiserin gewidmet.

Die Spitze der Stele ist mit einem symmetrischen Reliefdekor in Gestalt zweier Drachen geschmückt.

Die zwei Stelen markieren den Endpunkt des »Geisterweges«, der zum Grabhügel führt und von zahlreichen großen menschlichen und tierähnlichen Figuren flankiert wird, die als Vollplastiken gestaltet sind.

Über die Gründe, die die Kaiserin dazu bewogen haben, den Raum frei zu lassen, der normalerweise der Lobpreisung des Lebens eines Herrschers gewidmet ist, ist viel spekuliert worden.

Vielleicht war Wu Zetian der Meinung, dass die nachfolgenden Generationen ihre Verdienste besser würden beurteilen können: Tatsächlich wurde die Stele vom 10. bis 12. Jh. mit 13 Inschriften versehen, die im Laufe der Zeit jedoch fast vollständig unlesbar wurden.

▲ Unbeschriftete Stele, Tang-Dynastie, 684–706 n. Chr., Stein, 630 x 210 x 149 cm, Qianling (Provinz Shaanxi).

Die Prinzessin Li Yongtai war die Enkelin der Kaiserin Wu Zetian und die Lieblingstochter des glücklosen Kaisers Zhongzong, der von seiner eigenen Mutter abgesetzt wurde.

Das Paar Mandarinenten symbolisiert die eheliche Harmonie zwischen der Prinzessin Yongtai und ihrem Gemahl Wu Yanji, der im angrenzenden Grab bestattet wurde.

Im Jahr 701 verstarb die erst 17-jährige Prinzessin in Luoyang. 706 wurde sie endgültig beigesetzt, ein Jahr nach dem Tod ihrer Großmutter, die einigen Quellen zufolge an dem frühzeitigen Tod ihrer Enkelin schuldig war.

Der Sarkophag ist innen und außen mit einem Ritzdekor versehen, der Szenen aus dem Privatleben der Prinzessin darstellt. Die Ostseite der Außenwand zeigt zwei Kammerfrauen, die eine Eingangstür bewachen, als handele es sich um Yongtais Schlafgemach.

▲ Zwei Kammerfrauen vor einer zweiflügligen Tür, Tang-Dynastie, 706 n. Chr., Detail des Ritzdekors auf dem Sarkophag von Li Yongtai, Qianling-Museum (Provinz Shaanxi).

»Trinkend saß ich da und bemerkte die Dunkelheit nicht; / bis fallende Blütenblätter die Falten meines Gewandes füllten. / Trunken stand ich auf; / und ging zum Mondbach.« (Li Bai)

Li Bai

Frisch und spontan, voll kindlichen Staunens, voller Grillen und Liebe für das Leben und den Wein sind die Gedichte eines der größten Poeten der chinesischen Literatur. Li Bai, der vom Daoismus fasziniert war, spricht mit dem Mond und trifft sich mit den Bergen. Er greift dabei auf die traditionellen Genres zurück, mit einer Vorliebe für den antiken Stil *(guti)*, der bezüglich Verslänge, Rhythmus und Anzahl der Schriftzeichen nur wenige Beschränkungen kennt. Seine Gedichte sind häufig retrospektiv, drücken Sehnsucht und Melancholie, aber auch Freude am Müßiggang aus. Der Abschied von Freunden und das Fernsein von der Heimat sind Themen, die Li Bai mit vielen Literaten-Beamten seiner Epoche gemein hat, die öffentliche Ämter in entlegenen Landstrichen bekleideten. Doch Li Bai reiste aus freien Stücken und unterzog sich nie den staatlichen Prüfungen, um ein Amt zu erhalten. Dank seines Ruhmes wurde er von Kaiser Xuanzong an die Hanlin-Akademie in Chang'an berufen. Wegen angeblicher Verwicklung in den Aufstand von An Lushan, der Mitte des 8. Jh. das Tangreich in seinen Grundfesten erschütterte, wurde er jedoch verbannt und erst wenige Jahre vor seinem Tod wieder begnadigt. Die Legende erzählt, dass der Dichter ertrank, als er betrunken aus einem Boot sprang, weil er den Widerschein des Mondes auf den Wellen umarmen wollte.

Dichter

Periode
Tangzeit
(618–907 n. Chr.)

Lebensdaten
701–762 n. Chr.

Familienname
Li

Eigenname
Bai, auch »Po« ausgesprochen

Dichtername *(Zi)*
Taibai oder Taipo

Begriffe
Antiker Stil *(guti)*

Verwandte Stichworte
Beamte und Gelehrte; Dichtkunst; Landschaftsmalerei; Chang'an (Tangzeit)

◄ Dosendeckel, Yuan-Dynastie, 1279–1368, schwarze Lackarbeit mit Perlmutteinlagen, 27,3 x 22,2 cm, Tokio, Lee Family Collection.

Zwei Dienerinnen wärmen gerade den Wein auf, der aus Getreide zubereitet und stets warm serviert wird.

Obwohl er entspannt ist, sitzt der Kaiser ganz gesittet auf seinem Schemel im Innenhof des Palastes; nachlässig lehnt sich hingegen der Dichter in bloßer Unterkleidung in seinen Sessel.

▲ Früher Du Dashou zugeschrieben,
Der Dichter Li Bai trinkt mit dem Kaiser Minghuang,
Ming-Dynastie, frühes 15. Jh.,
Querrolle, Tusche und Farbe auf Seide, 29,6 x 83 cm,
Boston, Museum of Fine Arts,
Julia Bradford Huntington James Fund.

Die Liebe des Dichters für den Wein wurde in zahlreichen Legenden thematisiert. Im antiken China war der Zustand der Trunkenheit keine Schande, sondern galt vielmehr als ein probates Mittel zur Förderung und freien Entfaltung der Kreativität.

Du Fu, ein weiterer bedeutender Dichter der Epoche, behauptete, dass Li Bai eine Schale Wein ausreichte, um hundert Gedichte zu schreiben.

Li Bai und Du Fu begegneten sich nur ein einziges Mal. Diese Begegnung hinterließ vor allem bei Du Fu, dessen Dichtung sich durch einen dramatischen Realismus und eine innovative Form auszeichnete, einen bleibenden Eindruck.

Der Maler Liang Kai war ein hochgeschätzter Meister der Akademie der Südlichen Song und auf die Darstellung von Figuren, Landschaften und buddhistischen und daoistischen Themen spezialisiert. Auf dem Höhepunkt seines Ruhmes zog er sich ins Privatleben zurück.

Das Siegel wurde nie entziffert; es bestehen allerdings keine Zweifel darüber, dass das Motiv der quadratischen mongolischen Schrift entstammt, die um 1269 von dem tibetischen Mönch hPhags-pa erfunden wurde.

Der Kopf ist mit wenigen dezenten Strichen wiedergegeben, die ein präzises und zugleich magisches Bild des großen Dichters entstehen lassen.

Von öffentlichen Verpflichtungen befreit, trat Liang Kai der buddhistischen Chan-Sekte bei, die im Westen unter dem japanischen Namen Zen bekannt ist, und entwickelte einen auf das Wesentliche beschränkten, großzügigen Malstil. Das abgebildete Porträt fällt in diese Phase der Neubesinnung des Malers.

▲ Liang Kai, *Li Bai trägt seine Gedichte vor*, Südliche Song-Dynastie, frühes 13. Jh., Tusche auf Papier, 81,1 x 30,5 cm, Tokio, Nationalmuseum.

Der lange, den Dichter von Kopf bis Fuß umhüllende Mantel ist mit verdünnter Tusche und schnellem Pinselstrich umrissen; die dunkleren Partien an Kragen und Saum verleihen der Figur Tiefe und Fülle.

»Gestern Abend, als der Frühlingswind / in meine Kammer drang, / wie peinvoll war es da, die sich im Mond spiegelnden Geister / meines verlorenen Reiches zu entdecken.« (Li Yu)

Song Huizong

Kaiser Song Huizong war ein passionierter Kunstkenner und talentierter Künstler und gab den traditionellen Kunstgattungen und dem hochwertigen Kunsthandwerk neue Impulse. Er kümmerte sich persönlich um die Produktion der Porzellan-Brennöfen und gründete eine Malakademie in der Hauptstadt Bianliang (heute Kaifeng). Unter seiner Regierung wurden das Schul- und staatliche Prüfungssystem für Beamte ausgeweitet, neue Studienbereiche wie die archäologische Forschung erschlossen und enzyklopädische Sammlungen verfasst. Unterdessen wurden die staatlichen Angelegenheiten vernachlässigt: Dem Hof entging die drohende Gefahr im Norden Chinas, wo die nomadischen Nüzhen den Staat Jin gegründetet hatten. Jin bedrängte das Reich Liao, errichtet von den Khitan, einem anderen Nomadenvolk, das weite Teile Nordchinas besetzte. Die Song-Dynastie verbündete sich mit Jin gegen die Khitan und trotz geringer Beteiligung der Chinesen gelang es dem Bündnis, die Nüzhen zu vertreiben. Danach aber fielen die Nüzhen in China ein und eroberten 1127 die Hauptstadt. Huizong, der 1126 abgedankt hatte, wurde zusammen mit seinem Nachfolger deportiert und verbrachte die letzten acht Jahre seines Lebens im Exil, zum Rang eines gemeinen Mannes degradiert.

Kaiser und Künstler

Periode
Nördliche Songzeit (960–1127 n. Chr.)

Regierungszeit
1100–1126 n. Chr.

Familienname
Zhao

Eigenname
Ji

Tempelname
Huizong

Verwandte Stichworte
Zhu Xi; Kalligraphie; Landschaftsmalerei; Antikensammlungen; Barbarische Dynastien; Kaifeng

◄ Song Huizong, *Fünffarbiger Papagei auf einem blühenden Aprikosenzweig* (Ausschnitt mit der Malerei), Nördliche Song-Dynastie, spätes 11./frühes 12. Jh., Tusche und Farbe auf Seide, 52 x 125 cm, Boston, Museum of Fine Arts.

Der elegante und raffinierte Geschmack des Kaisers kommt am besten in seinem persönlichen Kalligraphiestil zum Ausdruck, der shoujin *(»schlankes Gold«) genannt wird.*

Die Schriftzeichen setzen sich aus einzelnen kräftigen und präzisen Strichen zusammen, die wie eingeritzt aussehen und nicht, als wären sie auf einen saugfähigen Untergrund gemalt worden.

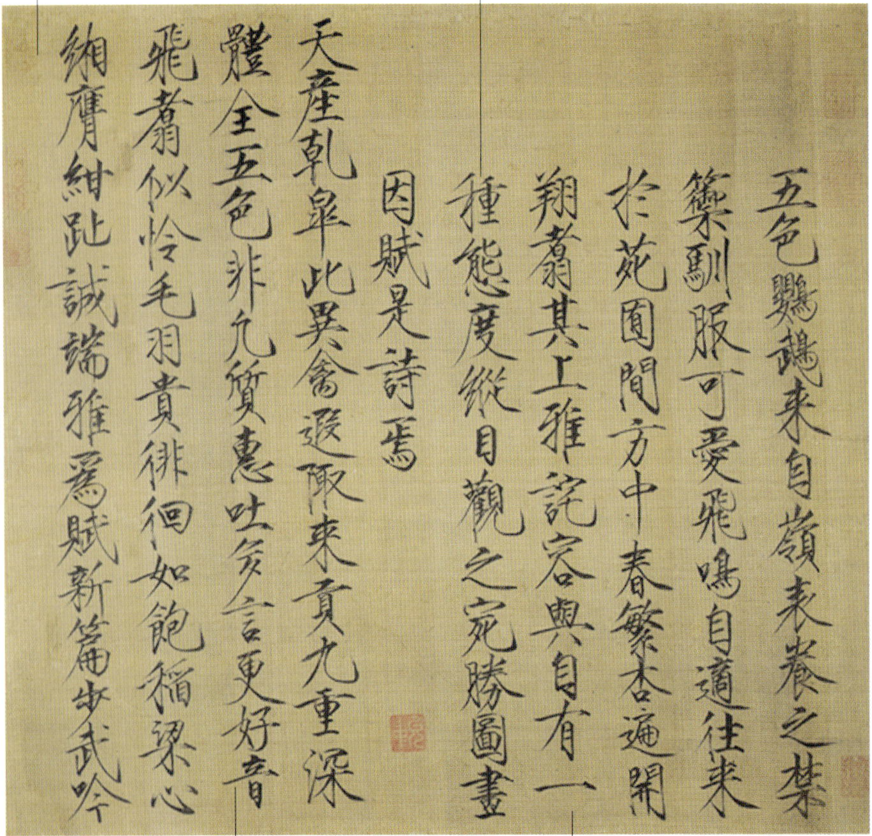

Struktur und Proportion sind absolut ausgeglichen, und trotz der stark ausgeprägten persönlichen Note sind die Schriftzeichen leicht zu entziffern.

Die Gemälde des Kaisers sind genauso klar und präzise, aber so detailreich, dass sie statisch wirken, ohne die dynamische Note, die seinen Kalligraphien eigen ist.

▲ Song Huizong, *Fünffarbiger Papagei auf einem blühenden Aprikosenzweig* (Ausschnitt mit der Kalligraphie), Nördliche Song-Dynastie, spätes 11./frühes 12. Jh., Tusche und Farbe auf Seide, 52 x 125 cm, Boston, Museum of Fine Arts.

Kaiser Huizong übernahm persönlich die Leitung der von ihm gegründeten Malakademie: Gelegentlich unterwies und korrigierte er die Maler und häufig gab er ihnen die zu bearbeitenden Themen vor, wie z. B. Glück verheißende Ereignisse.

Leuchtend heben sich die weißen Flügel der Kraniche vor dem blauen Hintergrund ab. Der Kaiser wendet hier die Maltechnik des »knochenlosen Strichs« (mogu) *an, bei der auf die klassische schwarze Umrisslinie der Figuren verzichtet wird.*

Der ungewöhnliche Bildausschnitt spiegelt die Achtung des Kaisers vor dem Privatleben aller Bürger wider. Als ein Maler einmal Szenen aus dem Alltagsleben innerhalb einer Ortschaft darstellte, wurde er hart kritisiert, weil er die Privatsphäre verletzt habe.

Huizong gedenkt hier zweier Ereignisse, die sich in der Hauptstadt Kaifeng zutrugen und ein gutes Omen waren: die Erscheinung einer rot gesäumten weißen Wolke, die die Paläste der Hauptstadt einhüllte, und das Erscheinen eines Kranichschwarms am klaren Himmel.

▲ Song Huizong, *Glück verheißende Kraniche*
(Ausschnitt mit der Malerei),
Nördliche Song-Dynastie, spätes 11./frühes 12. Jh.,
Tusche und Farbe auf Seide, 51 x 138 cm,
Shenyang, Provinzmuseum von Liaoning.

Die Gefäße vom Keramiktyp Ru waren für den Hof reserviert und wurden nur über einen Zeitraum von etwa 20 Jahren unter den wachsamen Augen des Kaisers Huizong produziert. Mit dem Fall der Hauptstadt wurde die Produktion eingestellt.

Die faszinierende gräulich-blaue Glasur überzieht den gesamten Korpus einschließlich Rand und Boden. Um die Oberfläche während des Brandes nicht zu beschädigen, wurden die Keramiken auf kleine Sesamsamen-förmige Brennstützen gestellt.

Der Kunstsammler Huizong, der eine besondere Vorliebe für alte Bronzegefäße hatte, führte die Produktion von Keramiken mit archaisch anmutenden Formen ein, zu denen auch dieser Dreifuß gehört, eine Nachbildung eines auf die Han-Dynastie zurückgehenden Prototyps.

Die feinmaschige Krakelüre sollte nicht nur das antikisierende Aussehen des Gefäßes verstärken, sondern eine größtmögliche Ähnlichkeit mit der Äderung kostbarer Jade aufweisen.

▲ Dreifüßiges Gefäß vom Keramiktyp *Ru*, Südliche Song-Dynastie, 1127–1279, Henan, glasierte Keramik, H: 12,9 cm, Peking, Palastmuseum.

»›Verstehst du etwa das Wesen des Wassers und des Mondes?‹, fragte ich ihn. ›Ersteres fließt ohne je zu versiegen; Letzterer wird voll oder dünn, ohne zu- oder abzunehmen.‹« (Su Shi)

Su Shi

Su Shi, im Westen besser bekannt unter seinem Künstlernamen Su Dongpo, erlebte fünf Kaiser der Nördlichen Song-Dynastie und seine Laufbahn im öffentlichen Dienst war von ständigem Auf und Ab gezeichnet. Der konfuzianische Gelehrte, der sich sowohl vom Buddhismus als auch vom Daoismus angezogen fühlte, war Dichter, Kalligraph, Maler, Kunstkritiker und Essayist. Beeindruckt von der Schlichtheit der antiken Kunstwerke, die erst kurz zuvor im Zuge der ersten Ausgrabungen entdeckt worden waren, und angeregt durch die Ideen des Neokonfuzianismus, legte seine Schule eine neue Theorie über das Kunstschaffen als spontanes Ausdrucksmittel des Wesens des Menschen vor. Der auf dem Blatt hinterlassene »Abdruck des Herzens« erfasst demnach die Essenz des Menschen durch den persönlichen, wenngleich durch Geschmack und Bescheidenheit kontrollierten Ausdruck. Auf diese Weise erreicht die Kunst das universelle Ordnungsprinzip. Die Kalligraphie, insbesondere in der freien, gleichwohl entzifferbaren Kursivschrift, und die monochrome Tuschmalerei waren die Ausdrucksformen, die dieser Vorstellung am ehesten entsprachen, und seit der Songzeit galten sie als die höchsten Künste. Das literarische Schaffen des brillanten und aufrichtigen Gelehrten ist formal vollendet, vorurteilsfrei und undogmatisch. Su Shi war einer der Vorreiter des freien Prosastils, und einige seiner Schriften inspirierten viele Generationen nachfolgender Künstler.

Literat

Periode
Nördliche Songzeit (960–1127 n. Chr.)

Lebensdaten
1037–1101 n. Chr.

Familienname
Su

Dichtername
Su Dongpo

Begriffe
Abdruck des Herzens *(xinyin)*; Universelles Ordnungsprinzip *(li)*; Kursivschrift *(xingshu)*

Verwandte Stichworte
Song Huizong; Zhu Xi; Ausbildung und Prüfungssystem; Dichtkunst; Kalligraphie; Landschaftsmalerei

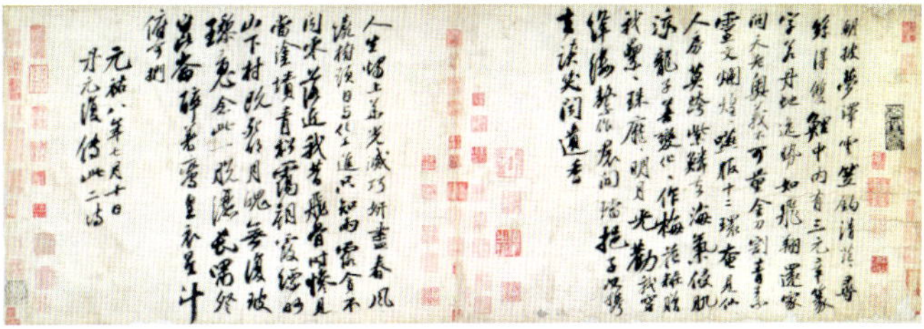

◄ Su Shi, *Gedichte im antiken Stil des Li Bai, geschrieben in Kursivschrift*, Nördliche Song-Dynastie, datiert 1093, Tusche auf Papier, 34 x 111,1 cm, Osaka, Städtisches Kunstmuseum.

Der aus einem Stück geschnittene Tuschereibstein von Su Shi weist vorne eine leichte Vertiefung auf, dort, wo der Tuscheblock verrieben wurde.

Zwei in den erhabenen Rand geritzte Schriftzeichen – dong jing (»östliche Quelle«) – verweisen auf den Künstlernamen des berühmten Literaten, der sich selbst »östlicher Hang« nannte.

Versetzt man die Tusche mit Wasser (einige Tropfen reichen), sammelt sich die Flüssigkeit im hinteren Teil des Steines, der von einem erhöhten Rand umgeben ist.

Die an der Vorderseite eingeritzte und mit Blattgold hervorgehobene Inschrift wurde vom Qing-Kaiser Qianlong verfasst und bestätigt die vermutete Herkunft des Steins.

Ein Tuschereibstein war ein sehr persönlicher Gegenstand und zählte zur Grundausstattung eines jeden chinesischen Literaten; sein praktischer Nutzen war ebenso wichtig wie eine schlichte formschöne Gestaltung.

▲ Tuschereibstein von Su Shi (Ober- und Unterseite), Nördliche Song-Dynastie, 11. Jh., schwarzer Stein, 11,4 x 7,9 x 3,3 cm, Taipei, Nationales Palastmuseum.

Von Su Shi sind heute noch einige Kalligraphien und ein einziges schwarzes Tuschebild – allerdings nur in Form einer Schwarzweiß-Fotografie – erhalten; von dem Gemälde selbst hat man seit einigen Jahrzehnten jede Spur verloren.

Fels und Baum scheinen aus einer einzigen, von links nach rechts gerichteten kreisenden Bewegung entstanden zu sein, die in den kurzen Strichen endet, welche die Äste darstellen. Die Wirkung mutet dynamisch und zugleich harmonisch an.

Der Augenblick der Inspiration unterscheidet den Literaten-Maler vom Kunsthandwerker-Maler, eine Klassifizierung, die von Su Shi postuliert wurde und in der Geschichte der chinesischen Malerei der nachfolgenden Generationen eine fundamentale Bedeutung hatte.

Su Shi schreibt: »In dem Augenblick, in dem man den Pinsel in die Hand nimmt, erscheint einem durch intensives Fixieren vor Augen, was man malen will, und man wird sich schleunigst erheben müssen, um dem nachzustellen.«

Die Bildkomposition scheint nicht nach einer Wirklichkeit kopiert zu sein, sie gleicht vielmehr dem geistigen Bild eines Literaten, der die Formen lange studiert hat, bis er sie so gut kennt, dass er am Ende fähig ist, ein Idealbild zu erschaffen.

▲ Su Shi, *Alte Kiefer und Fels*,
Nördliche Song-Dynastie, 2. Hälfte 11. Jh.,
Tusche auf Papier, Verbleib unbekannt.

»Wissen und Handeln sind stets aufeinander angewiesen, so wie Augen und Beine: Ohne Beine können die Augen nicht wandern; ohne Augen können die Beine nicht sehen.« (Zhu Xi)

Zhu Xi

Philosoph

Periode
Nördliche Songzeit (960–1127 n. Chr.)

Lebensdaten
1030–1100 n. Chr.

Begriffe
Lehre des Prinzips *(lixue)*; Neokonfuzianismus *(daoxue)*; Universelles Ordnungsprinzip *(li)*; Lebensenergie *(qi)*; Fünf Beziehungen *(wulun)*; *Sishu* (»Vier Bücher«)

Verwandte Stichworte
Song Huizong; Su Shi; Konfuzianismus; Die Fünf Beziehungen

In der Songzeit wurde das konfuzianische Denkgebäude neu überdacht, weil seine moralisch-ethischen Lehren weder metaphysische Themen noch eine Kosmologie beinhalteten, etwas, das der Buddhismus und der Daoismus gleichermaßen zu bieten hatten. Zhu Xi legte eine synthetische Ordnung der »Lehre des Prinzips« der sog. Neokonfuzianer vor: Ausgehend von einer minutiösen Analyse der konfuzianischen Texte, macht er den Ursprung aller Dinge in einem universellen Ordnungsprinzip aus, welches sich in Lebensenergie materialisiert, die ihrerseits alles durchdringt und die Entstehung, Entwicklung und Zerstörung der Dinge durch das Wechselspiel von Yin und Yang ermöglicht. Das universelle Ordnungsprinzip spiegelt sich im Menschen als angeborene Sittlichkeit wider, während die Beschaffenheit seiner Lebensenergie seine gesellschaftliche Rolle bestimmt. Die Bildung und Kultivierung des Ichs erfolgen über den Sozialisationsprozess, der auf den durch die »Fünf Beziehungen« bestimmten Verpflichtungen basiert, sowie durch die Erforschung der Dinge, d. h. das Studium konkreter Gegenstände und Ereignisse. Seine Ideen und die konfuzianischen *Vier Bücher*, die Zhu Xi aus den klassischen Schriften und Kommentaren ausgewählt hatte, wurden zunächst kritisch aufgenommen, aber nach seinem Tod in das staatliche Prüfungsprogramm aufgenommen.

► Liu Minshu, *Porträt dreier Literaten: Cheng Hao, Cheng Yi, Zhu Xi*, Yuan-Dynastie, 13./14. Jh., Tusche und Farbe auf Seide, 122,2 x 68,6 cm, Washington D. C., Freer Gallery of Art, Smithsonian Institution.

Nachdem sich der Neokonfuzianismus durchgesetzt hatte, entstand in der Songzeit eine Strömung, die das universelle Ordnungsprinzip in intimen, bescheidenen Motiven darzustellen suchte.

Eine hervorragende Beobachtungsgabe gepaart mit einer akkuraten Ausführung der Details kennzeichneten die Maler, die sich auf die Darstellung von Blumen und Insekten spezialisiert hatten.

Der schwarz umrandete und mit einer breiten Palette von Grüntönen ausgeführte Bambus bildet eine Bilddiagonale, die durch die Wespe rechts oben im Bild noch verstärkt wird.

Eine zweite Diagonale entsteht zwischen der Heuschrecke und der Libelle. Die Mitte des Bildes, der virtuelle Kreuzungspunkt der beiden Diagonalen, zieht die Aufmerksamkeit nicht auf sich, sondern es sind in erster Linie die leuchtenden Farben des Bambus und dann die Insekten, die zu näherer Betrachtung einladen.

▲ Wu Bing, *Bambus und Insekten*, Südliche Song-Dynastie, um 1190–94, Albumblatt, Tusche und Farbe auf Seide, 24,2 x 27 cm, Cleveland (Ohio), Museum of Art.

Im Alter entwickelte Shen Zhou, einer der »Vier Meister der Ming-Dynastie«, einen ausdrucksstarken Stil, bei dem abstrakte kalligraphische Striche das Gerüst der Komposition bilden.

In der Mingzeit wurde der songzeitlichen Vorstellung von der Erforschung der Dinge eine neue neokonfuzianische Theorie der meditativen Innenschau gegenübergestellt, die die Kultivierung des Ichs und die Erlangung der Weisheit, des dao, *zum Ziel hatte.*

Die Wolken – die weiße Fläche über der Landschaft im Vordergrund – verleihen der gesamten Bildkomposition Leichtigkeit und den Bergen Höhe und räumliche Tiefe.

Von wilder Schönheit umgeben, lädt ein einsamer Pavillon zur Meditation ein.

In der Malerei fand der mingzeitliche Neokonfuzianismus seinen Ausdruck in einer subjektiven Evokation des Motivs anstelle einer minutiösen Wiedergabe der Details.

▲ Shen Zhou, *Wolken zwischen Bergen und Wildbach*, Ming-Dynastie, frühes 16. Jh., Tusche und Farbe auf Papier, 148 x 68,2 cm, Hongkong, Kunstmuseum.

»Er ist ein kräftiger Mann mit wohlgeformten Gliedmaßen. Seine Gesichtshaut ist rosigweiß, die Augen leuchten dunkel, fein ist die Nase profiliert« (Marco Polo)

Kubilai Khan

Der Enkelsohn Dschingis Khans, Kubilai, gab 1271 seinem (noch nicht vollständig eroberten) Reich den chinesischen Dynastienamen Yuan (»Uranfang«). Um von den zahlenmäßig weit überlegenen Chinesen nicht vereinnahmt zu werden, teilten die Mongolen die Bevölkerung in vier Klassen, die absolut unüberwindbare soziale Barrieren bildeten: Die Mongolen waren von der Steuer befreit und besetzten die erblichen Schlüsselpositionen in der Regierung. Die innerasiatischen Verbündeten kamen ebenfalls in den Genuss von Steuerprivilegien und erhielten Posten in der Verwaltung als Angestellte oder Steuereintreiber, wenn sie nicht im Handel tätig waren. Die dritte Kategorie umfasste die Völker Nordchinas (Chinesen, Nüzhen, Khitan) und die vierte die »Südländer«, d.h. die Chinesen der Territorien der Südlichen Song-Dynastie, die von wichtigen Ämtern ausgeschlossen und rechtlos waren. Die riesige Ausdehnung des mongolischen Herrschaftsgebietes (es erstreckte sich von China bis in den Kaukasus) und Kubilais multiethnische Staatsorganisation erleichterten den interkontinentalen Austausch: Feuerwaffen und Papier sowie Techniken des Wasserbaus und der Metallverarbeitung gelangten in dieser Zeit nach Europa. Mangelnde Erfahrung in der Agrarpolitik führte allerdings zu einer Verarmung der Landbevölkerung, was ständige Aufruhre auslöste.

Kaiser

Periode
Yuanzeit
(1271–1368)

Regierungszeit
1271–94

Familienname
Borjigin

Eigenname
Kubilai

Tempelname
Shizu

Verwandte Stichworte
Barbarische Dynastien; Theater; Peking

◄ Mongolischer Pass *(paizi)*, Yuan-Dynastie, 13. Jh., Eisen mit Silberintarsien, H: 18,1 cm, New York, Metropolitan Museum of Art.

In der Songzeit kam ein neues Genre der Malerei auf – Porträts der Mitglieder der kaiserlichen Familie –, das auch während der Mongolenherrschaft weitergepflegt wurde. Die fremdländische Identität der Kaiserin kommt in den Gesichtszügen und der Haartracht zum Ausdruck.

Die Kaiserfamilie war sehr auf die Wahrung der mongolischen Sitten und Gebräuche bedacht, teils weil sie sich zutiefst mit ihnen verbunden fühlte, teils weil sie in den Augen des mongolischen Adels nicht als Verräter der eigenen Kultur dastehen wollte.

Die Porträts der mongolischen Kaiser wurden in den staatlichen Tempeln aufbewahrt, die dem Lamaismus geweiht waren; dieser war ab 1253 die offizielle Religion der Mongolen.

Es scheint, als habe der Kaiser seine Gemahlin sehr geliebt – was ihn nicht daran hinderte, sich mit Konkubinen zu umgeben – und dass er nach ihrem Tod in eine schwere Depression verfiel.

▲ *Porträt der Kaiserin Zhabi, Gemahlin von Shizu (Kubilai Khan)*, Yuan-Dynastie, 13. Jh., Albumblatt, Tusche und Farbe auf Seide, 61,5 x 48 cm, Taipei, Nationales Palastmuseum.

Ab dem 10. Jh. wurden Szenen aus dem Leben und Brauchtum der nomadischen Völker zu einem gängigen Darstellungsmotiv und bildeten eine eigenständige Gattung der Malerei. Jagden und Reiterspiele, Zeitvertreibe, die die Chinesen ab dem 9. Jh. aufgegeben hatten, waren die Lieblingsthemen.

Wahrscheinlich hatte das Gemälde den Zweck, die mongolische Herkunft des Herrschers hervorzuheben: Bei den Chinesen dürfte nicht nur das Thema als solches Befremden erregt haben, sondern auch die Anwesenheit einer Frau sowie einiger Männer, die eindeutig als Ausländer zu erkennen sind.

Der Maler unterstreicht zwar die Kaiserwürde des Mongolenherrschers in sämtlichen Details, gibt ihn allerdings bei der Verrichtung einer informellen Tätigkeit und in einer wilden Umgebung wieder, womit er die bis dahin bekannten Schemata des Herrscherporträts hinter sich lässt.

Ein Spürhund, ein katzenartiges Tier, das hinter einem Reiter hockt, und ein Falke auf der Hand eines Jägers begleiten die Männer auf der Treibjagd.

▲ Liu Guandao, *Kubilai Khan auf der Jagd*,
Südliche Song-Dynastie, datiert 1200,
Hängerolle, Tusche und Farbe auf Seide,
182,9 x 104,1 cm,
Taipei, Nationales Palastmuseum.

Im Jahr 1298 diktierte der venezianische Händler Marco Polo seinem Zellgenossen Rustichello di Pisa in einem Genueser Gefängnis den Bericht seiner orientalischen Reisen und seines 17 Jahre andauernden Aufenthalts am Hof des Kubilai Khan.

Die Schilderungen der höfischen Pracht und des Reichtums der Stadt kamen den europäischen Lesern des 14. Jh. so unwahrscheinlich vor, dass sie meinten, dass alles reine Erfindung sei.

Der mongolische Khan wird sehr respektvoll beschrieben: Marco Polo unterstreicht nicht nur die Erhabenheit des Herrschers, der die herrlichsten Annehmlichkeiten genoss, er bewundert auch dessen Kosmopolitismus und die effiziente Verwaltung.

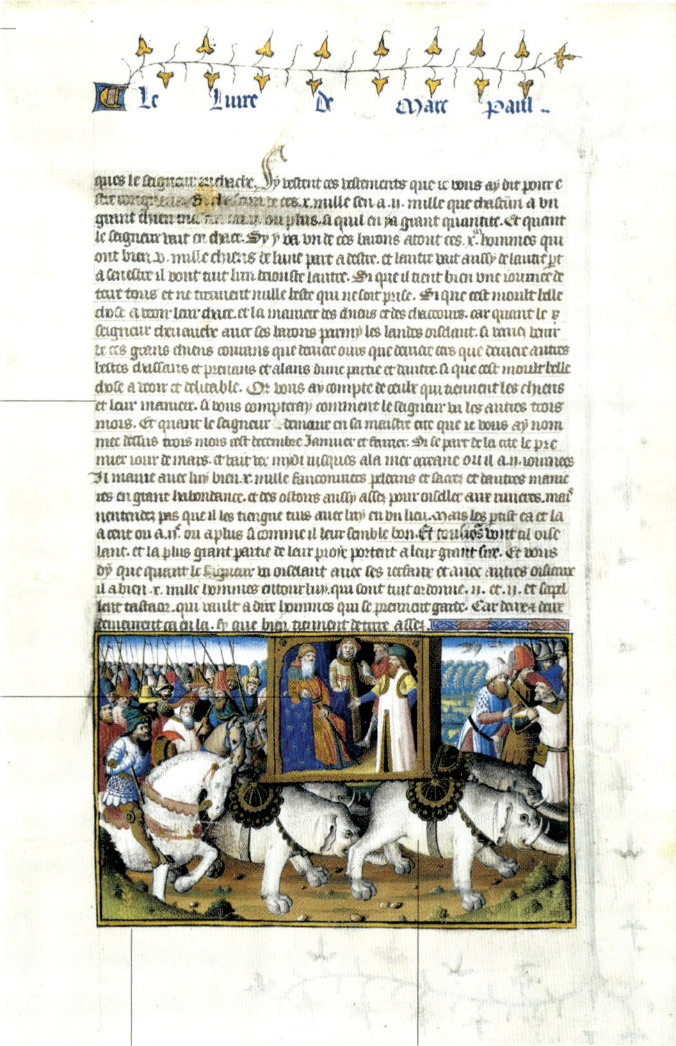

In seiner Rolle als ausländischer Händler genoss Marco Polo eine privilegierte Stellung gegenüber den gebürtigen Chinesen, die in der mongolischen Vier-Klassen-Gesellschaft die unterste Stufe einnahmen.

Die Menschen und das Ambiente des mongolischen Hofes waren dem Miniaturmaler des 15. Jh., der vermutlich nie einen Elefanten sah, vollkommen fremd, und so stellte er die Mongolen mit klassischen europäischen Gesichtszügen dar.

▲ Werkstatt des Boucicaut-Meisters, *Kubilai Khan in einer von Elefanten getragenen Sänfte und seine berittene Gefolgschaft*, 1412, Miniatur aus dem *Livre des merveilles du monde* von Marco Polo, 14. Jh., fol. 42, Paris, Bibliothèque Nationale de France.

»Wir sind von Unserem Volk auserwählt worden, den Kaiserthron von China unter dem Dynastienamen ›Großes Leuchten‹ zu besteigen.« (Hongwu)

Hongwu

Der zukünftige Kaiser, ein Bauernsohn, dessen Eltern an Entbehrungen starben, war buddhistischer Mönch und später Bandenführer einer der vielen geheimen Verbände, die sich gegen die Mongolenherrschaft auflehnten. Er vertrieb die schon geschwächten Mongolen aus China und gründete die Ming-Dynastie. Der unter dem Namen seiner Regierungsepoche Hongwu bekannte Kaiser versuchte das Los des Volkes zu verbessern, das durch Geburt in Bauern, Soldaten und Handwerker unterteilt war. Die Bauern wurden in überschaubare selbstständige Verwaltungseinheiten eingeteilt. Die Soldaten bekamen unbestellte Parzellen zugeteilt, damit sie für den eigenen Unterhalt sorgen konnten. Die Handwerker arbeiteten in den kaiserlichen Manufakturen oder wurden zu vorübergehenden Diensten verpflichtet. Die größte Steuerlast trugen die Kaufleute, die als Parasiten angesehen wurden. Hongwu, der auf Berater aus der Literatenschicht angewiesen, ihnen gegenüber jedoch äußerst misstrauisch war, schaffte die erblichen Ämter ab und baute das konfuzianische System der staatlichen Prüfungen aus. Die Leiter der Ministerien und anderer wichtiger Behörden mussten dem Kaiser persönlich Bericht erstatten, wodurch die Macht der kaiserlichen Kanzlei beschnitten wurde. Die gefährliche Machtkonzentration führte unter den Nachfolgern Hongwus zu einer wachsenden Vormachtstellung der Eunuchen.

Kaiser

Periode
Mingzeit
(1368–1644)

Regierungszeit
1368–98

Familienname
Zhu

Eigenname
Xingzong,
später Yuanzhang

Tempelname
Taizu

Postumer Name
Gao

Name der Periode
Hongwu

Begriffe
Helligkeit *(ming)*;
Gewaltige militärische Kraft *(Hongwu)*

Verwandte Stichworte
Eunuchen; Beamte und Gelehrte; Keramik; Technik und Industrie; Nanking; Peking

◄ *Porträt des Kaisers Hongwu*, Ming-Dynastie, spätes 14. Jh., Hängerolle, Tusche und Farbe auf Seide, 268,8 x 163,8 cm, Taipei, Nationales Palastmuseum.

Die Grabanlage des Kaisers Hongwu befindet sich in der Nähe der Stadt Nanjing, die der erste Ming-Kaiser zu seiner Hauptstadt machte, und wurde zwischen 1381 und 1383 gebaut.

Die Geomanten machten den idealen Ort für die Errichtung des Grabes in den Purpurbergen (Zhongshan) aus. Seinerzeit stand dort das im 6. Jh. n. Chr. gegründete Kloster Ling gu, das der Kaiser weiter nach Norden verlegen ließ.

Die monumentale Stele ist umschlossen von den Mauern eines Pavillons, dessen Holzdach längst verschwunden ist. Sie markiert den Beginn des »Geisterweges«, der zum Grabkomplex führt.

Die Stele, die Kaiser Yongle, Hongwus Sohn, drei Jahre nach seiner gesetzeswidrigen Thronbesteigung errichten ließ, gedenkt der Unternehmungen und der Tugenden des Vaters.

Die Schildkröte ist das Tier des Nordens und symbolisiert langes Leben und Beständigkeit. Schildkröten, die Gedenkstelen von Kaisern stützen, haben meist einen drachenförmigen Kopf.

▲ Gedenkstele für den Kaiser Hongwu, Ming-Dynastie, 1405, Stein, H: 8,8 m, Nanking, Sifangcheng, Grabanlage von Xiaoling.

Wang Meng war einer der zahlreichen Literaten, die schweres Leid erdulden mussten, nachdem die Ming-Dynastie an die Macht gekommen war: Er wurde ins Gefängnis gesteckt, weil er zusammen mit einem anderen Mann, der später wegen Verrats verurteilt wurde, Gemälde untersucht hatte, und starb auch dort.

Wang Meng, der letzte der »Vier großen Meister der Yuan-Dynastie«, griff freisinnig auf Stilelemente und Techniken aller Epochen der jahrhundertealten chinesischen Landschaftsmalerei zurück und entwickelte eine ganz eigene Ausdrucksform, die bewundert und vielfach nachgeahmt wurde.

Die Präsenz des Menschen ist auf wenige kleine Behausungen beschränkt, die an den Rand der Bildkomposition gedrängt sind.

Die nach der Gründung der Ming-Dynastie im Jahr 1368 entstandenen Gemälde wirken dicht und fast zwanghaft in ihrer Neigung, die Fläche komplett auszufüllen; im Unterschied dazu atmet und leuchtet die Landschaft hier dank einiger unbemalter Flächen.

Der berühmte Kritiker Dong Qichang (1555–1636) kommentierte das Bild wie folgt: »Die Pinselstriche des Meisters Wang haben eine solche Kraft, dass sie einen Dreifuß in die Lüfte zu heben vermögen; so einen wie ihn hat es seit fünfhundert Jahren nicht mehr gegeben.«

► Wang Meng, *Siedlung in den Qingbian-Bergen*, Ming-Dynastie, datiert 1366, Tusche auf Papier, 141 x 42 cm, Shanghai, Museum.

In den Porzellanmanufakturen von Jingdezhen in Südchina wurde unter der Herrschaft der Yuan-Dynastie ein Porzellan mit Unterglasurmalerei hergestellt, das einen anhaltenden Einfluss auf die Keramikproduktion hatte.

Die Technik der Unterglasurmalerei besteht darin, dass das Werkstück nach dem ersten Brand bei hohen Temperaturen bemalt und mit einer durchsichtigen Glasur überzogen wird und danach ein zweites Mal bei niedrigeren Temperaturen gebrannt wird.

Das kupferrote Dekor ist typisch für die Mingzeit unter Kaiser Hongwu. Seine Herstellung erfordert eine große Kunstfertigkeit, denn der Farbton und die Beständigkeit der Farbe sind von den konstant bleibenden Luftverhältnissen im Brennofen abhängig.

Die Innenseite der Schale ist mit Pfingstrosen, die Außenseite mit Chrysanthemen dekoriert. Beide Motive finden sich häufig im Bildrepertoire der Ming- und der Qing-Dynastie.

▲ Schale, Ming-Dynastie, Regierungszeit des Kaisers Hongwu, 1368–98, Porzellan mit kupferroter Unterglasurmalerei, H: 15,6 cm, Ø: 40 cm, New York, Metropolitan Museum of Art.

»Der Handel an unseren Grenzen soll blühen, und die Ausländer, die aus fernen Ländern kommen, sollen bei uns willkommen sein.« (Yongle)

Yongle

Kaiser

Periode
Mingzeit
(1368–1644)

Regierungszeit
1402–24

Familienname
Zhu

Eigenname
Di

Tempelname
Chengzu

Postumer Name
Taizong

Begriffe
Immerwährende Freude (Yongle); *Yongle dadian* (»Große Enzyklopädie der Yongle-Ära«)

Verwandte Stichworte
Eunuchen; Beamte und Gelehrte; Keramik; Technik und Industrie; Nanking; Peking

Kaiser Yongle kam durch Usurpation an die Macht (er verjagte den rechtmäßigen Nachfolger, Hongwus Neffen, vom Thron), schaffte es jedoch, seine Machtergreifung durch politischen Weitblick und eine beachtliche Expansion nachträglich zu legitimieren. Der Kaiser verlegte die Hauptstadt von Nanking nach Norden in die ehemaligen Mongolenhauptstadt Dadu, die jetzt in Beijing (»nördliche Hauptstadt«) umbenannt wurde. Nach der multiethnischen Regierung der Yuan zeichnete sich die nachfolgende einheimische Ming-Dynastie durch einen starken Sinozentrismus aus. Kaiser Yongle, der auf religiösem Gebiet offen und tolerant war, lenkte den Nationalismus in produktive Bahnen. Unter seiner Regierung wurden sechs große Seeexpeditionen durchgeführt, die bis an die Ostküste Afrikas führten und ein Beweis für das hohe technische Niveau der Seefahrt und die Tatkraft des damaligen China auf diplomatischem und kommerziellem Gebiet waren. Die *Große Enzyklopädie der Yongle-Ära*, die innerhalb von vier Jahren von mehr als 3000 Literaten recherchiert und in 22877 Büchern erfasst wurde, sollte das gesamte wissenschaftliche Wissen der Zeit und sämtliche Bücher des Landes enthalten. Das 1408 fertiggestellte Manuskript ging verloren, heute sind nur noch Fragmente einer Ausgabe aus dem 16. Jh. erhalten.

◄ Ofen für die Opfergaben der Grabanlage des Kaisers Yongle, Ming-Dynastie, 1409–27, glasierte Terrakotta, Holz und Ziegel, Grabanlage Changling bei Peking.

Es ist bis heute nicht bekannt, wann die in Zentralasien entwickelte Cloisonné-*Technik in China eingeführt wurde; jedenfalls stammen die ältesten bis heute erhaltenen Gegenstände aus dem frühen 15. Jh.*

Das Cloisonné, *auch Zellenschmelz genannt, ist eine Technik, bei der auf ein metallenes Objekt mit Kupfer- oder Bronzedraht Stege aufgelötet werden, die Zellen bilden. In diese wird die mehrfarbige Schmelzmasse -- das sog.* Email – *gegossen (Schmelzpunkt: ca. 800 °C).*

Vor dem leuchtend türkisfarbenen Hintergrund heben sich rote, blaue, gelbe und weiße Lotosblüten mit grünem Blattornament hervor.

Gegenstände aus Cloisonné, *die anfangs als zu grob und grell empfunden wurden, waren in der zweiten Hälfte der Ming-Herrschaft und während der Qing-Dynastie sehr geschätzt.*

Die Metallstege dieses Tellers sind vergoldet, desgleichen der blätterförmige Rand, die beiden inneren Kreise und die Unterseite.

▲ Blattförmiger Teller, Ming-Dynastie, frühes 15. Jh.,
Cloisonné, Ø: 15,2 cm,
New York, Metropolitan Museum of Art.

Zwischen 1414 und 1433 unternahm der von Kaiser Yongle zum Admiral der chinesischen Flotte ernannte muslimische Eunuch Zheng He (1371–1435) sieben Expeditionen nach Hinterindien, zum Malaiischen Archipel, nach Vorderindien, in den Persischen Golf und das Rote Meer sowie zur Küste Ostafrikas.

Die mindestens 62 Überseeschiffe (jeweils über 400 Fuß lang und mit einem Rauminhalt von 1500 Bruttoregistertonnen) und mehr als 100 kleineren Schiffe waren mit rund 30 000 Leuten bemannt.

Mit dieser imposanten Flotte wollte Kaiser Yongle den Ruhm und die Macht des neuen China zur Schau stellen, das sich wenige Jahre zuvor endlich von der Fremdherrschaft befreit hatte.

Trotz der diplomatischen und kommerziellen Erfolge der seinerzeit modernsten Flotte der Welt wurden die teuren Unternehmungen nach Yongles Tod heftig kritisiert und nach einer letzten Expedition 1433 eingestellt.

Zum ersten Mal in der Geschichte wurden offiziell Kontakte zwischen dem chinesischen Kaiserhof und einigen afrikanischen Ländern geknüpft, die Gesandte und kostbare Geschenke nach Peking schickten.

Von seiner ersten Expedition brachte Zheng He zwei Giraffen mit; sie wurden von den Chinesen sehr geschätzt, weil man sie mit dem Einhorn assoziierte, dem mythischen Tier, das angeblich die Gegenwärtigkeit eines weisen und gütigen Herrschers anzeigt.

▲ *Giraffe als Tributleistung mit Diener*, Ming-Dynastie, datiert 1414, Hängerolle, Tusche und Farbe auf Seide, 171,5 x 53,4 cm, Philadelphia, Museum of Art.

Macht und Öffentlichkeit

◄ Shang Xi, *Kaiser Xuande bei einem Ausritt* (Ausschnitt), Ming-Dynastie,
Hängerolle, Tusche und Farbe auf Seide, 211 x 353 cm,
Peking, Palastmuseum.

»Der Mond nimmt zu und ab / die Sonne geht auf und unter. / Die Himmelskörper und Sternhäuser / wurden geordnet und ans Firmament gesetzt.« (Tausend-Zeichen-Klassiker)

Zeichen des Himmels

Begriffe
Fixstern *(hengzing)*; Planet *(xingxing)*; Haus *(xiu)*; Resonanz *(ganying)*

Verwandte Stichworte
Zeitrechnung; Mandat des Himmels; Heilige Berge

Im antiken China setzte sich der Kosmos aus den drei Einheiten Himmel, Erde und Mensch zusammen. Einer bereits um 350 v. Chr. bekannten Theorie nach ist die Erde quadratisch und von einem kuppelförmigen Himmel überspannt. Der Erdäquator schneidet die Umlaufbahn der Sonne an den zwei Sonnenstillstands- und den zwei Äquinoktialpunkten, an denen sich die Vier Berge (oder Ecken) der Erde erheben. Dem Erdäquator entspricht der Himmelsäquator, der in 28 Gruppen von Äquatorsternen gegliedert ist, sog. Häusern, die jeweils einem bestimmten Stern zugeordnet werden. Jede Nacht des Mondmonats kehrt der Mond in einem anderen Haus ein.

Die Erscheinungen am Himmel, der die oberste Instanz ist, spiegeln sich in der Geschichte und dem Schicksal der Menschen wider und umgekehrt. Daher waren die Beobachtung und die Aufzeichnung der Sternpositionen und Sternbahnen sowie außerordentlicher Himmelserscheinungen von größter Bedeutung. Auf den alten Karten erscheinen Kometen und Meteore, Sonnenflecken und sogar Novae und Supernovae neben Informationen zu Natur- und atmosphärischen Phänomenen wie Regen, Donner, Blitz oder Regenbogen. Ohne zwischen Astronomie, Astrologie und Meteorologie zu unterscheiden, wurden die beobachteten Phänomene als Ausdruck des himmlischen Willens aufgefasst.

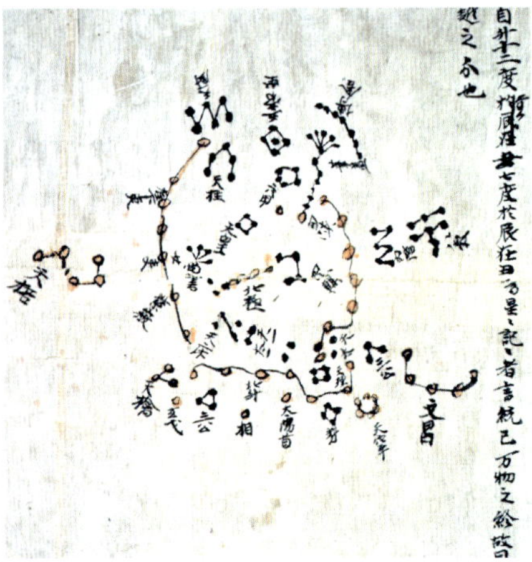

► *Sternkarte von Dunhuang* (Ausschnitt) mit der Polarprojektion des Purpurhauses und des Großen Bären, Zeit der Fünf Dynastien und der Zehn Reiche, um 940, Tusche und Farbe auf Papier, London, British Library.

Die Handschrift beschreibt 14 Wolkenformationen und 29 Kometenkonfigurationen. Die Figuren sind mit Deutungen versehen, die Wahrsagezwecken dienen.

Das Erscheinen einer Wolke in Hundegestalt wird als Zeichen für den günstigen Ausgang einer militärischen Auseinandersetzung gedeutet: »Wenn diese [Wolke] über den Stadtmauern erscheint, wird die Stadt nicht eingenommen werden«.

Jede der 14 Wolkenformationen wird mit einem der Streitenden Reiche in Verbindung gebracht. Da die erste dieser Wolken die des Chu-Reiches ist, kann man davon ausgehen, dass das Traktat von einem Astronomen-Astrologen vor dem Ende dieses Reiches im Jahr 223 v.Chr. verfasst wurde.

▲ *Verschiedene Wahrsagungen der Astrologie und Meteorologie* (Ausschnitt Wolkenformationen), Westliche Han-Dynastie, um 168 v.Chr., Fund aus Grab Nr. 3 von Mawangdui (Provinz Hunan), Tusche und Farbe auf Seide, 150 x 48 cm, Changsha, Provinzmuseum von Hunan.

Die Suzhou-Planisphäre wurde bereits unter Kaiser Yuanfeng (Regierungszeit 1078–85) der Südlichen Song-Dynastie entwickelt und im Jahr 1247, nach der Verlegung der Hauptstadt nach Hangzhou, für die Nachwelt in Stein graviert.

Die oberen drei Titelzeichen lauten Tian Wen Tu *(»Astronomische Karte«).*

Das kreisförmige Hauptfeld mit einem Durchmesser von etwa 85 cm umschließt alle Sterne, die im Raume der früheren Hauptstadt Kaifeng von den Hofastronomen gesichtet wurden. Die zu Gruppen zusammengefassten Sterne sind den in Europa bekannten Sternbildern der alten Griechen sehr ähnlich.

Der mittlere Kreis stellt den Himmelsäquator dar, der vom etwa gleich großen Kreis der Ekliptik geschnitten wird.

Im inneren, kleinsten Kreis liegen die von Kaifeng aus ständig sichtbaren Sterne; den Mittelpunkt bildet der Polarstern.

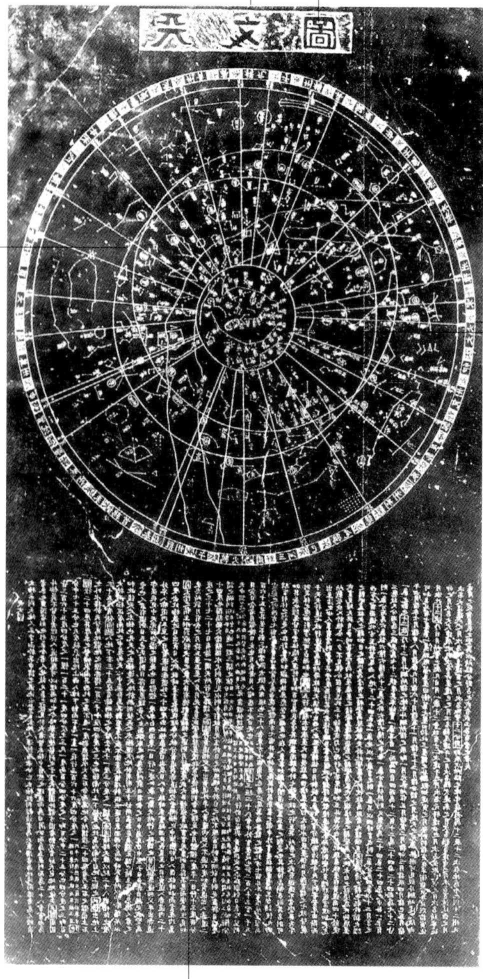

In dem Zeichenblock von 41 Kolumnen mit 209 Schriftzeichen folgen Erläuterungen zum Schema, die Auskunft über den astronomischen Wissensstand jener Zeit geben.

▲ Suzhou-Planisphäre,
Südliche Song-Dynastie, 1247,
Abreibung einer Steinplatte, 276 x 117 cm,
Peking, Altes Observatorium
(Steinplatte: Suzhou, Museum der Steintafeln).

»Es legt sich der Wind, die gefallenen Blüten häufen sich / hinter den Vorhängen rosa Massen, Schneehaufen. / Jetzt ist die Erinnerung an die Zeit der blühenden Apfelbäume noch wach / da der Frühling auf sein Ende zugeht.« (Li Qingzhao)

Zeitrechnung

Durch die Regulierung des Kalenders versicherte sich jede Dynastie der Gunst des Himmels. Das Jahr des chinesischen Lunisolarkalenders wurde in sechs Monate mit 30 und sechs mit 29 Tagen unterteilt. Alle drei Jahre wurde ein Monat eingeschaltet, um den Unterschied zwischen Sonnenjahr und Mondmonat auszugleichen. In ihren Berechnungen verwiesen die chinesischen Astronomen auf die Umlaufbahn Jupiters und setzten sie mit der (scheinbaren) Umlaufbahn der Sonne in Beziehung. Da die Umlaufzeit Jupiters 12-mal länger ist als die der Sonne, wurden die Jahre zu 12-Jahres-Zyklen zusammengefasst.

Neben den Lunisolarkalender trat die zyklische Struktur der 60 Jahre und Tage: Die zehn »Himmelsstämme« (entstanden aus der Kombination der Fünf Wandlungsphasen mit Yin und Yang) wurden mit den zwölf »Erdzweigen« (Monaten) verknüpft, die ab der Östlichen Hanzeit durch die Tierkreiszeichen symbolisiert wurden. Der 60-Tage-Zyklus war in sechs Wochen mit je zehn Tagen unterteilt. Die zwölf Tiere eines Jahres wurden auch für die Bezeichnung der (Doppel-) Stunden des Tages verwendet. Jahresangaben richteten sich nach dem Namen der Regierungsperiode. Han Wudi, der diesen Brauch einführte, änderte elf Mal den Namen seiner Regierung; ab der Ming-Dynastie galt nur noch ein Name für die gesamte Regierungszeit eines Herrschers.

Begriffe
Himmelsstämme *(ian gan)*; Erdzweige *(dizhi)*; Haus *(xiu)*; Resonanz *(ganying)*

Verwandte Stichworte
Han Wudi; Sima Qian; Zeichen des Himmels; Yin-Yang und die Fünf Wandlungsphasen

▼ Spiegelrückseite mit den zwölf Tierkreis zeichen, Sui-Dynastie, frühes 7. Jh. n. Chr., Bronze, Ø: 21,5 cm, Paris, Musée Guimet.

Die zwölf Modelle mit Tierkopf und Menschenkorpus stellen folgende Tiere dar (von links nach rechts): Ratte, Ochse, Tiger, Hase, Drache, Schlange, Pferd, Schaf (oder Ziege), Affe, Hahn, Hund, Schwein.

Die Tiere des chinesischen Kalenders walten über einen 12-Jahres-Zyklus und nicht über die zwölf Monate eines Jahres wie im abendländischen Tierkreis-Zyklus.

Gelegentlich werden die Zyklustiere zusammen mit den Tieren der vier Himmelsrichtungen wiedergegeben, wie etwa auf den runden Spiegeln der Tangzeit.

▲ Modelle der zwölf Tiere des Kalenders *(shi'ershi)*,
Tang-Dynastie, 8. Jh. n. Chr.,
aus der Umgebung von Xi'an, nach dem
Brand bemalte Terrakotta, H: 38,5 bis 41,5 cm,
Xi'an, Historisches Museum der Provinz Shaanxi.

Die zwölf Modelle tragen alle die typische Kleidung der Beamten aus der Tangzeit, die sich durch weite, bis unters Knie reichende Ärmel auszeichnet.

Die Verwendung von Modellen, die auf den Kalender oder die vier Himmelsrichtungen verweisen, als Grabbeigaben entspricht vielleicht dem Wunsch, den universellen Begriff von Raum und Zeit auf das Jenseits zu übertragen.

Durch eine große Öffnung an der Vorderfront des verkleideten Turmes sah man Figuren, die die Stunden (u.a. spezielle Tages- und Nachtzeiten) mit Hilfe von Tafeln und Musikinstrumenten – Glocken, Gongs, Trommeln, Streichinstrumenten – kundgaben.

Bereits 125 n. Chr. baute der Astronom Zhang Heng einen von Wasserkraft getriebenen und von einer Wasseruhr regulierten Himmelsglobus, der die Umlaufbahnen der Sterne im Verhältnis zur Erdbahn aufzeigte.

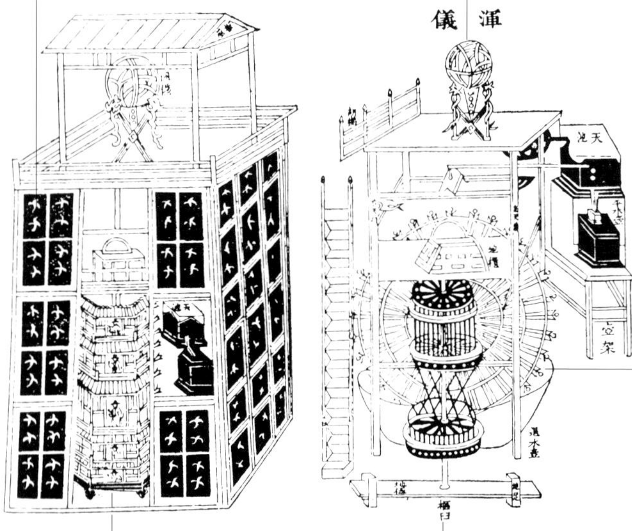

Ein Wasserrad versorgte das vielschichtige Uhrwerk mit genügend Energie, um Armillarsphäre, Himmelsglobus und Zeitanzeige anzutreiben.

Auf den fünf Stockwerken der astronomischen Wasseruhr bewegten sich die kleinen mechanisch angetriebenen Figuren ruckartig entsprechend dem Rhythmus, den die sog. Hemmung (eine Vorrichtung, die das Gehwerk kurzzeitig unterbricht) vorgab.

Verschiedene Quellen berichten von der Existenz eines astronomischen Turmes, der 686–694 in Luoyang errichtet wurde, von dem heute allerdings jede Spur fehlt, im Gegensatz zu diesem Turm aus dem 11. Jh., von dem immerhin die Konstruktionszeichnung erhalten ist. Die ersten europäischen mechanischen Uhren entstanden im 14. Jh.

▲ Turm mit astronomischem Gerät und einer Uhr, Nördliche Song-Dynastie, 1088, Illustration aus Su Song, *Xin yi xiang fayao* (»Neuer Entwurf für eine Armillarsphäre und einen Himmelsglobus«), 1094.

»Feinen Dunst, dichten Nebel, Angst ohne Ende / strömt das goldene Rauchgefäß mit beißendem Geruch aus. / Das Fest von Chongyang hat wieder begonnen.« (Li Qingzhao)

Feste

Begriffe
Jahreszeit *(jieqi)*;
Frühlingsfest *(chunjie)*

Verwandte Stichworte
Zeitrechnung

Die meisten traditionellen chinesischen Festtage werden nach dem Lunisolarkalender bestimmt, wobei die Zahlen, aus denen sich das Datum des Festes zusammensetzt, als Glückszahlen gelten und häufig an die Stelle des Namens selbst treten. Eine Ausnahme bildet das Totenfest, das sich nach dem Kalender der 24 Jahreszeiten richtet, bei dem die 360°-Ellipse des Sonnenjahres in Teile von je 15° eingeteilt ist. Die Bezeichnungen der Jahreszeiten dieses Kalenders, der traditionellerweise in der Landwirtschaft Verwendung findet, gehen aus den jahreszeitbedingten Klimaveränderungen hervor. Am bedeutendsten sind die Feiern des Frühlingsfestes, das mit dem zweiten Neumond im Zeitraum zwischen Wintersonnenwende und Frühjahrs-Tagundnachtgleiche beginnt (nach dem Gregorianischen Kalender also zwischen dem 21. Januar und dem 21. Februar) und 15 Tage dauert. In früheren Zeiten feierten alle Chinesen, unabhängig vom eigentlichen Geburtsdatum, ihren Geburtstag am siebten Tag des Frühlingsfestes, das den Beginn des neuen Jahres anzeigt. Das Frühlingsfest geht vermutlich auf Zeremonien der Shang- bzw- Yinzeit zurück (ca. 17.–11. Jh. v. Chr.), als das neue Jahr mit Opfergaben an die Gottheiten und Ahnen willkommen geheißen wurde. Viele der bedeutendsten Feste waren schon zur Hanzeit bekannt und entfalteten sich in der Tang- und Songzeit zu voller Blüte.

▼ Wang Zhenpeng, *Das Frühlingsfest* (Ausschnitt), Yuan-Dynastie, frühes 14. Jh., Tusche und Farbe auf Seide, 214 x 75 cm, Leipzig, Museum für Völkerkunde.

Den hinteren Abschluss der Szene bildet die bemalte Stellwand mit zwei Lampen rechts und links und dem großen Bett davor. Ein hochgezogener Vorhang gibt den Blick auf den angrenzenden Raum frei.

Die Damen tragen warme Kleidung und Kopfbedeckungen aus Fell und feiern Neujahr mit kulinarischen Köstlichkeiten und Tee, den eine Dienerin in winzige bunte Tassen einschenkt.

Die Musik der Frauen, die Trompete, Gong, Trommel und andere Perkussionsinstrumente spielen, dient auch der Unterhaltung der um die festliche Tafel sitzenden Damen.

Ein wertvolles antikes Bronzegefäß, die Miniaturlandschaft und andere ausgesuchte Gegenstände auf dem kleinen, aus einer Wurzel geschnitzten Tisch geben Aufschluss über die Bedeutung der Bildrolle und den Ort, an dem sich diese Szene abspielt, nämlich ein wohlhabendes Gelehrten-Haus.

▲ Wang Zhenpeng, *Das Frühlingsfest* (Ausschnitt), Yuan-Dynastie, frühes 14. Jh., Tusche und Farbe auf Seide, 214 x 75 cm, Leipzig, Museum für Völkerkunde.

Böse Geister sind sehr geräuschempfindlich und werden daher zu Beginn des neuen Jahres mit Feuerwerkskörpern (in den Händen der Kinder im Vordergrund) und ohrenbetäubender Musik vertrieben.

Das Drachenbootfest fällt auf den fünften Tag des fünften Mondmonats und markiert den Sommeranfang.

In seinem berühmten Gedicht Lisao *(»Berührung mit dem Schmerz«), das in der Ichform geschrieben ist, verleiht Qu Yuan seinem Schmerz Ausdruck, zu Unrecht in die Verbannung geschickt worden und im Augenblick der Gefahr seinem Herrscher keine Hilfe gewesen zu sein.*

Vor allem in Südchina wird das Fest mit einer Regatta gefeiert, an der in Erinnerung an den berühmten Dichter des Chu-Reiches namens Qu Yuan (wohl 340–278 v. Chr.) Boote in drachenförmiger Gestalt teilnehmen.

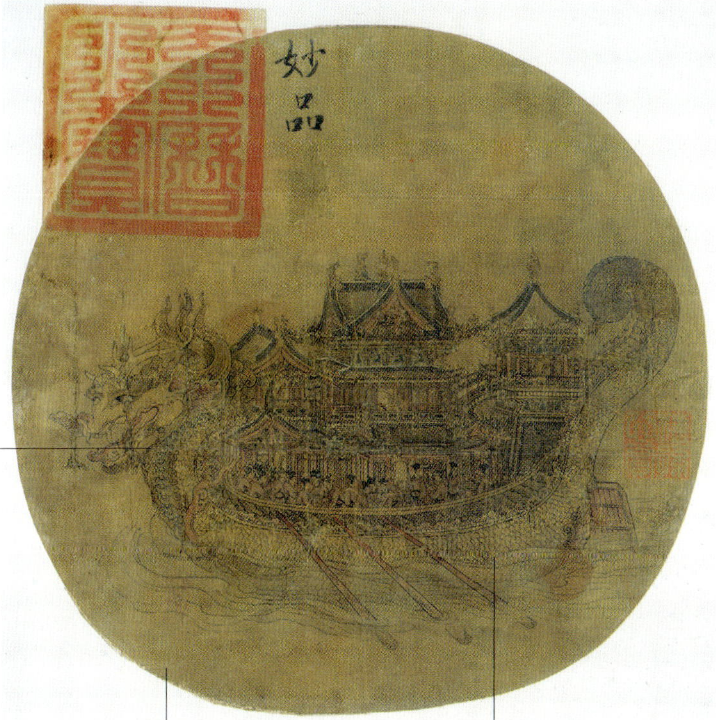

Flüsse sind nach altem chinesischem Glauben eigentlich Drachen, die von Zeit zu Zeit ihr wahres Gesicht zeigen; daher vielleicht der Brauch, den Todestag von Qu Yuan mit einem Drachen-Wettkampf zu begehen.

Die Legende berichtet, dass der Dichter sich das Leben nahm, indem er sich in einen Fluss stürzte, und erklärt so den Ursprung des Drachenbootfestes.

▲ Wang Zhenpeng (zugeschrieben), *Großes Drachenboot*,
Yuan-Dynastie, spätes 13./frühes 14. Jh.,
Albumblatt, Tusche, Farbe und Blattgold auf Seide, 25,5 x 26,5 cm,
Boston, Museum of Fine Arts, Chinese and Japanese Special Fund.

Vermutlich stellt das Gemälde mit dem sehr allgemein gehaltenen Titel die Feierlichkeiten anlässlich des sog. Mittherbstfestes oder auch Mondfestes in dem Palastkomplex dar.

Das Mondfest fällt normalerweise auf den September, dann nämlich, wenn der Abstand zwischen Erde und Sonne am größten ist und daher der Mond am hellsten leuchtet.

Noch heute wird das Mittherbstfest mit den traditionellen »Mondkuchen« (yueping) *gefeiert.*

Auf wunderbare Weise gibt der Maler das nächtliche Licht wieder: Mit Reinweiß und strahlenden Farben hebt er die beleuchteten Bereiche hervor, während er für die nachtschattigen Stellen auf eine breite Palette von Grautönen zurückgreift.

Die Damen des Hofes und ihre Kammerfrauen defilieren in Richtung eines Pavillons, wo sie Opfergaben darbringen und Verse zu Ehren des Mondes verfassen werden.

Das Fest ist für Frauen besonders wichtig, da einem alten Mythos nach der Mond von Chang E bewohnt wird, der Gemahlin eines Helden, die dazu verdammt wurde, einzig in Gesellschaft eines Hasen dort zu leben, weil sie unerlaubterweise die Pille der Unsterblichkeit genommen hatte.

▲ Früher Zhao Boju zugeschrieben, *Der Palast der Han*,
Südliche Song-Dynastie, 12. Jh.,
Albumblatt, montiert auf einer Hängerolle, Bild-Ø: 24,5 cm,
Taipei, Nationales Palastmuseum.

»Erhaben ist der Himmel, der in seiner Unermesslichkeit die Welt unten betrachtet. Er sucht das Reich in allen vier Richtungen nach Dem ab, der die Leiden des Volkes mildern wird.« (Buch der Lieder)

Mandat des Himmels

Die Lehre vom Mandat des Himmels erklärt den Aufstieg und Niedergang der Dynastien mit der Erlangung bzw. dem Verlust des moralischen Rechtes zu regieren. Dieses wird vom Himmel gewährt, der seinen Willen mittels himmlischer Zeichen mitteilt: Eine Konjunktion der Planeten Jupiter, Saturn, Venus, Mars und Merkur ereignete sich im Jahr 1059 v. Chr. und fiel mit dem Aufstieg der Zhou-Dynastie zusammen, die das Geschlecht der Shang absetzte. Eine weitere Konjunktion im Jahr 205 v. Chr. wurde mit dem Niedergang der Qin und der Machtergreifung durch die Han in Verbindung gebracht. Die alte, im *Buch der Urkunden* dargelegte Lehre wurde oft kommentiert. Ein Hofliterat des Kaisers Han Wudi ergänzte sie um kosmologische und historische Elemente und entwickelte so ein komplexes System von Entsprechungen zwischen Himmel, Erde und Mensch: Aufgrund seiner Tugend erhält ein neuer Herrscher das Mandat des Himmels, der ihm das Recht zur Machtergreifung verleiht und das ihn zum Mittler zwischen Himmel und Erde macht. Er ist Vorbild für das Volk, indem er seine Pflichten erfüllt: die Festlegung des Kalenders, die Durchführung der Opferrituale für Himmel und Erde und die Leitung öffentlicher Vorhaben. Die Zeichen des Himmels wurden von den Hofastronomen erfasst und gedeutet, die damit eine für den Fortbestand des Herrscherhauses wesentliche Tätigkeit ausübten.

Begriffe
Mandat des Himmels *(tianming)*
Shujing (»Buch der Urkunden«)

Verwandte Stichworte
Han Wudi;
Zeichen des Himmels

◄ Drache, Tang-Dynastie, 618–907, vergoldete Bronze, L: 18 cm, Xi'an, Sammlung des Amtes für die Verwaltung der Kulturgüter.

Das privilegierte Verhältnis zwischen Himmel und Herrscher fand seinen Ausdruck nicht nur im Staatskult, sondern auch in den verherrlichenden Werken der Malakademie, in den Erzeugnissen der staatlichen Manufakturen und den herrlichen kaiserlichen Sammlungen.

Dieses Gemälde hat eine glückverheißende Funktion und symbolisiert die göttliche Gunst gegenüber dem Herrscher mit Pflanzen voller schwerer Rispen.

Die statische Bildkomposition basiert auf der Senkrechten; der mittlere Stamm der Pflanze ist kräftig und gesund, die Rispen mit den Reiskörnern sind scharf umrissen.

Bei der Farbgebung spielt der Künstler mit feinen Kontrasten zwischen den verschiedenen Farbtönungen von Schwarz und Ocker, die unterschiedlich verdünnt mit langen weichen Pinselstrichen aufgetragen sind.

► *Wohlwollendes Getreide*, Yuan-Dynastie, 1279–1368, Hängerolle, Tusche und Farbe auf Seide, 190,2 x 67,9 cm, Taipei, Nationales Palastmuseum.

»Gen Himmel steigen vom Jadeturme / die Klänge von Flöten und Gesänge. / Der Wind bringt auch uns höfische Damen / erfreuliche Worte, Gelächter.« (Gu Kuang)

Hof

Die kaiserliche Macht offenbarte sich in Riten und Empfängen, die einem strengen Zeremoniell folgten, von dem unter keinen Umständen abgewichen werden durfte. Nicht nur die Regierungshandlungen des »Sohnes des Himmels«, auch jede seiner Gesten hatten den strengen bei Hofe geltenden Normen zu entsprechen und über alles wurde Protokoll geführt. Nur den engsten Beratern des Kaisers war es gestattet, in seine Nähe zu kommen. Er lebte zurückgezogen im Inneren Palast, war von Damen, Eunuchen und seinen jüngsten Kindern umgeben und wurde von der kaiserlichen Garde beschützt. Die Regierungsbüros und Audienzsäle befanden sich im angrenzenden Äußeren Palast: Hier arbeiteten die Amtsträger und der Herrscher empfing die Beamten. Der Palastkomplex, von einer hohen Mauer umgeben, war äußerlicher Ausdruck der Oberherrschaft des Souveräns, die sich auf dessen privilegierter Beziehung zu den Mächten des Himmels gründete. Die Fülle und Vielfalt des Dekors, die Seen und die Gärten innerhalb des Komplexes waren konkreter Ausdruck seiner Erhabenheit. Die Kaiserin, die einige Nebenfrauen und eine schwankende Anzahl von Konkubinen umgaben, war die höchste Autorität des Inneren Hofes. Sie konnte bisweilen einen erheblichen Einfluss auf die Entscheidungen des Kaisers ausüben. Diese »unerlaubte« Konkurrenz seitens der Frauen und auch der Eunuchen wurde von den konfuzianischen Geschichtsschreibern verurteilt.

Begriffe
Sohn des Himmels *(tianzi)*

Verwandte Stichworte
Mandat des Himmels; Chang'an (Tangzeit); Peking

▼ *Hofkonzert*, Tang-Dynastie, 618–907, Tusche und Farbe auf Seide, 48,7 x 69,5 cm, Taipei, Nationales Palastmuseum.

Gu Kaizi gilt als einer der bedeutendsten chinesischen Maler. Heute existieren noch einige Kopien seiner Werke, darunter zwei Darstellungen der »Empfehlungen der Lehrermeisterin an die Hofdamen«.

Die Bildrolle des British Museum enthält neun der ursprünglich elf Szenen, die einen didaktischen Text mit demselben Titel illustriert, den der Dichter und Beamte Zhang Hua im Jahr 292 n. Chr. verfasste.

Dieser Ausschnitt stellt einen Kaiser dar, der eine Konkubine mit erhobener Hand zurückweist.

Die feinen wogenden Linien, mit denen die Figuren gezeichnet sind, scheinen ohne abzusetzen ausgeführt zu sein und heben sich kaum vom kahlen Hintergrund ab – eine Charakteristik, die die chinesische Malerei bis zur Tangzeit auszeichnen wird.

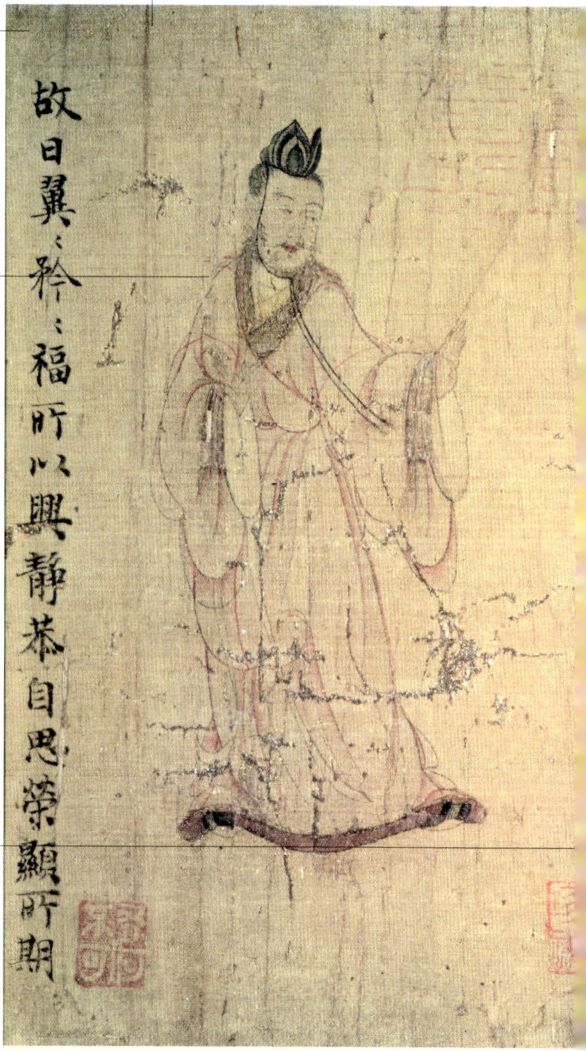

► *Empfehlungen der Lehrermeisterin an die Hofdamen* (Ausschnitt), 9./10. Jh., Kopie des Originals von Gu Kaizi (344–406 n. Chr.), Querrolle, Tusche und Farbe auf Seide, H: 25 cm, London, British Museum.

Die Gestaltung des Bildes, das in einer Zeit der Auflösung des Reiches in Einzelstaaten und der Schwäche der konfuzianischen Lehre entstand, verrät, dass die stereotype Darstellung der Hanzeit zugunsten der Wiedergabe individueller Charakterzüge und Emotionen überwunden wurde.

Allen Szenen ist ein Textblock vorangestellt, der ihren Inhalt wiedergibt.

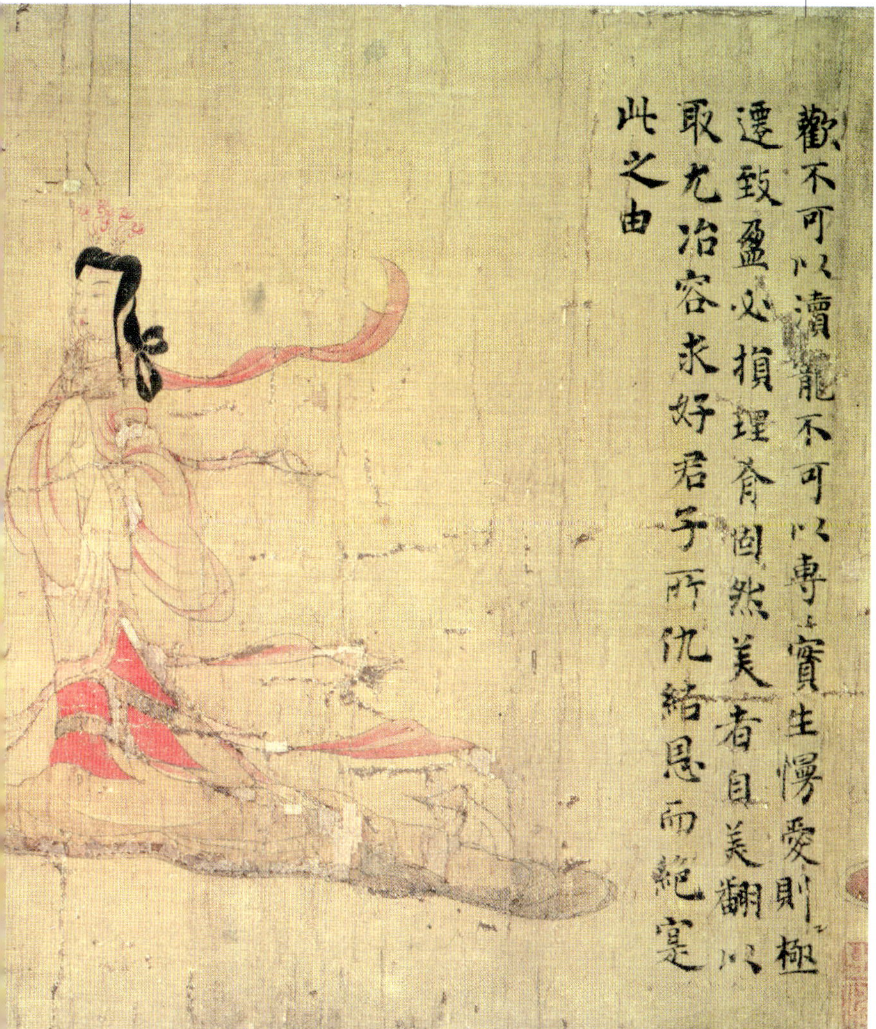

Die in vier Registern angeordneten Szenen sind von dem didaktischen Text Lienü zhuan *(»Biografien berühmter Frauen«) inspiriert, den der Beamte Liu Xiang im 1. Jh. v. Chr. verfasste.*

Die Kleidungsstücke und die wenigen Einrichtungsgegenstände entsprechen dem Stil der Hanzeit, obwohl die illustrierten Geschichten aus mythischer Zeit stammen.

Es sind Frauen dargestellt, die sich dem konfuzianischen Kanon nach durch Rechtschaffenheit und Tugendhaftigkeit ausgezeichnet haben, angefangen bei den zwei Konkubinen des mythischen Kaisers Shun (1. Register) und den drei Stammmüttern der Zhou-Dynastie (2. Register).

Hier wird die Geschichte einer tugendhaften Frau aus dem Staate Lu erzählt, der Heimat Konfuzius'.

▲ Vier höfische Szenen, Nördliche Wei-Dynastie, spätes 5. Jh. n. Chr., aus dem Grab von Sima Jinlong und seiner Gemahlin in Datong (Provinz Shanxi), lackierte Stellschirm-Tafel, 81,5 x 40,5 cm, Shanxi, Provinzmuseum.

Die untere Szene zeigt Ban Jieyu, eine gebildete Dame, die zum Frauengefolge des Kaisers Chen Di (37–7 v. Chr.) gehörte. Obwohl Konkubinen sehr geachtet waren, durften sie nicht in einer Sänfte mit dem Kaiser reisen.

Eine Öffnung in der hohen, für die höfischen Beamten typischen Kopfbedeckung lässt vermuten, dass an dieser Stelle eine Feder steckte, die Auskunft über seine genaue Funktion gab.

Die lange Tunika umhüllt mit weichem Faltenwurf den Körper des prosternierten Beamten und modelliert in groben Zügen dessen Formen, indes der Kopf und die Gesichtszüge genau herausgearbeitet sind.

In der feinen Einkerbung auf der Höhe der zu einer respektvollen Geste gefalteten Hände steckte vermutlich ein Täfelchen namens hu, *wie es in Anwesenheit des Kaisers hochgehalten wurde.*

Die Täfelchen hu *waren eine Art Passierschein, die zum Betreten des Audienzsaales berechtigten; sie wurden daher im Palast verwahrt und dem Beamten erst dann ausgehändigt, wenn der Herrscher diesen zu empfangen wünschte.*

Die Figur ist vollständig mit einer weißen Engobe überzogen; nach dem Brand wurde sie mit kostbaren Farbpigmenten bemalt, wie z. B. Grün und Blau, die aus kupferhaltigen Mineralien gewonnen wurden. Es sind auch noch Spuren von Blattgold vorhanden.

▲ Modell eines Beamten, Tang-Dynastie, 8. Jh., Terrakotta, Engobe, Pigmente, L: 56,5 cm, London, Jan van Beers.

»Die Länder leiden alle unter demselben Übel: Der Souverän ist von Unwürdigen umgeben ... Diejenigen, die die Souveräne beherrschen, entdecken zuerst deren Ängste und geheimen Wünsche.«
(Han Fei)

Eunuchen

Begriffe
Pietät gegenüber den Eltern *(xiao)*; Innerer Palast bzw. Innerer Hof *(neigong)*; Schatz *(bao)*

Verwandte Stichworte
Hof; Konfuzianismus

Die Kastration stellte eine schwerwiegende Verletzung der konfuzianischen Normen dar, denn einerseits war es einem Entmannten verboten, die Rituale des Ahnenkultes zu vollführen, und andererseits gehörte die Zeugung von Nachkommenschaft zu den Grundpflichten der Sohnesliebe. Doch obwohl die Klasse der Eunuchen, die bereits in vorkaiserlicher Zeit existierte und unter dem ersten Kaiser der Östlichen Han formalisiert wurde, von allen verachtet wurde, dachte kein konfuzianischer Literat jemals daran, ihre Abschaffung zu fordern. Vielmehr versuchten die konfuzianischen Berater, den Aktionsradius der Kastraten auf den Bereich des Inneren Palastes zu beschränken, zumal allein der Kaiser das Recht hatte, sich mit Eunuchen zu umgeben. Doch in einigen Fällen konnten sie nicht verhindern, dass die Eunuchen immense Reichtümer und grenzenlose Macht auf sich konzentrierten, indem sie sich die Rivalitäten zwischen Hofdamen, die Unerfahrenheit von Kindkaisern oder die Inkompetenz eines Kaisers zunutze machten. Der erste Kaiser der Ming-Dynastie, Hongwu, reduzierte die Anzahl der Eunuchen drastisch und verbot ihnen eine Einmischung in Staatsangelegenheiten. Unter seinen Nachfolgern wurden diese Einschränkungen wieder aufgehoben: Am Ende der Dynastie lebten mehr als 10 000 Eunuchen im Inneren Palast und hatten die Staatsgeschäfte, die Staatsfinanzen und das Rechtswesen in der Hand.

▼ Die Eunuchengräber *(Tianyi Mu)* in Peking, Ming-Dynastie, frühes 17. Jh.

Die Figuren, ursprünglich mit Kleidern und Armen aus vergänglichen Materialien versehenen, sollten den Verstorbenen beschützen und seinen sozialen Status hervorheben, den es im jenseitigen Leben zu erhalten galt.

Tausende von Tonstatuetten – sämtlich nackt und ohne Arme – wurden auf dem Gräberfeld des Kaisers Jing, der von 156 bis 141 v. Chr. regierte, sowie in einigen Brennöfen aus der Hanzeit gefunden.

In Peking verrichteten die »Messertätigen« ihre Arbeit außerhalb der Mauern der Verbotenen Stadt und unterzogen die meist sehr jungen Männer der Tortur einer vollständigen Kastration.

Der euphemistisch als »Schatz« bezeichnete amputierte Genitalapparat wurde konserviert und jedesmal, wenn der Eunuch befördert wurde, vorgezeigt; nach dem Tod kam er als Grabbeigabe in den Sarg, damit der Eunuch sich im Jenseits »vollständig« präsentieren konnte.

► Statuette eines Eunuchen, Westliche Han-Dynastie, 2. Jh. v. Chr., gefunden auf dem Gräberfeld des Kaisers Jing, Yangling (Provinz Shaanxi), Terrakotta, Engobe, Pigmente, H: 56,2 cm, Xi'an, Archäologisches Institut der Provinz.

»Als Yu das Werk der Eindämmung der Gewässer verwirklichte, gab der Himmel ihm die schwarze Jade gui *und teilte ihm damit die Vollendung des Werkes mit.« (Shen Yue)*

Kontrolle der Gewässer

Begriffe
Gelber Fluss *(Huanghe)*; Kaiserkanal *(Da Yunhe)*

Verwandte Stichworte
Qin Shi Huangdi; Han Wudi; Mandat des Himmels; Verwaltung; Verkehr

Der Bau und die Verwaltung der Bewässerungssysteme, Deiche und Transportkanäle zählten zu den Hauptaufgaben des Kaisers, der, wenn er sie nicht erfüllte, das Mandat des Himmels verlor. Mangelnde Instandhaltung der Deiche seitens der zuständigen Behörden aufgrund von Nachlässigkeit oder Geldmangel hatte unweigerlich Überschwemmungen zur Folge. Unter Qin Shi Huangdi ließ ein Wasserbauexperte im Jahr 246 v. Chr. einen 150 km langen Kanal zwischen zwei Flüssen anlegen, der die sog. düngende Bewässerung der trockenen Ebene von Zentral-Shaanxi mit schlammhaltigem Wasser ermöglichte. Die große Herausforderung, die die Regulierung des Gelben Flusses darstellte – aufgrund seines hohen Lössgehaltes war er immer wieder für katastrophale Hochwasser verantwortlich und verlagerte mehrmals sein Flussbett –, wurde unter Qin Shi Huangdi systematisch angegangen: Der Kaiser ließ alle Erddämme durch solide Deichbauten ersetzen, die später oft verbessert und ausgebaut wurden. Unter Han Wudi wurde der erste Bewässerungskanal gegraben, der teilweise durch einen Berg hindurchführte. Das gewaltigste Wasserbauwerk im antiken China stellt der im 7. Jh. n. Chr. begonnene sog. Kaiserkanal dar, durch den eine schiffbare Nord-Süd-Verbindung geschaffen wurde.

► Modell eines Brunnens, Östliche Han-Dynastie, 1. Jh. n. Chr., glasierte Terrakotta, H: 31,8 cm, Turin, Fondazione Giovanni Agnelli.

Die ersten künstlichen Verbindungen zwischen den zwei größten Flüssen Chinas, dem Gelben Fluss (Huanghe) und dem Yangzi Jiang (Chang Jiang), entstanden im 5. Jh. v. Chr. in nur leicht abschüssigem Gelände, wo das Wasserniveau konstant gehalten werden konnte.

Das System der Wasserstraßen, das die Geschichtsschreiber Kaiserkanal nannten, entstand zu Beginn des 7. Jh. mit Hilfe eines riesigen Heeres von Fronarbeitern, was letztendlich den Niedergang der nur kurz herrschenden Sui-Dynastie mit herbeiführte.

In der Songzeit wurde die Hauptstadt Kaifeng über einen Kanal mit der fruchtbaren Südregion verbunden; unter den Mongolenherrschern wurde der Bau eines Kanals vorangetrieben, der eine durchgehende Wasserstraße zwischen der Hauptstadt Dadu (Peking) und dem Süden bildete.

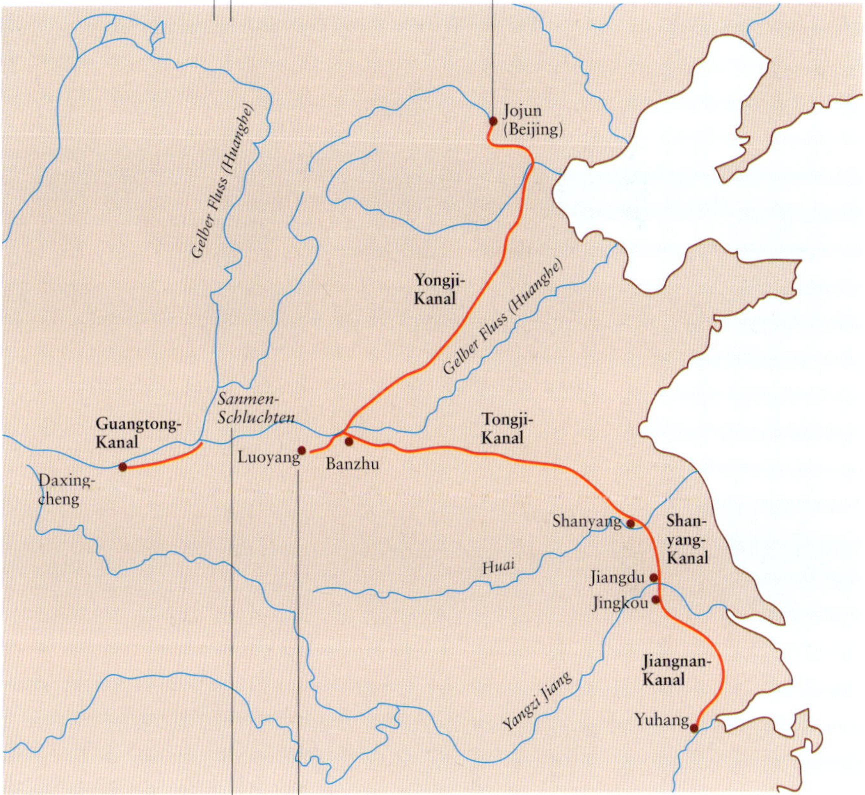

Die unmittelbar nach der scharfen Biegung des Gelben Flusses befindlichen Sanmen-Schluchten (Provinz Henan) machten eine Verbindung nach Westen unmöglich.

Der in der Hauptstadt Luoyang beginnende Kanal teilte sich bald in zwei Arme: Der eine führte bis in die fruchtbaren Gebiete der Mündung des Yangzi Jiang, der nördliche gewährleistete die Versorgung der an der Nordgrenze des Reiches stationierten Truppen mit Nachschub.

▲ Karte mit dem Kaiserkanal in der Suizeit (581–618 n. Chr.).

Im Jahr 806 n. Chr. konnte der Bau der »Brücke des kostbaren Gürtels« dank der großzügigen Schenkung eines wertvollen Jadegürtels durch den Gouverneur von Suzhou realisiert werden.

Die fast 317 m lange Steinbogenbrücke besteht aus 53 Rundbögen. Die drei mittleren sind höher, um die Durchfahrt von Booten mit bis zu 7 m Höhe zu ermöglichen. Unter den späteren Dynastien erfolgten zahlreiche Umbauten und Veränderungen; die heutige Brücke entstand 1446.

Früher wurden die Boote, die den Eignern auch als Behausung dienten, am Ufer entlang gezogen, mit Stangen gestakt oder mit einem Rad am Heck angetrieben.

Der Kaiserkanal war einst eine mit großen wie mit kleinen Booten stark befahrene Wasserstraße – und ist es heute noch. Besonders dicht ist der Verkehr im Raum Suzhou, einer Stadt, die für ihre Kanäle, Brücken und Gärten berühmt ist.

▲ Die Baodai-Brücke über dem Kaiserkanal, Suzhou (Provinz Jiangsu).

Die Menschen sollen die Methoden der Regulierung großer Flussläufe von Yu, dem »Großingenieur« und Begründer der sagenhaften Xia-Dynastie (2205–1500 v. Chr.), gelernt haben.

Die ersten Deiche wurden vor etwa 2000 Jahren am Gelben Fluss und entlang der Meeresküste (in der Region um Hangzhou und Jiaxing im Südosten) gebaut.

Ab der Mingzeit wurden Deiche nicht nur zum Schutz gegen Überschwemmungen gebaut, sondern auch zur Einengung des Flussbettes und damit für den besseren Abfluss von Schlamm und Sedimenten.

▲ *Regulierungsarbeiten am Schwarzen Fluss*, Holzschnitt, Illustration aus der Qingzeit (1644–1911).

In Zeiten, in denen die staatliche Autorität schwächelte und ihr das Durchsetzungsvermögen fehlte, zehntausende Menschen zu Deicharbeiten entlang der großen Flüsse zwangszuverpflichten, brachen nach einigen Jahren zwangsläufig die Deiche, was katastrophale Überschwemmungen zur Folge hatte.

»Sei ein Vorbild für die untergeordneten Beamten, verzeih kleine Vergehen, befördere Leute von Charakter und Talent.«
(Konfuzius, Gespräche, *VIII, 2)*

Verwaltung

Begriffe
Neun Ministerien *(jiuqing)*

Verwandte Stichworte
Qin Shi Huangdi; Han Wudi; Ausbildung und Prüfungssystem

▼ Audienzszene, Östliche Han-Dynastie, 2. Jh. n. Chr., vom Berg Banzi in Chengdu, Ziegelstein mit eingeprägtem Motiv, 39,2 x 46 cm, Chengdu, Provinzmuseum von Sichuan.

Qin Shi Huangdi schuf das Verwaltungssystem mit Beamten, die von der Zentralregierung ernannt und direkt kontrolliert wurden. Han Wudi verbot die Zuweisung von Ämtern an Personen in ihrer Heimatprovinz, ein Verbot, das von den nachfolgenden Dynastien häufig übernommen wurde. In Zeiten jedoch, in denen das Herrscherhaus schwach war, entzogen sich die lokalen großen Familien diesem Verbot und untergruben damit weiter die Fundamente der Dynastie. Das unter den Westlichen Han errichtete Zwei-Gewalten-System blieb trotz vieler Veränderungen vom Prinzip her auch unter den nachfolgenden Regierungen bestehen: Die Kanzlei war das gesetzgebende Organ des Kaisers, die Ausführung der Staatsgeschäfte oblag den Ministerien. Unter den Han gab es neun Ministerien, unter den Tang nur sechs, denen aber diverse Zentralbehörden zur Seite gestellt waren. Zur Regierung gehörte auch das Zensorenamt, das schon unter dem Ersten Kaiser eingerichtet worden war und in dem Inspekteure den Verwaltungsapparat der Provinzen prüften, um etwaige Unregelmäßigkeiten an die betreffende Provinzregierung oder die Hauptstadtregierung zu melden. Eine beratende Funktion hatte die im 8. Jh. gegründete Hanlin-Akademie; sie konnte unter bestimmten Umständen aber auch – als das renommierteste konfuzianische Organ – einen bedeutenden Einfluss auf die Zentralregierung ausüben.

Eine topographische Karte, ein Stadtplan und die Karte einer Garnison – alles Funde des reich bestückten Grabes Nr. 3 von Mawangdui – beweisen das hohe Niveau der Administration und der Kartographie im 2. Jh. v. Chr.

Die Karte ist im Maßstab 1:180 000 gezeichnet und gibt den Fluss Xiang im Grenzgebiet der Provinzen Hunan, Guangdong und Guangxi wieder. Die alten chinesischen Karten sind stets nach Süden ausgerichtet.

▲ Topographische Karte,
Westliche Han-Dynastie, um 168 v. Chr.,
Fund aus Grab Nr. 3 von Mawangdui
(Provinz Hunan), Tusche auf Seide, 96 x 96 cm,
Changsha, Provinzmuseum von Hunan.

Städte sind durch ein Viereck, Gemeinden und Dörfer durch einen Kreis angezeigt. So sind auf einer Fläche von ungefähr 30 000 Quadratkilometern acht Städte und insgesamt rund 50 Gemeinden und Dörfer verzeichnet.

Die Lehnsherren und Beamten bekamen vom Herrscher ein Siegel ausgehändigt, das ihnen die nötige Autorität zur Ausübung ihres Amtes verlieh.

Je nach Rang der Amtsperson waren die Siegel aus Jade, Gold, Bronze oder Stein. Seit der Regierungsübernahme durch die Westlichen Han war auch die Farbe der zu verwendenden Tusche vorgeschrieben.

Auf der Unterseite des Siegels mit dem ungewöhnlichen schlangen-förmigen Griff sind die Zeichen »Siegel des Königs von Dian« in der Kleinen Siegelschrift (xiaozhuan) *eingraviert.*

Amtliche Dokumente wurden erst durch den Abdruck des Siegels wirksam, das die Amtsperson für gewöhnlich am Gürtel trug.

▲ Siegel des Königs von Dian,
Westliche Han-Dynastie, spätes 2. Jh. v. Chr.,
aus Shizhaishan, Jinning, Gold, H: 2 cm,
Kunming, Provinzmuseum von Yunnan.

»Löse sein Siegel und kehre aufs Land zurück: / Was für ein weiser Mann er ist! Jung, wagte er Unrechtes zu berichtigen, / alt, machte er sich zum konfuzianischen Gelehrten.« (Wang Wei)

Beamte und Literaten

Begriffe
Beamter *(guan)*;
Literat, Gelehrter *(shi)*;
Literatursprache *(wenyan)*

Verwandte Stichworte
Han Wudi; Ausbildung und Prüfungssystem; Dichtkunst; Konfuzianismus

Dank der homogenen Kultur der Literaten-Beamten, die auf einer vereinheitlichten Schrift und dem Studium der konfuzianischen Klassiker basierte, bestand das Ideal eines großen chinesischen Imperiums auch in unbeständigen Zeiten fort. Die konfuzianische Ideologie bestimmte alle Bereiche des sozialen Lebens. Die offizielle Geschichtsschreibung war Ausdruck dieser monolithischen Kultur: Ereignisse wurden in Übereinstimmung mit der konfuzianischen Moral geschildert und nur ausnahmsweise fanden Personen Erwähnung, die dem bürokratischen System nicht angehörten. Verfeinertes Kommunikationsmittel der Literaten-Beamten ab der Hanzeit war die Literatursprache, in der nicht nur Erlasse und amtliche Register verfasst wurden, sondern auch Texte höherer Literaturgattungen: Gedichte und Aufsätze in gehobener Prosa, Textanalysen und Kommentare zu den konfuzianischen Klassikern oder historische Forschungsberichte. Bis zum Beginn des 20. Jh. sicherte diese hermetische, nur durch jahrelanges Studium erschließbare Schriftsprache der Führungsschicht die Kontrolle über den bürokratischen Apparat. In der Songzeit kam das Ideal des gebildeten Literaten auf, der sich mit belanglosen, aber ästhetischen Dingen wie Lektüre oder Blumenarrangements beschäftigt.

◄ Modell eines Zivilbeamten, Tang-Dynastie, 8. Jh. n. Chr., aus dem Grab von Zheng Rentai in Liquan (Provinz Shaanxi), Terrakotta, Engobe, Pigmente, Blattgold, H: 69 cm, Xi'an, Historisches Museum der Provinz Shaanxi.

Kaum dass die Statuen ausgegraben waren, wurde jedes noch so kleine Bruchstück restauriert: Auf diese Weise konnte ein Großteil des Lackes gerettet werden, der als Untergrund für die Farbpigmente diente.

Die eher schlichte Machart des Kleidungsstücks entspricht den legalistischen Prinzipien des Ersten Kaisers, für den Zivilbeamte nur eine Kategorie unter vielen Kategorien von Arbeitern waren, die keine besonderen Rechte hatten.

In einer der seitlichen Gruben des riesigen Areals, in dem sich die Grabanlage des Ersten Kaisers befand, kamen acht Figuren zutage, die wegen ihres Berufswerkzeugs als Zivilbeamte identifiziert werden konnten.

An der rechten Seite hängen ein Schleifstein und ein Messer mit ringförmigem Knauf; damit schmirgelten die Beamten die Holz- oder Bambustäfelchen glatt, auf denen die Urkunden niedergeschrieben wurden, oder kratzten Schreibfehler weg.

► Modell eines Zivilbeamten, Qin-Dynastie, 218 v. Chr., vom Südwestareal der Grabanlage des Ersten Kaisers, Terrakotta, Lack, Pigmente, H: ca. 190 cm, Lintong, Museum der Terrakotta-Armee des Kaisers der Qin.

Neben der Ausübung der »vier Künste« – Dichtung, Malerei, Brettspiele, Musik – gehörten »das Verbrennen von Weihrauch, das Teeschlürfen, das Betrachten von Gemälden und das Arrangieren von Blumen« zu den kultivierten und nichtigen Tätigkeiten.

Hinter der Bettstatt steht ein breiter Stellschirm, auf dem eine fast identische, in den Einzelheiten jedoch traditionellere Szene gemalt ist: Der Literat sitzt hier förmlicher auf der Liege vor einem Landschaftsgemälde.

Ein betagter und wegen der Sommerhitze halb entblößter Literat liegt ausgestreckt auf einer Liege im Garten seines Hauses, einen Fliegenwedel in der Rechten und eine Handrolle in der Linken – ein Buch, eine Kalligraphie oder ein Gemälde.

Ab der Songzeit verbreitete sich das Motiv des Literaten, der das Leben, von allen Sorgen seines Amtes enthoben, genießt und sich der Muße oder dem Studium hingibt oder sich die Zeit mit sonstigen Vergnügungen vertreibt.

▲ Liu Guandao, *Sommerlicher Zeitvertreib*,
Yuan-Dynastie, spätes 13. Jh.,
Querrolle, Tusche und leichte Farbe
auf Seide, 30,5 x 71,1 cm,
Kansas City, The Nelson-Atkins Museum of Art.

»Bei ihrer Geburt sind alle Menschen von Natur aus gut. Ihre natürlichen Neigungen sind sehr ähnlich ... Ohne Bildung verschlechtert sich der Charakter.« (Drei-Zeichen-Klassiker)

Ausbildung und Prüfungssystem

Begriffe
kaiserliche Prüfungen *(keju)*;
Kandidat mit Abschluss auf lokaler Ebene (*shengyuan* od. *xiucai*);
Kandidat mit Abschluss auf Provinzebene *(juren)*;
Kandidat mit Abschluss auf Staatsebene *(jinshi)*

Verwandte Stichworte
Han Wudi; Wu Zetian; Zhu Xi; Hongwu; Yongle; Beamte und Literaten

Die Erhebung des Konfuzianismus zur Staatsdoktrin in der Westlichen Hanzeit brachte die Einrichtung höherer Kollegs und einheitlicher Prüfungen mit sich, was den Nachschub an loyalem und kompetentem Personal sicherte und die kulturelle Kontinuität garantierte. Zum Studium der *Fünf Klassiker* an der kaiserlichen Universität wurden unter Han Wudi die Abkömmlinge der Adelsfamilien sowie diejenigen Kandidaten zugelassen, die höhere Verwaltungsbeamte für eine öffentliche Laufbahn vorschlugen. Vor allem Kaiserin Wu Zetian unternahm viel, um die Zulassung zu den Prüfungen auch für Kandidaten niederer Herkunft zu erleichtern und erlaubte sogar Frauen den Aufstieg in den Rang einer Amtsperson – ein einmaliger Vorgang in der Geschichte des Kaiserreiches. Die Song erweiterten das Studienprogramm um die *Vier Bücher* des Zhu Xi und einige mehr praxisbezogene Fächer. Die nachfolgende Yuan-Dynastie schaffte das Prüfungssystem eine Zeit lang ab und bevorzugte dann nicht-chinesische Kandidaten. Der erste Ming-Kaiser Hongwu zeigte sich misstrauisch gegenüber allzu befähigten Kandidaten. Die Engstirnigkeit der Konfuzianer der Mingzeit verhinderte danach eine grundlegende Modernisierung des Systems, das damit obsolet wurde.

► Vase mit vier moralischen Szenen, hier zu sehen: Der Unterricht, Ming-Dynastie, Regierungsperiode der Jiajing, 1522–66, Porzellan mit Unterglasurmalerei, H: 32 cm, Hildesheim, Roemer-Museum, Ohlmersche Sammlung.

Gewöhnlich wurden die Söhne der vermögenden Familien ab der frühesten Kindheit von einem Privatlehrer unterrichtet. Kinder aus weniger wohlhabenden Familien hingegen durften manchmal die »öffentlichen« Schulen besuchen, die von lokalen Würdenträgern eingerichtet wurden.

Die Lehrer an diesen öffentlichen Schulen waren meist Beamten-Kandidaten, die durch die Prüfungen gefallen waren. Da ohne das heiß begehrte Diplom ein Posten in der öffentlichen Verwaltung nicht zu bekommen war, mussten sie ihren Lebensunterhalt auf andere Weise verdienen.

Das Gemälde zeigt, wie die Kinder einer Schulklasse sich austoben und die verrücktesten Spiele spielen, während der alte Lehrer, der den Kopf auf die verschränkten Arme gelegt hat, am Schreibtisch schläft.

Die Prüfungsvorbereitungen fingen schon im Mutterleib an: Der Schwangeren, die den Kontakt mit grellen Farben und den Verzehr gut gewürzter Speisen vermeiden musste, wurden Auszüge aus den konfuzianischen Klassikern und erbauliche Gedichte vorgelesen.

▲ *In der Schule*, Ming-Dynastie, 16. Jh., vielleicht Kopie eines älteren Werkes, Albumblatt, Tusche und Farbe auf Seide, Ø: ca. 27,5 cm, New York, Metropolitan Museum of Art, Fletcher Fund, A. W. Bahr Collection.

In der chinesischen Schule wird der Unterrichtsstoff noch heute mit Hilfe mnemotechnischer Übungen eingeprägt.

Das im 13. Jh. kompilierte und traditionell dem Literaten Wang Yinglin (1223–96) zugeschriebene Lehrgedicht Sanzijing *wurde bis zum Ende der Mandschu-Dynastie (1911), in Taiwan sogar bis in die 1960er-Jahre als Schulbuch verwendet.*

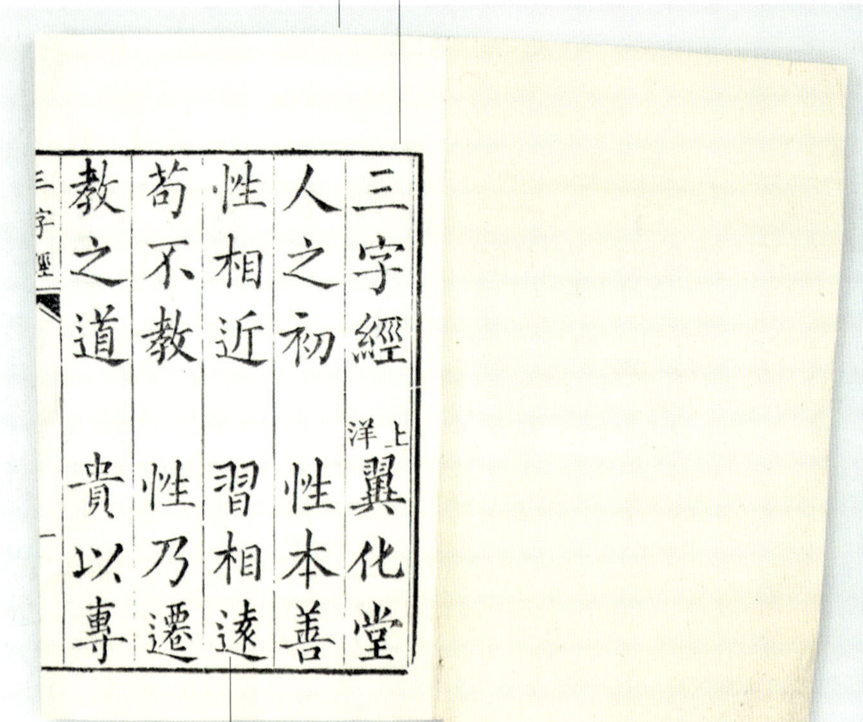
三字經　上洋翼化堂
人之初　性本善
性相近　習相遠
苟不教　性乃遷
教之道　貴以專
三字經　一

Der aus dreiteiligen Versen bestehende Text stellt mit weniger als 1200 Schriftzeichen einen vollständigen Katechismus der konfuzianischen Tradition dar.

▲ Exemplar des *Sanzijing* (»Drei-Zeichen-Klassiker«), Qing-Dynastie, frühes 20. Jh., Buch, H: 23,5 cm, New York, American Museum of Natural History.

► *Buch über die politischen Strategien der Streitenden Reiche* (Ausschnitt), Westliche Han-Dynastie, um 168 v. Chr., Fund aus Grab Nr. 3 von Mawangdui (Provinz Hunan), Tusche auf Seide, H: 24 cm, Changsha, Provinzmuseum von Hunan.

»Zur Zeit der Drachen-Meister / und des Feuer-Kaisers, / der Vogel-Beamten / und des Kaisers der Menschen / wurden erstmals die Schriftzeichen erfunden.« (Tausend-Zeichen-Klassiker)

Schrift

Im *Shuowen jiezi*, dem ältesten chinesischen Wörterbuch, unterscheidet der Lexikograph Xu Shen († 147 n. Chr.) »sechs Bildungsarten für die Schriftzeichen«. Es gibt die konkreten Bild-Zeichen (z. B. das Zeichen für »Berg«), die auch eine abstrakte Vorstellung ausdrücken können (z. B. steht »Turm« für »hoch«). Begriffs-Zeichen sind abstrakt und einfach, z. B. »über, steigen« oder »Zentrum«. Die zusammengesetzten Zeichen kombinieren greifbare Bilder, um eine Idee wiederzugeben (z. B. ergibt die Kombination von »Sonne« und »Mond« die Bedeutung »Leuchtkraft«). Die sog. phonetischen Zeichen verknüpfen ein phonetisches Element mit einer Bedeutungseinheit. Das Phonem *yang* beispielsweise, das eine Anleihe beim Piktogramm für »Schaf« macht, bedeutet »Ozean«, wenn es mit dem semantischen Element (Radikal) von »Wasser«, hingegen »Krankheit«, wenn es mit »Herz« verbunden wird. Diese Kategorie bietet eine fast unendliche Vielfalt an Kombinationsmöglichkeiten: Während die chinesische Schriftsprache eine begrenzte Palette von Radikalen kennt (heute werden knapp über 200 gezählt), beläuft sich die Anzahl der Schriftzeichen auf mehr als 50 000. Nur selten kommen die phonetischen Entlehnungen und falschen Synonyme – die beiden letztgenannten Kategorien von Xu Shen – vor, die auf graphischen und phonetischen Ähnlichkeiten zwischen den Zeichen basieren.

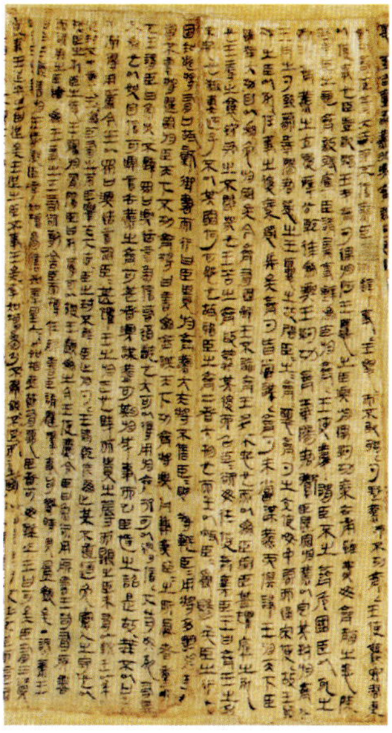

Begriffe
Shuowen jiezi (»Die chinesische Schreibschrift«); Sechs Bildungsarten für die Schriftzeichen *(liushu)*

Sonne *(ri)* 日
Berg *(shan)* 山
hoch *(gao)* 高
über, steigen *(shang)* 上
Zentrum *(zhong)* 中
Mond *(yue)* 月
Leuchtkraft *(ming)* 明
Schaf *(yang)* 羊
Ozean *(yang)* 洋
Krankheit *(yang)* 恙

Verwandte Stichworte
Beamte und Literaten; Ausbildung und Prüfungssystem; Kalligraphie

Die vier hier abgebildeten Bambusstäbchen gehören zu einem 66-teiligen, ursprünglich mit einer Hanfschnur zusammengeschnürten Bündel, das das vollständige Inventar der Ausstattung des Grabes des im Jahr 167 v. Chr. verstorbenen Bezirksvorstehers Sui enthielt.

Vor der Erfindung des Papiers dienten Seide und Bambusstäbchen (jian) *als Schriftträger für die Beschriftung mit Pinsel und Tusche.*

Bambusstäbchen wurden vermutlich ab dem späten 2. Jh. v. Chr. für alle Arten von Urkunden, sowohl offizielle als auch private, verwendet.

▲ Beschriebene Bambusstäbchen, Westliche Han-Dynastie, vor 167 v. Chr., aus den Gräbern Nr. 167 und 168 von Fenghuangshan (Provinz Hubei), Bambus und Tusche, L: ca. 22 cm, Jingzhou, Stadtmuseum.

Um den Bambus gebrauchsfertig zu machen, wurde zunächst die grüne Außenrinde abgekratzt, dann die holzartige Oberfläche sorgfältig geglättet und anschließend das Rohr in Streifen geschnitten, die über dem Feuer getrocknet wurden. Die Bambusstäbchen wurden mit einer Schnur so zusammengeschnürt, dass sie regelrecht wie Bücher aussahen, die man dann zusammengerollt oder ziehharmonikaartig zusammengefaltet aufbewahrte.

Jedes Zeichen besteht aus mehreren konventionellen Strichen, die in der richtigen Reihenfolge gezeichnet werden müssen, um ein kohärentes und proportional stimmiges Schriftbild zu ergeben.

Der berühmte Kalligraph Wang Xizhi verfasste ein Buch über die acht Striche, aus denen das Zeichen yong *(»Ewigkeit«) besteht. Es diente als Grundlage für das Studium und die Praxis der Kalligraphie.*

In Wörterbüchern sind die Zeichen anhand ihres sinnbildlichen Wurzelelements (Radikals) zu finden, das in der Liste der 214 Radikale im Vorspann verzeichnet ist. Die Reihenfolge der Zeichen mit demselben Radikal richtet sich nach der Anzahl der zusätzlichen Striche.

In der Praxis werden einige dieser Striche jedoch durchgehend mit dem Pinsel gezogen. Auf diese Weise reduziert sich die Anzahl der Striche auf insgesamt fünf.

▲ Zusammensetzung und Harmonie der chinesischen Schriftzeichen.

»Auf dem Fanguo-Berg, hoch oben auf dem Gipfel, / traf ich Du Fu … Ich sagte: ›Seit unserm letzten Treffen / hast du stark abgenommen. / Seit wann bist du an der Dichtung erkrankt?‹«
(Li Bai)

Dichtkunst

Begriffe
Shijing
(»Buch der Lieder«);
Chuci
(»Elegien von Chu«);
Prosagedicht *(fu)*;
Lied *(yuefu)*;
Klassisches Gedicht *(shi)*;
Lyrische Dichtung *(ci)*

Verwandte Stichworte
Han Wudi; Li Bai; Su Shi; Spiele

Trotz der stilistischen Vielfalt der chinesischen Dichtkunst, der Literaturgattung schlechthin, gibt es einige Gemeinsamkeiten, die aus den Eigenheiten der Schriftsprache und aus der konfuzianischen Tradition erklärbar sind. Das Chinesische ist eine konkrete Sprache mit nur wenigen abstrakten Begriffen. Um eine als vulgär geltende Entäußerung der Gefühle zu vermeiden, zieht sie die Verwendung von Metaphern und konkreten Bildern vor, die eine poetische Wahrnehmung der Wirklichkeit bewirken sollen. Da außerdem einer Vielzahl von Schriftzeichen eine äußerst geringe Anzahl phonetischer Silben gegenübersteht, eignet sie sich hervorragend für Wortspiele wie Parallelismen, Homophone und literarische Rebusse. Der immer angestrebte Bezug zu den alten Meistern wird durch synthetische Zitate und hermetische Anspielungen auf Ereignisse früherer Epochen oder auf Gedichte ruhmreicher Literaten hergestellt. Nur wenige Dichter wagten es, die Grenze der klassischen, für würdig befundenen Themen zu überschreiten, die oft belehrend waren. Ebenso schwer war es, sich über die komplizierten ästhetischen und metrischen Normen der diversen Stile hinwegzusetzen. Die größte Vitalität erreichte die Poesie in Perioden politischer Unbeständigkeit, in denen die Schwäche der kaiserlichen Ideologie, des Konfuzianismus, die Entwicklung von Ausdrucksformen und Eigenheiten ermöglichte, die nicht didaktisch, sondern ästhetisch motiviert waren.

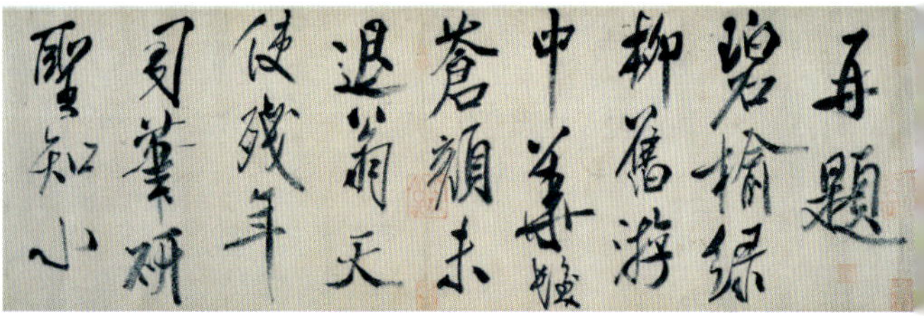

► Mi Fu, *Gedichte*, Nördliche Song-Dynastie, frühes 12. Jh., Querrolle, Tusche auf Papier, 31,2 x 487 cm, Tokio, Nationalmuseum.

Das fu *entstand im 2. Jh. v. Chr. und bezeichnete ursprünglich eine äußerst erlesene, rhetorische und an Übertreibungen reichhaltige Gattung der Dichtkunst. Dagegen bezeichnet der im 11. Jh. eingeführte* Fu-*Stil einen Gedichttyp, der frei von Moralismen ist und sich durch Einfachheit auszeichnet.*

Im Jahr 208 n. Chr. war der überhängende Rote Fels am Yangzi Jiang der Schauplatz einer großen Seeschlacht, bei der die Flotte des Generals Cao Cao vernichtend geschlagen und damit auch sein Traum zunichte gemacht wurde, China unter seinem Kommando zu vereinen.

Das Gemälde illustriert die berühmte Ode Chibi fu *(»Das Fu des Roten Felsen«) des Literaten Su Shi (1037–1127), die zwei Ausflüge des Autors in Begleitung zweier Freunde beschreibt.*

Überwältigt von der alten Geschichte, reflektiert der Dichter über die Vergänglichkeit des Lebens, während er im Boot mit seinen Freunden tafelt.

Die Ode Chibi fu *ist in einer Sprache geschrieben, die frei von metrischen Schemata ist und von Reimen und Parallelismen nur wenig Gebrauch macht. Vielleicht war es gerade die Klarheit der Dichtung, die das Gedicht so berühmt machte, dass es in der chinesischen Malerei unzählige Male illustriert wurde.*

▲ Li Song, *Der Rote Fels*, Südliche Song-Dynastie, 1190–1230, Albumblatt, montiert auf einer Hängerolle, Tusche und leichte Farbe auf Seide, 24,8 x 26 cm, Kansas City, The Nelson-Atkins Museum of Art.

Eine tangzeitliche Anthologie mit über 48 000 Gedichten zeigt, wie groß die gesellschaftliche Bedeutung der Poesie im antiken China war.

Das vor allem in der Tangzeit weit verbreitete klassische Gedicht (shi) *besteht aus Versen mit fünf oder sieben Schriftzeichen. Jeder Vers weist vor den letzten drei Zeichen eine Zäsur auf.*

Das in der Songzeit sehr beliebte Genre des ci, *der lyrischen Dichtung, ist nach dem Vorbild der Melodien von Volksliedern entstanden, die bisher leider nicht rekonstruiert werden konnten.*

Ab dem 12. Jh. gehörte das Improvisieren von Gedichten in Versform oder in Prosa, die von der umgebenden Natur, dem Mond, den Freunden inspiriert waren, zu den unverzichtbaren Vergnügungen der Literaten.

► *Berglandschaft: Drei Dichter und ein Diener unter einer Kiefer*, Ming-Dynastie, 16. Jh., Hängerolle, Tusche und leichte Farbe auf Seide, 239 x 94,2 cm, Washington D. C., Freer Gallery of Art, Smithsonian Institution.

»Die Kalligraphie ist eine Befreiung. Wenn jemand schreiben möchte, muss er erst alles loslassen, was sein Herz beschwert.« (Cai Yong)

Kalligraphie

Die Kalligraphie ist keine abstrakte Kunst, vielmehr fügt sie der semantischen Bedeutung des Zeichens bestimmte ästhetische Werte und Informationen zur Persönlichkeit des Künstlers hinzu. Zur Zeit der Späteren Han entwickelte sich die Vorstellung von der Kalligraphie als einer künstlerischen Disziplin. Die Verwendung der von Qin Shi Huangdi vorgeschriebenen Kleinen Siegelschrift beschränkte sich auf Inschriften auf Bronzen und Siegeln. Die zum Verfassen offizieller Dokumente verwendete Kanzleischrift wurde zur Zeit der Auflösung des Reiches in Einzelstaaten durch die einfachere und gefälligere normale Regelschrift ersetzt. Durch die individuellen Stile in den Tagebüchern und vor allem den Briefen an die Freunde wurde die Kalligraphie zur höchsten Kunstform, die sogar über der Malerei stand: Die »Grasschrift« entstand Ende des 2. Jh. n. Chr. und zeichnete sich durch schwungvolle, miteinander verbundene Striche aus.

Die Kursivschrift, die im Zuge der neokonfuzianischen Bewegung in der Songzeit aufkam, stellt den Höhepunkt des Strebens nach geläuterter Spontaneität dar, die man sich allerdings in langen Lehrjahren mit täglichen Übungen und durch Nachahmung der alten Meister hart erarbeiten musste. Die Freiheit des Künstlers spiegelt sich in der vollendeten Handführung und in der im Strich erfassten Energie wider.

Begriffe
Kleine Siegelschrift, wörtl. »kleines Siegel« *(xiaozhuan)*; Kanzleischrift *(lishu)*; Normale Regelschrift *(kaishu)*; »Grasschrift« *(caoshu)*; Kursivschrift *(xingshu)*

Verwandte Stichworte
Qin Shi Huangdi; Su Shi; Schrift; Konfuzianismus

◄ Zhang Xihuang, *Pinselbecher*, Ming-Dynastie, frühes 17. Jh., Bambusrohr, H: 13,3 cm, New York, Metropolitan Museum of Art.

Elf Generationen der Familie Wang brachten hochgeschätzte Kalligraphen hervor; Wang Xizhi (307–365) hatte bereits in der Tangzeit höchste Berühmtheit erlangt.

Man geht heute davon aus, dass es von Wangs Werken, die tausendfach von Kalligraphen studiert und kopiert wurden, kein einziges Original mehr gibt.

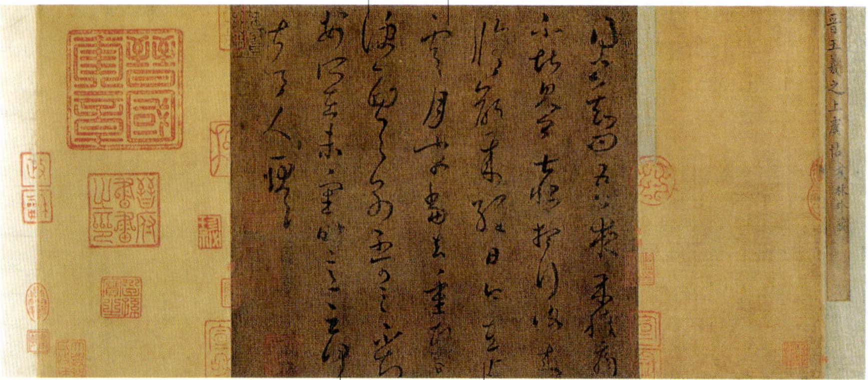

Wang Xizhi tat sich in allen kalligraphischen Genres hervor, insbesondere in der normalen Regelschrift (kaishu), *in der »Grasschrift«* (caoshu) *und in der Kursivschrift* (xingshu), *in der der vorliegende Brief geschrieben ist.*

Kaiser Tang Taizong schätzte Wang Xizhis Kalligraphie so sehr, dass er seine 23 schönsten Briefe in Stein hauen ließ, um sie für die Ewigkeit zu bewahren.

▲ Kopie aus der Tangzeit (618–907) des Originals *Shang Yu Tie* von Wang Xizhi, Jin-Dynastie, 4. Jh. n. Chr., Tusche auf Papier, Shanghai, Museum.

Die »vier Schätze« – Tusche, Tuschereibstein, Pinsel und Papier – waren Ausdrucksmittel und Arbeitswerkzeuge der Literaten-Beamten und daher meistens von bester Qualität und sehr formschön gestaltet.

Die Hauptbestandteile der Tusche (mu) *waren: der Ruß verbrannter Kiefern, das Öl des Tung-Baumes und Leim; häufig wurden Aromen oder kostbare Düfte wie Moschus beigemischt. In einem Mörser wurde das Gemisch zu einer Paste verarbeitet, in Formen gepresst und dann getrocknet. Zur Bereitung von Tusche musste der entstandene Tuschestein auf einem Reibstein unter Zufügung von Wasser verrieben werden.*

Auf dem Tuschestein sind die zwei Schriftzeichen »Schatz [des] Landes« eingraviert. Diese Inschrift, das erhabene Drachenmuster und der gelbe Samtstoff des Etuis zeichnen den Gegenstand als Geschenk des Kaisers aus.

▲ Tuscheblock und Etui, Ming-Dynastie, Xuande-Periode, 1426–35, Etui: Holz, Leder und Samt, L: 21,5 cm; Tuschestein: Tusche und Blattgold, L: 19 cm, Gotha, Schlossmuseum.

Schon zur Hanzeit waren qualitativ hochwertige Tuschen sehr begehrt. Die Tusche-Kultur erreichte ab dem 12. Jh. eine hohe Blüte. Einige der songzeitlichen Herstellernamen sind noch heute gleichbedeutend mit exquisiter Güte.

Zhu Yunming, der wie die meisten Maler und Kalligraphen aus einer Künstlerfamilie stammte, zählt zu den berühmten »Meistern von Suzhou« und war auf die »modernen« Kalligraphiegattungen der »Grasschrift« und Kursivschrift spezialisiert.

Malerei und Kalligraphie – die beiden Bereiche, in denen sich der chinesische Literat am besten auszudrücken verstand – sind auf das Engste miteinander verknüpft, und häufig wurde ein Werk im Dialog fortgeführt, auch über Generationen hinweg.

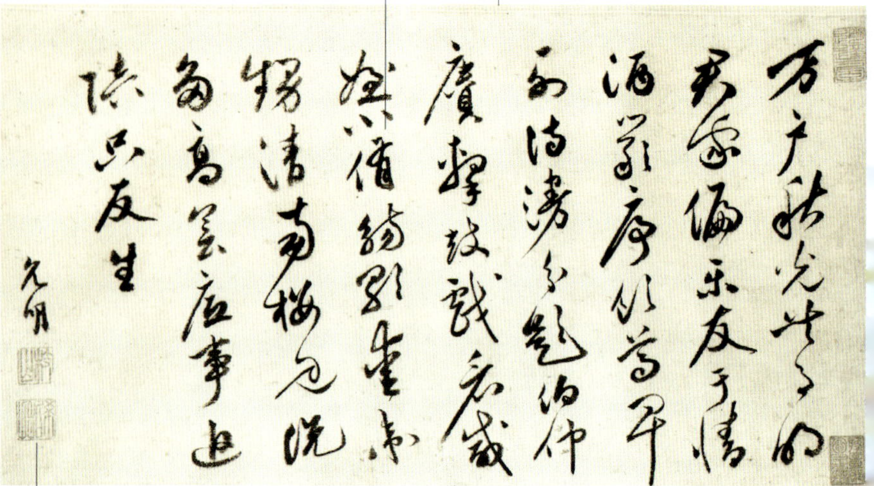

Das unterzeichnete und mit einem Siegel beglaubigte Gedicht wird von oben nach unten und von rechts nach links gelesen.

Die chinesischen Literaten hielten ihre Gedanken zu einem Werk auf derselben Handrolle fest und fügten eigene Gedichte in einem passenden kalligraphischen Stil hinzu. Gelegentlich wurden diese Darlegungen später mit neuen Glossen kommentiert.

Kalligraphien, die für würdig befunden wurden, die Zeiten zu überdauern, ließen die Kaiser in Stein meißeln.

▲ Zhu Yunming, *Kolophon aus Den Mittherbstmond betrachtend von Shen Zhou*, Ming-Dynastie, spätes 15./frühes 16. Jh., Ausschnitt aus einer Querrolle, Tusche auf Papier, 25,7 x 49,2 cm, Boston, Museum of Fine Arts, Chinese and Japanese Special Fund.

► Detail eines Gedichts von Zhu Yunming, in Stein geschnitten, Xi'an, Museum des Stelenwaldes.

»Die Berge in der Ferne und die Wolken vereinigen ihre Gestalt. Der entfernte Himmel und die Gewässer vermengen ihre Leuchtkraft.« (Wang Wei)

Landschaftsmalerei

Der Ausdruck »Berg-Wasser« ist die chinesische Bezeichnung für Landschaft: Der Berg, das männliche Element Yang, braucht das durch das Wasser verkörperte weibliche Element Yin, um sich zu einer dynamischen Synthese zu ergänzen. Die früheste Landschaftsmalerei stellte die universelle Harmonie dar, die sich in der Natur bekundet, und symbolisierte eher die soziale und politische Ordnung, als dass sie bestimmte Landschaften wiedergab. Nur ganz wenige Originale und einige spätere Kopien dokumentieren die beiden parallelen Strömungen der späten Tangzeit: den Blau-Grün-Stil, der sich durch leuchtende Farbgebung und detailgenaue Ausführung auszeichnet, und den monochromen »verspritzten Tuschestil«, ausgeführt mit schnellen Pinselstrichen und schwarzer Tusche. Die kurze Periode der chinesischen Teilung nach dem Niedergang der Tang-Dynastie war Nährboden für erstaunliche Entwicklungen der Landschaftsmalerei: monumentale Landschaftsbilder v. a. im Norden, poetische Szenarien v. a. im Süden. Der songzeitliche Neokonfuzianismus richtete die Aufmerksamkeit auf den individuellen Ausdruck des Künstlers, der sich in der Tuschmalerei am besten übermittelte. Das monochrome Landschaftsbild wurde nun zum Spiegel des Innenlebens des Literaten, veranschaulicht durch Reminiszenzen an die Werke der alten Meister.

Begriffe
Landschaftsmalerei, wörtl. »Berg-Wasser« *(shanshui)*; Blau-Grün-Stil *(qinglü)*; Monochromer verspritzter Tuschestil *(pomo)*

Verwandte Stichworte
Su Shi; Zhu Xi; Kalligraphie; Garten; Fengshui

◄ Ni Zan, *Bambus, Fels und hochgewachsener Baum*, Yuan-Dynastie, um 1348, Hängerolle, Tusche auf Papier, 67,3 x 36,8 cm, Cleveland (Ohio), Museum of Art.

Ursprünglich wirkte das Weiß des Schnees weniger intensiv als heute, was daran liegt, dass die Seide mit der Zeit nachgedunkelt ist.

Jing Hao war bis zum Niedergang der Tang-Dynastie im Jahr 908 n. Chr. als Beamter tätig, danach zog er sich ins Privatleben zurück, lebte in den Bergen der Provinz Henan und widmete sich der Malerei. Die innovativen Maltechniken, die er in seinem Bemühen um einen authentischen Naturalismus entwickelte, sind durch einige wenige ihm zugeschriebene Werke dokumentiert und in seiner Abhandlung Bifa ji *(»Aufzeichnungen über die Pinseltechnik«) theoretisch begründet.*

Um eine vollständige Zerstörung des Werkes zu verhindern, wurde es auf Leinwand aufgezogen. Bei der Gelegenheit wurden auch einige Details des Bildes retuschiert, allerdings machte der Restaurator den Fehler, eine kleine freie Fläche in die Mitte der Felswand entstehen zu lassen.

Das Gemälde wurde in den 1930er-Jahren in einem Grab in der Provinz Shaanxi entdeckt und befand sich in einem ganz schlechten Zustand, insbesondere in der Mitte des Bildes fehlten einige Stellen der ursprünglichen Bemalung.

▲ Jing Hao, *Reisende in verschneiten Bergen*, Zeit der Fünf Dynastien, 1. Hälfte 10. Jh., Hängerolle, Tusche, weiße Temperafarbe und leichte Farbe auf Seide, 136 x 75 cm, Kansas City, The Nelson-Atkins Museum of Art.

Li Tang war schon betagt, als er in die Akademie des Kaisers Huizong aufgenommen wurde. Nach dem Fall der Nördlichen Song-Dynastie floh er im Jahr 1127 nach Südchina.

In der Hofakademie in Hangzhou setzte der Maler sein Werk fort und übte einen großen Einfluss auf die nachfolgenden Künstlergenerationen aus.

Der schroffe Pinselstrich der sog. Axtschläge, der eine regelmäßige Rasterung des Berges ergibt, ist typisch für den Maler und wurde tausendfach kopiert.

Die Wolke, die den Blick auf die Berge versperrt, ist kein leerer Raum, sondern besitzt eine reale, spürbare Stofflichkeit.

Die räumliche Tiefe wirkt real, gleichsam begehbar, wenn der Betrachter mit den Augen den Bach entlang wandert.

Das 1124 entstandene Gemälde antizipiert eine spätere neue Stilrichtung der chinesischen Landschaftsmalerei, bei der eine intimere, suggestive Gestaltung an die Stelle der überwältigenden und einschüchternden Darstellung tritt.

▲ Li Tang, *Murmelnder Wind in den Bergkiefern*,
Südliche Song-Dynastie, 1124,
Hängerolle, Tusche und Farbe auf Seide, 188,7 x 139,8 cm,
Taipei, Nationales Palastmuseum.

Die drei noch existierenden Teile der Acht Ansichten *werden jeweils begleitet von einem vierstrophigen Gedicht und einem Siegel mit der Bedeutung »Anhänger der drei Religionen«.*

Man weiß von mindestens vier Mönchen namens Yujian, die im 13./14. Jh. am Übergang zwischen der Song- und der Yuan-Dynastie als Maler tätig waren. Daher ist es sehr schwierig, das unsignierte Werk genau zuzuordnen.

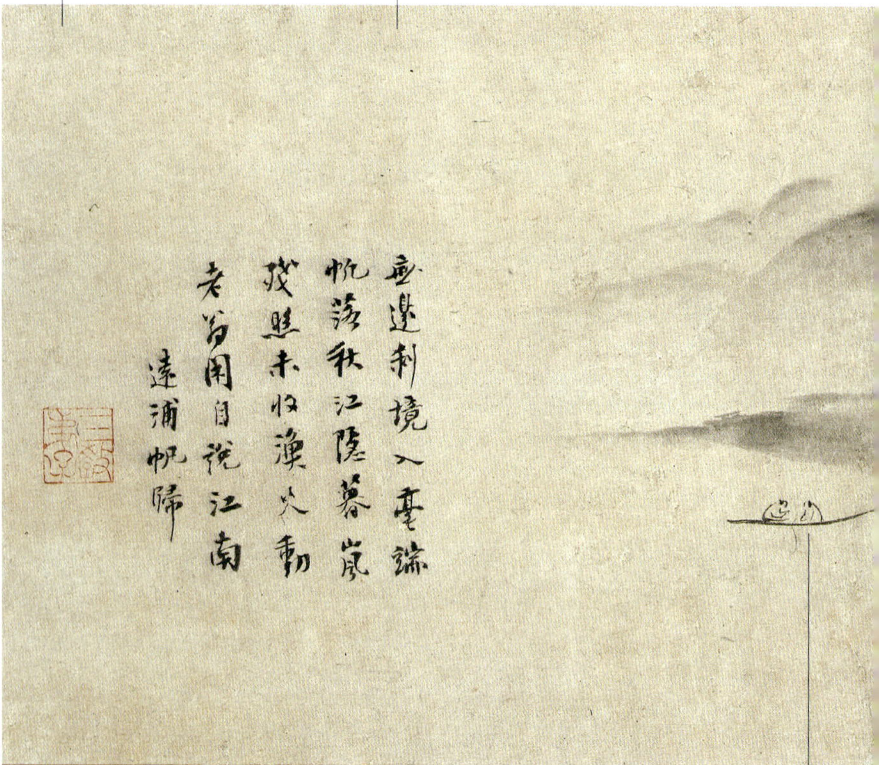

Sobald der Betrachter die Masten der Segelschiffe und die beiden Figuren in dem kleinen Boot wahrnimmt, setzt sich die Landschaft zusammen und es werden Wasser und Vegetation, Berggipfel im Hintergrund sowie Felsen im Vordergrund sichtbar.

Die Figur des Maler-Mönches ist für die chinesische (und japanische) Kultur ebenso typisch wie die des Literaten-Malers.

Spontaneität und Frische zeichnen das Gemälde aus, das auf den ersten Blick völlig abstrakt zu sein scheint.

▲ Yujian, *Boote, die aus der Ferne zurückkehren*,
Südliche Song-Dynastie, um 1250,
Teil eines Rollbildes im Querformat mit dem Titel
Acht Ansichten von Xiao und Xiang, Tusche auf Papier,
Nagoya, Kunstmuseum Tokugawa.

»Das Alte üben und das Neue kennen: dann kann man als Lehrer gelten.« (Konfuzius, Gespräche, *II, 11)*

Antikensammlungen

Begriffe
Xuanhe huapu (»Malkatalog der Xuanhe-Ära«);
Die vier Künste *(sishu)*: Musik, Schach, Kalligraphie, Malerei *(qin qi shu hua)*

Verwandte Stichworte
Song Huizong; Su Shi; Kalligraphie; Landschaftsmalerei; Spiele; Musik und Tanz

In der Songzeit weckte die ruhmreiche Vergangenheit das wissenschaftliche Interesse für Archäologie und Epigraphik (Inschriftenkunde). Im Bezirk Anyang (Provinz Henan) fanden die ersten Ausgrabungen statt. Es wurden erstmals systematische Studien durchgeführt, um die antiken Gegemstände zu klassifizieren, zu datieren und ihre ursprünglich rituellen Funktionen zu bestimmen; die meisten der noch heute verwendeten Bezeichnungen der Ritualgefäße stammen aus dieser Zeit. Dank der Verbreitung des Buchdrucks kam es zur Veröffentlichung archäologischer Enzyklopädien und epigraphischer Untersuchungen. Große private und herrscherliche Kunstsammlungen wurden katalogisiert, wie z. B. in dem berühmten, von Kaiser Huizong in Auftrag gegebenen *Malkatalog der Xuanhe-Ära*. Die intensive Beschäftigung mit der Vergangenheit schlug sich auch im Privatleben der Literaten nieder: In dieser Periode fasst das Ideal des Literaten Fuß, der sich ins Privatleben zurückzieht, sich zusammen mit den Freunden an der Ausübung der traditionellen »vier Künste« – Musik, Schach, Kalligraphie, Malerei – ergötzt und sich dem Studium von Antiken widmet.

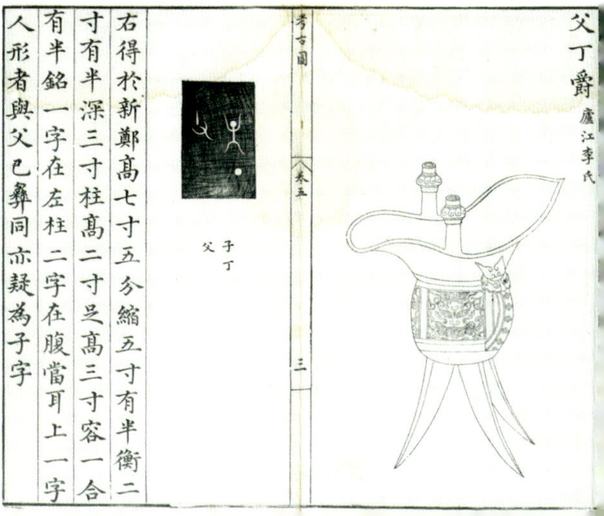

父丁爵
盧江李氏

子
父丁

考古圖 卷五 三

右得於新鄭高七寸五分縮五寸有半衡二寸有半深三寸柱高二寸足高三寸容一合有半銘一字在左柱二字在腹當耳上一字人形者與父己彝同亦疑為子字

► Zeichnung und Beschreibung einer Vase vom Typ *Fu Ding jue*, aus: *Kaogu tu* (»Illustrationen antiker Werke«), Ming-Dynastie, Wanli-Zeit, 1563–1620, 24,5 x 31 cm, Taipei, Nationalbibliothek.

Qiu Ying war in der 1. Hälfte des 16. Jh. als professioneller Maler in Suzhou tätig. Im Unterschied zum Literaten-Maler, der zumindest theoretisch zum eigenen Vergnügen malte, lebte der professionelle Maler von seiner Tätigkeit.

Normalerweise blickten die Literaten auf die professionellen Maler herab; Qiu Yings Gemälde aber bewunderten sie sehr, und viele seiner Werke wurden mit kalligraphischen Inschriften aus der Feder seiner intellektuellen Freunde versehen.

Umgeben von zahlreichen antiken Gegenständen sitzen drei Freunde im Hof eines Hauses, der durch zwei große Stellwände abgeschlossen ist, an einem Tisch. Im Hintergrund ist ein Bambuswald mit dem typischen ausgewaschenen Felsen zu erkennen.

Auf einem der kleineren Tische sind archaische Bronzegefäße zu sehen: ein gu *und ein* jue, *Ritualgefäße aus der Shang-Zeit (2. Jt. v. Chr.), die als Behältnisse für Getreidewein dienten, und ein* fang ding, *der ausschließlich für Getreideopfer verwendet wurde.*

Der Hausherr blättert in einem Album mit Darstellungen von Antiken. Außerdem befinden sich noch diverse Handrollen und Bücher auf dem Tisch.

▲ Qiu Ying,
Antike Gegenstände im Bambuswald genießend,
Ming-Dynastie, 1. Hälfte 16. Jh.,
fol. 1 eines zehnblättrigen Albums mit dem Titel
Darstellungen von Personen und Fakten der Geschichte,
Tusche und Farbe auf Seide, 41,1 x 33,8 cm,
Peking, Palastmuseum.

»Perfekt: ein großer Fels am Flussufer, / und eine Trauerweide zum Ausspülen der Tassen. / Wenn der Frühlingswind den Geist nicht befreit, / ergeben wir uns der Musik.« (Wang Wei)

Garten

Begriffe
Garten, Park *(yuanlin)*

Verwandte Stichworte
Landschaftsmalerei; Yin-Yang und die Fünf Wandlungsphasen; Fengshui

Landschaftsmalerei und Gartengestaltung machen beide gleichermaßen die universelle Harmonie anschaulich, die durch das dynamische Gleichgewicht von Yin und Yang entsteht. Neben Fels und Wasser waren einzelne Bauwerke und die Vegetation die wesentlichen Bestandteile sowohl der chinesischen Landschaftsmalerei als auch des chinesischen Gartens. Der Mensch machte sich die Natur nicht zunutze, sondern fügte sich als ein aktives Glied in die Gesamtstruktur der Landschaft ein. Weite Panoramen und intime Einblicke wechselten sich ab und vollendeten das Traumbild eines intakten Kosmos. Holzpavillons, Wandelgänge und Steinstege waren Teil der Szenerie und zugleich Orte, von denen aus man – gelegentlich auch durch ein Fenster – die besonders bedeutungsvollen Anblicke genießen konnte. Gewölbte Brücken vereinten sich mit ihrem Spiegelbild im Wasser zu einem Kreis, dem Sinnbild des Himmels. Die Auswahl der Pflanzen richtete sich nach der optischen Wirkung, die man erzielen wollte, war aber auch mit der literarischen und historischen Symbolik der Pflanzen verknüpft. Gepflanzt wurden sowohl langlebige Pflanzen wie Kiefer, Zypresse, Dornbusch und Bambus als auch einjährige Blumen wie Pfingstrosen, Chrysanthemen und Orchideen.

► *Darstellung eines ländlichen Refugiums*, Song-Dynastie (?), vor 1453, sechster Teil eines zehnteiligen Rollbildes im Querformat, Tusche und Farbe auf Papier, H: 27,7 cm, Florenz, Villa I Tatti, The Bernard Berenson Collection of Oriental Art.

Miniaturgärten, die im Westen unter der japanischen Bezeichnung Bonsai *bekannt sind, sind Orte der Kontemplation, in denen man den Gedanken wie in einem idealen Mikrokosmos freien Lauf lassen kann.*

Diese Plastik – der Prototyp eines in späteren Epochen weit verbreiteten Genres – wurde zusammen mit einigen Modellen von Pavillons und einfachen Behausungen gefunden. Das Werk vermittelt eine konkrete Vorstellung von der Gestaltung tangzeitlicher Gartenanlagen.

Auf einigen Gipfeln haben sich Vögel niedergelassen, auf anderen wachsen Pilze. Die dicke grüne Glasur, mit der der ganze Fels überzogen ist, wird in ihrer Wirkung durch braune und bläuliche Tupfer aufgelockert.

Der von einem hohen Rand umschlossene winzige Teich bildet zusammen mit der Felsformation im Hintergrund eine Miniaturlandschaft.

▲ Modell eines Teiches mit großem Fels *(penjing)*, Tang-Dynastie, frühes 8. Jh. n. Chr., Terrakotta mit Dreifarbenglasur *sancai*, aus Zhongpucun (Provinz Shaanxi), H: 18 cm, Xi'an, Historisches Museum der Provinz Shaanxi.

Vom Untergrund, in den ein sich wiederholendes geometrisches Motiv eingeschnitten ist, das Erde, Wasser und Luft symbolisiert, hebt sich ein Hochrelief ab, das eine Szene in einer lieblichen Landschaft darstellt.

Ausgefallene Bäume, bizarr geformte Felsen und Wolken, ein halb verdeckter Pavillon und eine Terrasse, die von einer Steinbalustrade gesäumt wird, sind die Elemente des typischen Literaten-Gartens im antiken China.

In den ersten Jahren der Regentschaft des Yongle wurden exquisite Dosen dieses Typs als diplomatische Geschenke für Japan hergestellt.

Seitlich sind die Blumen der vier Jahreszeiten wiedergegeben: Pfingstrosen, Granatapfelblüten, Chrysanthemen, Kamelien.

Die dargestellte Szene – zwei Männer, die sich später als Unsterbliche herausstellen, spielen Weiqi und werden dabei von einem Holzfäller beobachtet, der seine Last abgesetzt hat – spielt auf eine Erzählung aus der Liang-Dynastie an.

▲ Runde Dose mit Ritzdekor, Ming-Dynastie, Yongle-Ära, 1403–24, geschnittene rote Lackarbeit, Ø: 13,6 cm, Taipei, Nationales Palastmuseum.

Nach der Entstehung eines freien Unternehmertums im Süden Chinas entwickelte sich die am Kaiserkanal gelegene Stadt Suzhou zu einem wichtigen Zentrum. Die neue Handelselite umgab sich mit Luxusgütern und Annehmlichkeiten aller Art, von exotischen Gegenständen und Importwaren über Antikensammlungen bis hin zu neuen Inneneinrichtungen und zur Gestaltung von Gärten.

Um die Illusion einer unendlich großen Welt zu erzeugen, wurden zahlreiche Wege angelegt, von denen immer nur eine Teilansicht der Anlage (jian) *zu sehen war.*

Der Name des Gartens ist eine ironische Anspielung auf ein Gedicht aus dem 3. Jh. n. Chr., in dem die »Politik eines unbeholfenen Mannes« definiert wird als eine Politik, die sich darauf beschränkt, »den eigenen Garten zu bewirtschaften, um die Erfordernisse des Alltags zu bewältigen«.

Den Garten ließ ein Zensor anlegen, nachdem er sich ins Privatleben zurückgezogen hatte. Da er mitten im Stadtzentrum gelegen war, wurde er von einer Mauer umgeben.

Den Gärten von Suzhou kam der Überfluss an Wasser zugute: Es wurden Teiche und ein scheinbar endlos mäandernder »Fluss« angelegt.

▲ Der Garten der Politik eines unbeholfenen Mannes *(Zhuozheng yuan)* in Suzhou, Ming-Dynastie, 1510–15.

»Das Drehgestell ermöglicht es dem Setzer, im Sitzen an die Lettern heranzukommen, und wenn der Druck fertig ist, kann er sie problemlos an ihren Platz zurücklegen.« (Wang Zhen)

Buchdruck

Begriffe
Inschrift auf Steinsäulen *(shiguwen)*;
Inschrift auf Steintafeln *(beiwen)*;
Kanon der buddhistischen Schriften (»Dreikorb«; *Tripitaka*);
Daoistischer Kanon *(Daozang)*

Verwandte Stichworte
Su Shi; Buddhismus; Mogao

Die altehrwürdige Methode, wichtige Texte für die Nachwelt festzuhalten, indem man sie in Steinsäulen oder -tafeln schlug, blieb auch dann noch erhalten, als der Holzplattendruck auf Papier oder Seide aufkam (vermutlich im 6.–7. Jh.). Das älteste vollständig erhaltene Buch, das in den buddhistischen Felsentempeln von Dunhuang gefunden wurde, enthält das *Diamant-Sutra*: Die mehr als 5 m lange Querrolle hat ein Kolophon, das u.a. Angaben über das Datum der Fertigstellung des Werks, das Jahr 868 n.Chr., enthält. Unter der Song-Dynastie wurden allein sechs Ausgaben des buddhistischen Kanons gedruckt, für die jeweils mindestens 60 000 Druckplatten aus Holz benötigt wurden, und die Ausgabe des daoistischen Kanons war kaum weniger umfangreich. Für die Publikation der konfuzianischen Klassiker und offiziellen Geschichtsbücher war die Staatsakademie zuständig, die auch die Herausgabe von Wörterbüchern, Reimlexika, Enzyklopädien, Anthologien und wissenschaftlichen Schriften aller Art beaufsichtigte. Einzelne beliebte Bücher wurden von Privatleuten veröffentlicht, doch erst im 16. Jh. wurden in Südchina einige privatwirtschaftlich geführte Verlage gegründet, die v.a. hochwertig illustrierte Romane und Handbücher herausbrachten.

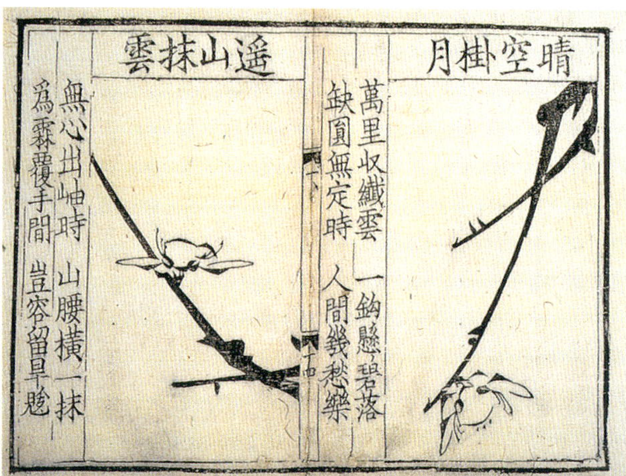

► Song Boren, *Album mit Darstellungen von Pflaumenblüten*, Südliche Song-Dynastie, um 1250, fol. 1 eines Buches, Holzplattendruck, 23,1 x 28,6 cm, Shanghai, Museum.

Die Methode, bedeutende Texte dadurch zu konservieren, dass man sie in Stein meißelte, ist uralt und wurde auch nach der Erfindung des Buchdrucks nicht aufgegeben.

Tatsächlich sind Papier und Seide, die beiden wichtigsten Schriftträger des Buchdrucks, bei weitem nicht so haltbar und widerstandsfähig wie Stein.

Noch heute erfolgt die Vervielfältigung von Kunstwerken und Steinschriften in Form der auch als Steinabreibung bezeichneten Frottage. *Bei diesem Verfahren wird angefeuchtetes Papier auf den eingravierten Stein gedrückt und mit einem tuschegetränkten Baumwolltupfer betupft, sobald es trocken ist.*

▲ Erstellung einer Abreibung einer Steininschrift.

Das älteste Papier wurde aus Hanffasern hergestellt; die sechs Abbildungen aus dem Band von Song Yingxing illustrieren das Verfahren zur Herstellung von Bambuspapier, für das die inneren Fasern der Bambusstängel verwendet werden.

Die ersten drei Abbildungen illustrieren folgende Schritt: (a) Schneiden und Wässern der Bambusstängel; (b) Kochen der Fasern acht Tage lang; (c) letztmaliges Wässern und Abschöpfen einer dünnen Faserschicht mit Hilfe eines Bambussiebes.

Archäologische Funde lassen darauf schließen, dass Papier, der unabdingbare Träger des Buchdrucks, im 2./1. Jh. v. Chr. aufkam. Der chinesischen Überlieferung zufolge wurde es hingegen im Jahr 105 n. Chr. durch den Beamten Cai Lun erfunden.

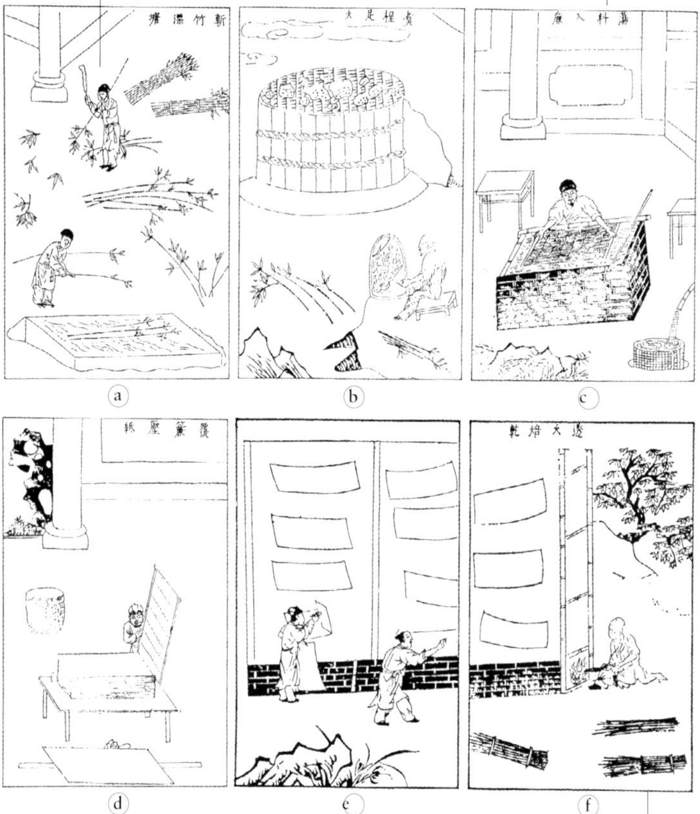

(d) Das Sieb wird gepresst, um das Wasser aus den Fasern zu drücken; (e–f) schließlich werden die Papierbögen zum Trocknen an eine beheizte Wand geheftet.

▲ Song Yingxing,
Das Verfahren der Papierherstellung,
Ming-Dynastie, 1637,
13. Kapitel aus: *Tiangong kaiwu*
(»Himmel, Arbeit und die Eröffnung der Dinge«), Holzplattendruck.

Die Angaben des Kolophons lassen sich ganz genau auf den 11. Mai 868 datieren: »Mit Dankbarkeit für die freie weltweite Verbreitung von Wang Jie, zum Nutzen seiner Eltern, am fünfzehnten Tag des fünften Mondes des neunten Jahres von Xiantong«.

Die über fünf Meter lange Rolle bestand aus sieben Seiten, die aneinandergeleimt waren.

Für die Druckplatten wurde meistens Birnbaumholz verwendet, das sich für eine präzise Gestaltung der Einzelheiten besonders gut eignete.

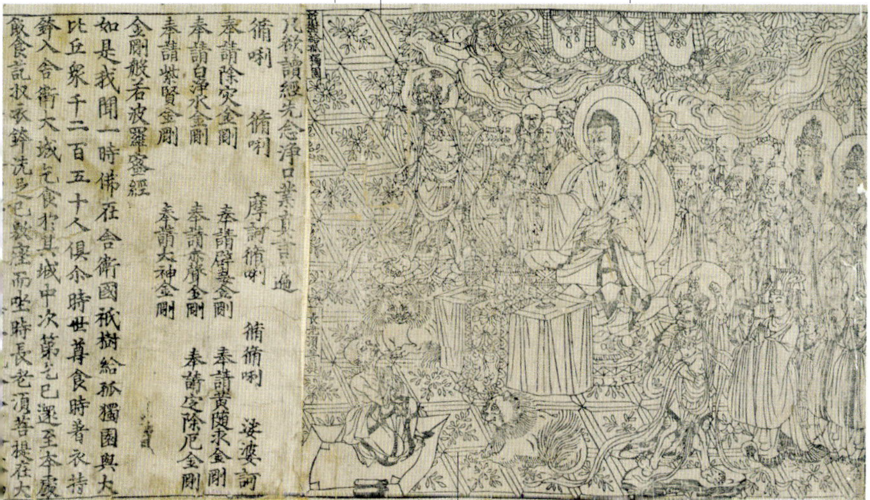

In China kamen Farbdrucke, die man durch den Übereinanderdruck verschiedener Farbplatten herstellte, im 14. Jh. auf. Diese Technik erfuhr ab dem Ende des 16. Jh. eine große Verbreitung, als sie für die getreue Reproduktion von Gemälden verwendet wurde. Der Druck mit beweglichen Lettern wurde im 11. Jh. erfunden und im 14. Jh. durch die Entwicklung eines drehbaren Tisches für die Lettern verbessert.

Die Qualität des Drucks, auch in den Details, ist der Beweis für die hohe technische Kompetenz, mit der das älteste unzweifelhaft datierbare Druckwerk der Menschheitsgeschichte reproduziert wurde.

▲ Frontispiz des *Diamant-Sutra*,
Tang-Dynastie, 868 n. Chr.,
aus Grotte Nr. 17 von Dunhuang
Provinz Gansu), Holzplattendruck,
Querrolle, 26,5 x 533 cm,
London, British Library.

»Der Große Strom fließt zum Meer, / Blumen rütteln an den Wellen, / Helden zerstoßen den Sand, / wenn alle Träume verdorren, / sind Niederlage und Sieg eins.« (Luo Guanzhong)

Roman

Begriffe
Kleine Erzählung *(xiaoshuo)*; *Sanguo yanyi* (»Geschichte der Drei Reiche«)

Verwandte Stichworte
Familie Cao; Theater

Der Buchdruck förderte die Entwicklung der umgangssprachlichen Erzählliteratur, seitens der orthodoxen Literaten abschätzig »kleine Erzählung« genannt. Bereits in der Tangzeit erschienen kurze Resümees der von Erzählern vorgetragenen Geschichten, die so erfolgreich waren, dass die Literaten bald begannen, ausführlichere Versionen niederzuschreiben. Das geringere Interesse an gehobener Literatur während der Yuan-Dynastie und zu Beginn der Ming-Dynastie trug zur Verselbstständigung der Erzählliteratur bei. Der im 14. Jh. von dem Literaten Luo Guanzhong verfasste Roman *Geschichte der drei Reiche* wurde Vorbild für ein neues Genre: Vor dem Hintergrund geschichtlicher Ereignisse werden zahlreiche, nur teilweise historische Personen eingeführt. Es werden keine Gefühle ausgebreitet, sondern »Fakten« wiedergegeben. Die mündliche Überlieferung ist in der Einteilung in Kapitel, die immer in einem Moment höchster Spannung enden, bzw. in den Appellen an ein imaginäres Publikum noch spürbar, während der Bildungshintergrund der Autoren sich in Zitaten, moralisierenden Einschüben und stereotypen Beschreibungen zeigt, die keinen Bezug zur Handlung haben.

► *Meiping*-Vase mit Dekorationsmotiv aus dem Roman *Xixiang ji* (»Das Westzimmer«), Yuan-Dynastie, 1271–1368, Porzellan mit blauer Unterglasurmalerei, London, Victoria and Albert Museum.

Die Qualität des Vierfarbdrucks dieser – leider nicht mehr vollständigen – Serie von Illustrationen ist hervorragend.

»Das Westzimmer« *ist ein Liebesroman und basiert auf der Novelle* »Verhängnisvolle Begegnung« *von Yuan Zheng (779–831); der Roman wurde bereits in der Yuanzeit (Ende 13.Jh.) für das Theater adaptiert.*

Die schöne Yingying schreibt einen Glückwunschbrief an ihren Geliebten Zhan Junrui, der gerade die Beamtenprüfung in der Hauptstadt bestanden hat.

Der Holzschnitt ruft die Illusion hervor, es würde ein Abschnitt einer kostbaren Hängerolle vor den Augen des Betrachters entrollt.

Im Garten wartet ein Bote neben einem bizarr geformten Fels: ein Element, das in keinem Luxusgarten der Ming- und Qingzeit fehlen durfte.

Neben dem Liebespaar ist die kleine Magd Hongnian die dritte Hauptfigur des Romans. Sie ist es, die dem vor Sehnsucht nach der Geliebten kranken Studenten rät, sich mit einem Gedicht an die Angebetete zu wenden.

▲ Min Qiji, *Xixiang ji* (»Das Westzimmer«),
Ming-Dynastie, 1640,
Bl. 18 einer Serie von Farbholzschnitten, 25 x 32 cm,
Köln, Museum für Ostasiatische Kunst.

»Das Wesen der Gesetze besteht darin, die Erlasse der Regierungsorgane publik zu machen und die Unabwendbarkeit der Strafen in den Herzen zu verankern.« (Han Fei)

Rechtswesen

Begriffe
Gesetz *(fa)*;
Riten *(li)*

Verwandte Stichworte
Qin Shi Huangdi;
Li Si

Die traditionelle chinesische Geschichtsschreibung gab die Schuld für die kurze Herrschaft der Qin-Dynastie der Härte des geltenden Rechts, das von den Vordenkern der Legalisten festgelegt worden war. Konfuzius zufolge sollte sich die Gesellschaft nicht auf der Angst vor Strafen, sondern auf dem in den Riten dargelegte gemeinschaftlichen moralischen Verhalten gründen. Fragmentarisch erhaltene Schriften über das administrative Zivil- und Strafrecht, die in den letzten Jahren in einigen Beamtengräbern aus der Qinzeit entdeckt wurden, belegen, dass die Rechtsordnung dieser Zeit über 2000 Jahre lang die Grundlage der Rechtspraxis bildete. Die Justizverwaltung fiel in die Zuständigkeit der örtlichen Distriktverwalter, die von der Zentralregierung klare Anweisungen bekamen, wie Ermittlungen geführt werden mussten und nach welchen Kriterien das Urteil zu fällen war. Es gab weder Verteidiger noch Staatsanwälte. Mit Auspeitschung wurden Zeugen oder Angeklagte bestraft, wenn sie etwas verschwiegen oder sich in Widersprüche verwickelten. Als Strafen waren vorgesehen: Todesstrafe, Fronarbeit, Verstümmelung, Geldstrafe. Entsprechend dem konfuzianischen Prinzip der Ungleichheit zwischen den Menschen hatten Rang und soziale Stellung des Angeklagten einen großen Einfluss auf das Strafmaß. Außerdem gab es die Möglichkeit der Strafabwendung durch Geldzahlung.

▼ *Ergreifung eines Häftlings*, Tang-Dynastie, 8./9. Jh., Fragment einer Wandmalerei aus einer buddhistischen Tempelruine in Kumtura, Chinesisch-Turkestan, ca. 36 x 40 cm, Berlin, Staatliche Museen zu Berlin, Museum für Indische Kunst.

Ein Richter in Amtskleidung hört sich die Bittgesuche von vier knienden Personen an und hebt den rechten Arm zum Zeichen der Abweisung.

Der Distriktverwalter, der als Staatsbeamter für die Anwendung der Zivil- und Strafgesetze in einem bestimmten Bezirk verantwortlich war, war Ermittler und Richter in einer Person.

Zeugen und Angeklagte mussten, während sie aussagten, die ganze Zeit knien. Niemand durfte verurteilt werden, ohne ein Geständnis abgelegt zu haben.

Im Falle widersprüchlicher Aussagen oder wenn während der Befragung Zweifel aufkamen, hatte der Richter das Recht, die in den Fall verwickelten Personen der Folter zu unterwerfen.

▲ *Flehen um Erbarmen,*
Östliche Han-Dynastie, 2. Jh. n. Chr.,
Ziegelstein mit eingeprägtem Dekor, 25 x 37,5 cm,
Chengdu, Provinzmuseum von Sichuan.

Die Darstellungen sind von einem nicht zum buddhistischen Kanon gehörenden Sutra aus dem Jahr 903 n. Chr. inspiriert. Es handelt von den zehn Königen der Unterwelt, die Aufsicht über die Stadien führen, die die Seele vor einer möglichen Wiedergeburt überwinden muss. Die (nicht mehr vollständige) Handrolle veranschaulicht die buddhistische Vorstellung vom Urteil post mortem und zeichnet gleichzeitig ein Bild des Gerichtswesens der späten Tangzeit.

Die Richter-Könige, die schon auf den ersten Blick an der Amtskleidung und charakteristischen Kopfbedeckung zu erkennen sind, leiten die Anhörung hinter einem Tisch sitzend, der mit einem schweren Stoff drapiert ist.

Hölzerne Handfesseln und Halskragen, wie sie die beiden bis auf einen Lumpen um die Lenden entblößten »armen Sünder« tragen müssen, waren noch zu Beginn des 20. Jh. in Gebrauch.

Die Assistenten sind mit Akten und Protokollen schwer beladen, und die Verurteilten werden von Ordnungshütern mit erhobener Waffe bewacht.

▲ *Sutra der zehn Könige der Unterwelt* (Ausschnitt),
Tang-Dynastie, spätes 9./frühes 10. Jh.,
aus Grotte Nr. 17 von Dunhuang (Provinz Gansu),
Querrolle, 27,8 x 239,9 cm,
London, British Museum.

»Da Yuan ist … etwa 10 000 li von hier entfernt … [Die Bevölkerung] hat … viele Pferde. Die Pferde schwitzen Blut und stammen von den himmlischen Pferden ab.«
(Geschichte der Han-Dynastie)

Pferd

Als wesentlicher Bestandteil des Heeres und Symbol der Oberherrschaft war das Zug- und Reitpferd im antiken China kein Haustier, sondern ein Machtinstrument. Einige der Opfergruben im Osten der Grabanlage des Ersten Kaisers Qin Shi Huangdi stellten die kaiserlichen Stallungen dar und enthielten Pferdeskelette. Die Pferde der Quadrigen, die zur Formation der Terrakotta-Armee gehören, wurden hingegen ebenfalls aus gebranntem Ton hergestellt. Sie stellen widerstandsfähige, eher kräftige, jedoch kleine Zuchthengste dar, während einige in Gräbern der Hanzeit gefundene Statuen »himmlischer Pferde« den berühmten, seit der Regierungszeit Han Wudis aus Zentralasien importierten Schlachtrossen nachgebildet sind. Ein Erlass aus dem Jahr 667 erlaubte das Reiten nur Beamten und Adligen, und diverse kaiserliche Dekrete aus der Tangzeit zielten auf die Verbesserung der Rassen durch Kreuzung mit türkischen oder arabischen Vollblütern und durch strenge Reglementierung der Aufzucht ab. Die kaiserlichen Stallungen umfassten zehntausende Tiere, die für militärische Zwecke oder für die Jagd- und Polopartien der Adligen gezüchtet wurden. Die Mongolen – das Nomadenvolk, das mit seiner Kavallerie fast die ganze Welt eroberte – begnügten sich hingegen mit ihren kleinen, halbwilden Pferden.

Begriffe
Himmlisches Pferd *(tianma)*

Verwandte Stichworte
Qin Shi Huangdi; Han Wudi; Tang Taizong; Haustiere

◄ Stirnornament eines Zaumes *(danglu)*, Westliche Han-Dynastie, 206 v. Chr. – 8 n. Chr., aus Luozhuang (Provinz Shandong), vergoldete Bronze, 16,5 x 7,5 cm, Jinan, Stadtmuseum.

Das in einem schnellen und eleganten Trab festgehaltene Pferd mit offenem Maul und aufgestellter Mähne stellt ein »himmlisches Pferd« dar, das auch »Blut schwitzendes Pferd« genannt wurde.

Im Jahr 110 v. Chr. heiratete der Herzog von Wusun eine chinesische Prinzessin und sandte als Hochzeitsgabe tausend Pferde. Nach der Eroberung der Hauptstadt von Fergana (Dayuan) 101 v. Chr. vergrößerte sich der Pferdebestand am Hof der Han noch einmal wesentlich.

Kaiser Han Wudi war begierig nach den himmlischen Pferden, aber nicht nur, um die Leistungen der Armee zu verbessern, sondern auch, weil er sie für fähig hielt, auf die Kunlun-Berge, das Paradies der Unsterblichen, zu gelangen.

Die Pose des Rosses, das mit einem Fuß auf einer fliegenden Schwalbe balanciert, ist so dynamisch, dass dieses sich vor den Augen des Betrachters zu bewegen scheint.

▲ Modell eines fliegenden Pferdes,
Östliche Han-Dynastie, spätes 2./frühes 3. Jh. n. Chr.,
aus dem Distrikt Wuwei (Provinz Gansu), Bronze, 34,5 x 45 cm,
Lanzhou, Provinzmuseum von Gansu.

Das Zaumzeug mit dem Biss ist oberhalb der Nüstern mit einem Riemen festgebunden.

Bis auf eine Strähne, die über die Stirn gekämmt ist, und ein längeres Haarbüschel über dem Sattel, an dem sich der Reiter in Not festhalten kann, weist die Mähne einen Bürstenschnitt auf.

Mit großer Wahrscheinlichkeit gibt das Modell ein Tier aus den berühmten kaiserlichen Stallungen wieder, die in der Tangzeit zum Symbol der militärischen und wirtschaftlichen Überlegenheit des chinesischen Reiches wurden.

Das Geschirr lässt sassanidische Einflüsse erkennen und ist mit metallenen, in Treibarbeit hergestellten Ornamenten geschmückt.

Die Rohform des Pferdes wurde mit Hilfe von Modeln hergestellt, am Schluss aber noch einmal von Hand nachgearbeitet und die Farbglasur bewusst zufällig gestaltet, sodass trotz der Serienproduktion jedes Exemplar anders und einzigartig ist.

▲ Modell eines Schimmels,
Tang-Dynastie, 8. Jh. n. Chr.,
Terrakotta mit Dreifarbenglasur *sancai*, H: 49 cm,
Peking, Palastmuseum.

Li Gonglin zählt zu den großen Vorreitern der Kultur der Literaten-Beamten, die während der Songzeit entstand. Er stammte aus einer gebildeten Familie und war nicht nur Maler, sondern auch Kalligraph, Dichter und Experte für die chinesische Antike.

Sinn und Zweck der nur leicht angedeuteten Landschaft ist es, Leerräume entstehen zu lassen und der Komposition Dynamik zu verleihen.

▲ Li Gonglin, *Die Pferdeaufzucht nach Wei Yan* (Ausschnitt), Nördliche Song-Dynastie, frühes 12. Jh.,
Querrolle, Tusche und leichte Farbe auf Seide, 46,2 x 430 cm,
Peking, Palastmuseum.

Der im Bildtitel genannte Wei Yan war ein Pferdemaler des 8. Jh. Das vorliegende Bild ist die Kopie eines nicht erhaltenen Gemäldes von ihm.

Die weitgehend normierte chinesische Malerei basiert auf dem Studium der Maler früherer Generationen, allerdings geht es dabei nicht um das Erstellen originalgetreuer Kopien ihrer Werke, sondern darum, das Wesentliche aus ihnen zu ziehen und mit dem eigenen Stil zu verbinden.

Der Maler ist berühmt für seinen flüssigen und sicheren Pinselstrich, mit dem er die Eigentümlichkeit der Motive in dem von ihm selbst erfundenen Stil des »einfachen Umrisses« (baimiao) *festhält: Die Farbschattierungen sind so leicht aufgetragen, dass der Malgrund durchschimmern kann.*

Ren Renfas Malstil ist von der aristokratischen Maltradition der Pferdedarstellung aus der Tangzeit inspiriert: Die Tiere sind mit haarfeinem Strich bis ins kleinste Detail genau und mit kräftigen Farben wiedergegeben.

Die Inschrift gibt Aufschluss über die Bedeutung des Bildes: Sie spricht davon, dass die Korpulenz bzw. die Magerkeit von Beamten deren Korrumpierbarkeit bzw. im Gegenteil deren Integrität erkennen lassen.

Ren Renfa gehörte zu den Literaten, die sich mit der mongolischen Besatzung arrangierten: Der Maler war niederer Beamter und verheiratete seine Tochter mit einem ausländischen Edelmann.

Die Farbschattierungen geben die verschiedenen Tönungen des Pferdefelles wieder, nicht die Wirkung des Spieles von Licht und Schatten, das die Chinesen nie interessiert hat.

Die Zügel des mageren Pferdes sind eng um den Hals geschnürt, die des dicken Pferdes schleifen dagegen lose am Boden, um zu zeigen, dass fehlende (Selbst-) Kontrolle zur Korruption führt.

▲ Ren Renfa, *Zwei Pferde* (Ausschnitt mit der Malerei), Yuan-Dynastie, frühes 14. Jh., Querrolle, Tusche und Farbe auf Seide, 28,8 x 143,7 cm, Peking, Palastmuseum.

»Es finden häufig Aushebungen statt: Mit fünfzehn / wird man zum Kampf an die Nordgrenze / und mit vierzig zur Kolonisierung der Grenzgebiete beordert.« (Du Fu)

Krieg

Die chinesische Geschichtsschreibung kritisiert die kriegstreiberischen Kaiser und verachtet das Metier der Soldaten. Dabei hing das Los einer Dynastie ganz wesentlich von der Stärke ihrer Streitmacht ab, die das Land vor den ständigen Einfällen der Barbaren im Norden schützen und die Vorherrschaft des Kaisers im Reich verteidigen musste. Im Laufe der Geschichte wurde auf unterschiedlichste Weise auf die Gefahren einer allzu großen Macht- und Truppenkonzentration in den Händen von Generälen mit Autonomiebestrebungen reagiert: Während das Militärsystem der Westlichen Han noch v. a. auf Frondienst und der Zwangsrekrutierung der Bauern gründete, richtete die nicht chinesische Wei-Dynastie im 6. Jh. feste Siedlungen von Bauernsoldaten in den Grenzgebieten ein. Unter den Sui und den Tang waren die Kommandeure jeweils für tausend Bauernsoldaten verantwortlich, die im Kriegsfall mobilisiert werden konnten. Der Zerfall dieses Systems am Ende der Tangzeit hatte einen der schlimmsten Aufstände der chinesischen Geschichte zur Folge. Die Song kümmerten sich in erster Linie um die Verteidigung der Hauptstadt und versuchten die Gefahr der barbarischen Einfälle durch hohe Tributleistungen zu reduzieren. Unter den Mongolen wurde die Streitmacht dem Vierklassensystem angepasst, und die Ming übernahmen das System der stehenden Kontingente von Bauernsoldaten in abgewandelter Form.

Begriffe
System der Bauernsoldaten *(fubing)*

Verwandte Stichworte
Konfuzianismus; Landwirtschaft

◄ *Schlacht auf einer Brücke*, Östliche Han-Dynastie, 2. Jh. n. Chr., Tuschabreibung eines Steinreliefs an der Westwand von Zimmer Nr. 1 des Wu-Liang-Schreins (Provinz Shandong).

In der Periode der Streitenden Reiche (Zhan-guo-Zeit) machte die Militärtechnik bedeutende Fortschritte durch die Einführung von Helmen und Rüstungen für die Infanterie.

Die meisten Rüstungen bestanden aus zusammengenähten Steinplättchen; Helme und Harnische aus Eisenplättchen gehören zu den selteneren archäologischen Funden.

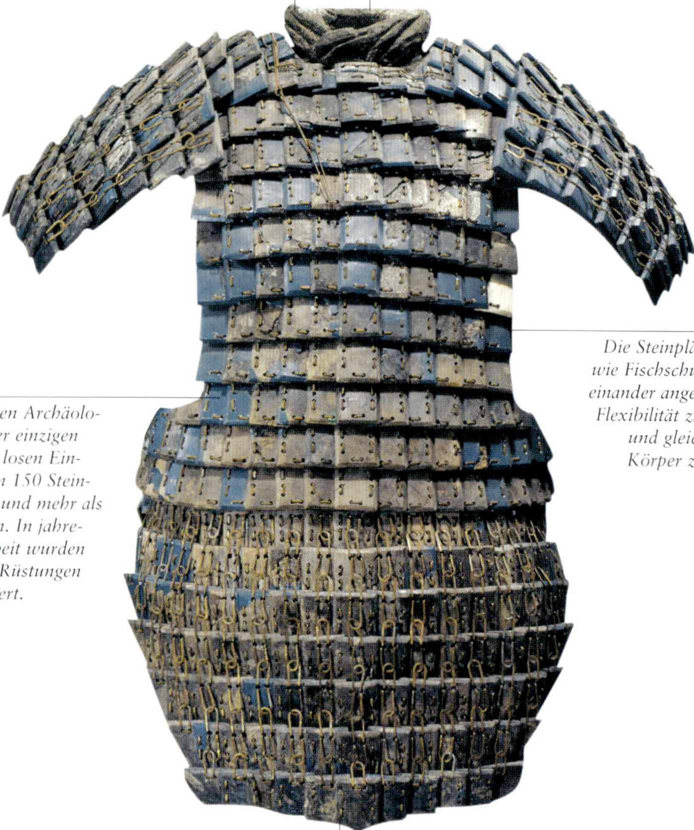

Die Steinplättchen sind wie Fischschuppen übereinander angeordnet, um Flexibilität zu gewähren und gleichzeitig den Körper zu schützen.

1998 fanden Archäologen in einer einzigen Grube die losen Einzelteile von 150 Steinrüstungen und mehr als 50 Helmen. In jahrelanger Arbeit wurden die ersten Rüstungen rekonstruiert.

Die Steinrüstungen, die im Schnitt 18 Kilo wiegen, waren zum Tragen zu schwer. Folglich handelt es sich um Grabbeigaben, die für die Infanterie entworfen wurden, welche für den Ersten Kaiser im Jenseits kämpfen sollte.

▲ Rüstung, Qin-Dynastie, 221–206 v. Chr., aus Grube K9801 des Mausoleums des Ersten Kaisers, Kalksteinplättchen und Metalldraht, Lintong, Museum der Terrakotta-Armee des Kaisers der Qin.

Armbrüste kamen um das 4. Jh. v. Chr. in China auf, etwa tausend Jahre früher als in Europa.

Der Präzisionsmechanismus, das Herz der Waffe, ist aus Bronze und daher fast vollständig erhalten; verrottet sind dagegen Bügel und Schaft, die beide aus Holz bestanden.

Die Spannvorrichtung besteht aus einem längeren Teil, der das Zielen erleichtert, und einem kurzen gebogenen Arm, der zusammen mit einem zusätzlichen Spannhaken zum Spannen der Sehne dient. Der Pfeil wird zwischen die beiden Spannhaken geführt.

Der Mechanismus besteht aus drei Teilen, die mit zwei Stiften zusammengehalten sind: Der erste fixiert die Spann- und die Abzugsvorrichtung, der zweite ermöglicht die Drehung des Sperrzahns.

Zieht man den Abzug, löst sich der Sperrzahn im Inneren des Mechanismus, wodurch die Spannvorrichtung gedreht wird und die gespannte Sehne losschnellt.

▲ Mechanismus einer Armbrust,
Östliche Han- oder Westliche Jin-Dynastie, 1.–4. Jh. n. Chr.,
Bronze mit Goldintarsien, L: 18 cm, Paris, Musée Guimet.

Bis man einen Schuppenpanzer in einer der Gruben des Mausoleums des Ersten Kaisers fand, glaubte man, dass Pferderüstungen im 3. Jh. v. Chr. in Zentralasien erfunden wurden.

Durch diesen Fund geriet die Hypothese ins Schwanken, wonach der Gebrauch des Pferdes mit gepanzertem Sattelzeug von den Sarmaten, einem iranischen Nomadenvolk, ausging und sich dann nach Westen (Römer und Germanen) und nach Osten (Chinesen) ausbreitete.

Das gedrungene, kurzbeinige Pferd gehört vermutlich einer einheimischen Rasse aus Nordchina und der Mongolei an.

Die Statuette war ursprünglich mit einer hellen Engobe überzogen und nach dem Brand mit mineralischen Pigmenten bemalt worden, wovon nur wenige Spuren erhalten sind, die die lamellenartige Panzerung hervorheben.

▲ Modell eines Pferdes mit Reiter, Nördliche Wei-Dynastie, 386–534 n. Chr., aus Caochangpo (Provinz Shaangxi), kalt bemalte Terrakotta, H: 37,5 cm, Xi'an, Historisches Museum der Provinz Shaanxi.

Schwefel und Salpeter, neben Holzkohle die wichtigsten Bestandteile von Schieß-pulver (huoyao), *wurden seit der Hanzeit von chinesischen Alchemisten verwendet.*

Die frühesten Hinweise für den militärischen Einsatz des Schießpulvers datieren zu Beginn des 9. Jh., massenweise wurden »Feuerpfeile« (huojian) *und »Feuerkatapulte«* (huopao) *ab der Jahrtausendwende eingesetzt.*

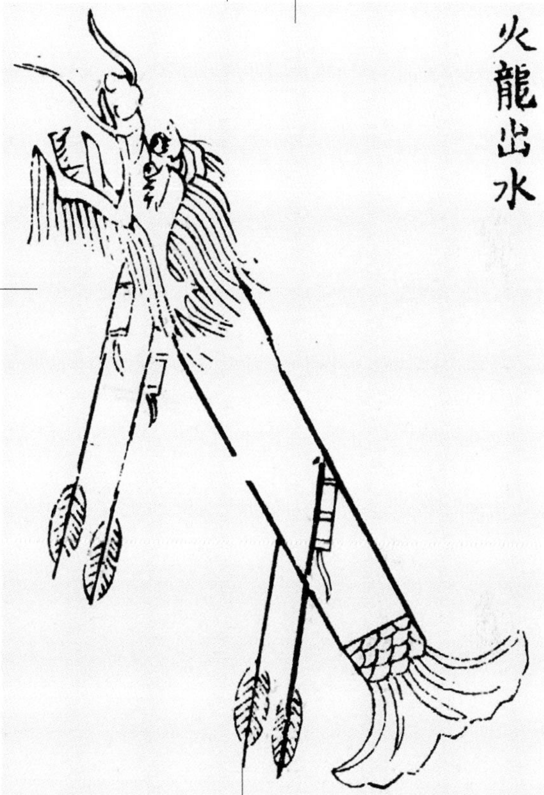

In die Schießpulverladung, die in Papier gewickelt und mit Wachs versiegelt war, wurden manchmal giftige Substanzen gemischt.

Im 12. Jh. tauchten die ersten Explosivgeschosse zum militärischen Gebrauch auf, die erste Handfeuerwaffe der Welt wird in das Jahr 1288 datiert.

Vieles spricht dafür, dass die arabische Welt für die Übermittlung der Feuerwaffen von China in den Westen eine wichtige Rolle spielte. Salpeter, genannt »chinesischer Schnee«, wird in den arabischen Quellen erstmals im 13. Jh. erwähnt.

▲ Jiao Yu, *Mehrstufige Rakete namens »feuriger Drachen steigt aus dem Wasser auf« (huolong chu shui)*, Ming-Dynastie, 1412, Holzschnitt, Illustration aus: *Huolongjing* (»Klassiker des Feuerdrachen«).

»In alten Zeiten an der Großen Mauer kämpften sie, / die jeder die Tapferen des Geistes und des Herzens nennt. / Doch gelber Staub ist alles, das Heutige wie das Gestrige.« (Wang Changling)

Die Große Mauer

Begriffe
Große Mauer *(Changcheng)*

Verwandte Stichworte
Qin Shi Huangdi; Hongwu; Barbarische Dynastien

Der Erste Kaiser Qin Shi Huangdi ließ an der Nordgrenze des Reiches, die ständig durch die Einfälle der Xiongnu bedroht war, ein durchgehendes Verteidigungswerk bauen. Diese »Barriere« verband verschiedene ältere Bollwerke miteinander, die sich während der Periode der Streitenden Reiche im Besitz diverser Reiche und Städte befunden hatten. Durch den Einsatz der Armee und Hunderttausender Bauern, die zur Fronarbeit verpflichtet wurden, waren nach zehn Jahren über 5000 km Mauer fertiggestellt. Sie bestand aus einem später wieder entfernten Holzgerüst und gestampftem Lehm. Die Han verlängerten die Grenzbefestigung nach Westen durch die Wüste Gobi: In regelmäßigen Abschnitten wurden Wachttürme aus Lehm errichtet, dazwischen bestand die Mauer wegen fehlenden Baumaterials meist aus einem Graben. Instandhaltungs- und Erweiterungsarbeiten erfolgten auch unter den nachfolgenden Dynastien; nur die Mongolen, die selbst aus der Steppe kamen, vernachlässigten die Mauer. Die Ming-Dynastie ließ südlich des alten Bollwerks eine neue Mauer errichten, die effizienter war, weil sie an Bergkämmen entlang führte, und auch stabiler, weil sie aus gebrannten Ziegeln und Steinen gebaut war.

▼ Verlauf der Großen Mauer in der Mingzeit (1368–1644).

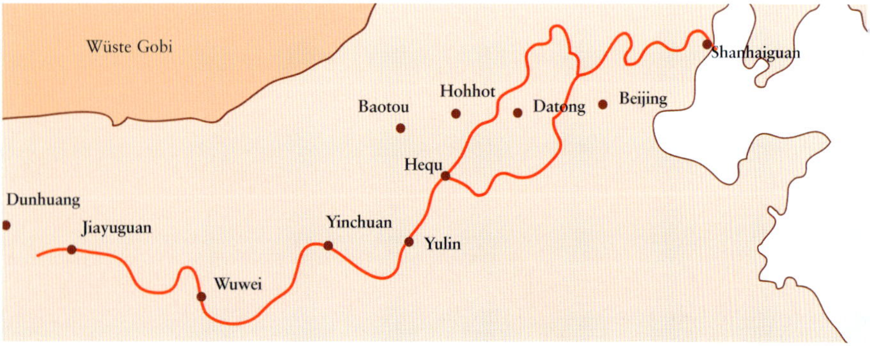

Der Wachtturm im Hintergrund war Teil eines sehr effizienten Kommunikationsnetzes.

Rund 80 km westlich der Oase von Dunhuang befindet sich der Übergang am Jadetor (Yumen guan), *ein imposanter Bau und zugleich eines der überaus seltenen Beispiele hanzeitlicher Baukunst.*

Nahe beim »Übergang am Jadetor« sind noch heute einige Abschnitte der einstigen Mauer erhalten, an der entlang die Handelsstraßen nach Zentralasien über eine Strecke von mehr als 300 km verliefen.

Die Bauweise ist noch gut zu erkennen: Schichten von Pflanzenmaterial, in diesem Fall Schilf vom nahe gelegenen Fluss, wechseln sich mit Schichten von gestampftem Lehm ab.

Vermutlich wurden das Jadetor und die Mauer errichtet, um die Handelskarawanen zu zwingen, den Zoll zu passieren, wenn sie in das Reich gelangen wollten.

▲ Reste der Großen Mauer aus der Hanzeit, um 105 v. Chr., beim Yumen-Pass (Provinz Gansu).

Während der kurzen Regierungsperiode der Sui-Dynastie (581–618) wurden einige monumentale Bauvorhaben in Angriff genommen, darunter der Wiederaufbau der Großen Mauer und die Konstruktion des Kaiserkanals.

In den Quellen ist von über einer Million Bauern die Rede, die zum Frondienst für die Große Mauer abgestellt wurden, und auch davon, dass viele während der Arbeiten umkamen.

Man vermutet, dass die Mauer unter den Ming-Kaisern in den Ebenen auf den Resten der alten Bollwerke aus der Suizeit, in den Bergregionen hingegen erstmals entlang der Kämme errichtet wurde.

Die von den Sui gebaute Mauer sollte das nach über 300 Jahren erstmals wieder vereinte Reich gegen die permanenten Einfälle der Turkvölker schützen.

▲ Reste der Großen Mauer aus der Mingzeit, 15. Jh., in der Nähe von Sanguankou (Provinz Ningxia).

Nach einer ersten Bauphase in der 2. Hälfte des 15. Jh. wurden ab dem 16. Jh. öffentliche Arbeiten im großen Maßstab durchgeführt, die sich bis zum Niedergang der Ming-Dynastie 1644 hinzogen.

Mit dem System der in kurzer Entfernung voneinander errichteten Wachttürme konnte ein plötzlicher Angriff binnen weniger Stunden an das Hauptquartier in der Hauptstadt gemeldet werden.

Der Fortschritt der Militärtechnologie, insbesondere die Entwicklung der Feuerwaffe, machte eine widerstandsfähigere Bauweise als die einfache Lehmbauweise erforderlich.

In der Nähe der Hauptstadt wurde für das Verteidigungswerk gebrannter Ziegel oder Stein verwendet. Die Mauer ist an der Basis bis zu acht Meter breit und erreicht eine Höhe von bis zu neun Metern.

Die Mauer war für die Verteidiger begehbar, die ihre Geschosse durch die Schießscharten abfeuern konnten.

▲ Die Große Mauer in der Nähe von Peking (Rekonstruktion der Mauer aus der Mingzeit).

»Wenn dereinst die hunnischen Barbaren besiegt sind, / wird dann auch der Krieg für unsere Männer zu Ende sein?« (Li Bai)

Barbarische Dynastien

Begriffe
Barbar *(yi)*;
Fremder aus den Westlanden *(hu)*

Verwandte Stichworte
Kubilai Khan;
Buddhismus;
Yungang;
Longmen

► Kauernder Löwe, Nördliche Zhou-Dynastie, 557–581 n.Chr., aus der Gegend um Xi'an (Provinz Shaanxi), Stein, H: 25,3 cm, Xi'an, Museum des Stelenwaldes.

Die Beziehungen der Chinesen zu den »Barbaren« jenseits der nördlichen Grenze waren immer konfliktreich: Die Mobilität der Nomadenvölker begünstigte einerseits den kulturellen, technologischen und kommerziellen Austausch mit nahen und fernen Kulturen, stellte andererseits aber auch eine ständige Bedrohung dar. Nach dem Zusammenbruch der Han-Dynastie unterwarfen verschiedene Nomadenvölker zeitweilig weite Gebiete im Norden Chinas. Die Eroberer übernahmen typisch chinesische Sitten und Bräuche und suchten ihre Machtstellung mit Hilfe des Buddhismus zu legitimieren, der fremdländischen Religion, die in jener Epoche erstmals tief in die chinesische Gesellschaft einzudringen vermochte. Als die Tang-Dynastie im Jahr 907 n.Chr. zu Ende ging, wurde China wiederum durch einige – zum Teil bereits sinisierte – Klans erobert, die Dynastien nach chinesischem Vorbild gründeten: Die Stammeskonföderation der Khitan gründete die Liao-Dynastie (907–1125), die später durch die vereinten Kräfte der Song-Dynastie und der Nüzhen-Nomaden, den Begründern der Jin-Dynastie, vernichtet wurde. Die Sinisierung der Nüzhen, die 1127 dann ganz China eroberten, ging so weit, dass sie sogar ihre Sprache aufgaben, während die Mongolen, die China 1271 unter ihrer Herrschaft vereinten, eine zu weitgehende Assimilation gesetzlich verhindern konnten.

Der König trägt eine große goldene Krone mit Türkisintarsien auf dem Haupt; aus denselben Materialien besteht auch das Rauchgefäß in seiner Linken.

Die Inschrift weist den Porträtierten als König der Oase Khotan, Gemahl der Tochter Cao Yijins aus, des Stifters der Grotte, der ihre Wände mit Darstellungen heiliger Motive und Familienporträts ausmalen ließ.

Das Gewand ist mit den Machtinsignien des Königs verziert: Neben dem Drachen, dem traditionellen Symbol kaiserlicher Macht, sind auf den Schultern die Symbole für Sonne und Mond aufgestickt.

Ab 920 n. Chr. herrschte die Familie Cao mehr als hundert Jahre lang über die Region Dunhuang, wobei sie ihre eigene Machtposition durch eine geschickte Heiratspolitik und durch stabil bleibende diplomatische Beziehungen zu den in rascher Folge einander ablösenden Dynastien in Nordchina festigte.

▲ *Porträt des Königs von Khotan,* Zeit der Fünf Dynastien, 920 n. Chr., Wandmalerei der Westwand der Grotte Nr. 98 von Mogao, Dunhuang (Provinz Gansu).

Die beiden Reliefplatten gehören zu einem Totenbett aus Stein, auf dem ein Sarkophag stand.

Die Szenen auf den Reliefplatten zeigen in etwas unterschiedlichen Varianten dasselbe Motiv: eine feierliche Prozession, die sich auf den Toreingang einer chinesischen Stadt zu bewegt.

▲ Reliefplatten in Form von Torbauten, Nördliche Qi-Dynastie, 550–577, grauer Kalkstein, beide H: 71,5 cm, B: 74 cm, Köln, Museum für Ostasiatische Kunst.

Die Torreliefs geben eine gute Anschauung von der Holzbauweise der Ehrentürme (que), *wie sie seit der Hanzeit die Eingänge zu Grab-, Palast- und umwallten Stadtanlagen flankierten.*

Gut zu erkennen sind die runden Augen und die exotischen Kleider: Waffenröcke, die durch Gürtel zusammengehalten werden und in der Mitte und am Saum durch Perlenstabborten eingefasst sind. Sie lassen auf die zentralasiatische Herkunft der Teilnehmer der Prozessionen und ihrer Anführer, zweier Fürsten, schließen.

»Vor einem hohen Palast spielte / ein Nomade mit lockigem Haar / und grünen Augen / Flöte in der Stille der Nacht.« (Li He)

Ausländer am Kaiserhof

Begriffe
Barbar des Nordens *(hu)*;
Westlande *(Xihu)*

Verwandte Stichworte
Tang Taizong; Kubilai Khan; Yongle; Virtuelle Gefährten

Es sind viele Zeugnisse von Diplomaten, Kirchenleuten und Händlern aus aller Welt erhalten, die mit ihren Erzählungen die Angaben der offiziellen chinesischen Geschichtsschreibung abrunden. Während einiger Regierungsperioden wurde der Zugang von Ausländern zum Hof durch das Interesse für die Außenwelt erleichtert. Die Abgesandten, die es schafften, zu einer Audienz am Hof zugelassen zu werden, wurden unterschiedslos als Vasallen und ihre Gaben als Tributleistung angesehen, und die Gegengaben der Chinesen als »Vergütung«. Die wohlklingenden Titel, die den Delegierten aus dem Ausland verliehen wurden, waren rein symbolisch und bekräftigten in Wirklichkeit die chinesische Hegemonie. Wie herzlich dagegen Ausländer am Hof von Kubilai Khan empfangen wurden, erfahren wir in Marco Polos schwärmerischen Bericht. Die Mongolen räumten ausländischen Händlern eine Sonderstellung ein, in deren Genuss auch andere Reisende wie die Franziskanermissionare Odorico da Pordenone und Giovanni da Montecorvino kamen. Der Sinozentrismus der Mingzeit erwies sich unter Kaiser Yongle als förderlich, der diplomatische Speditionen in weit entfernte Länder schickte und deren Gesandte am Hof empfing.

► Phönixkopfkanne *fengshouhu*, Tang-Dynastie, 1. Hälfte 8. Jh. n. Chr., Keramik mit Dreifarbenglasur *sancai*, H: 32,5 cm, Turin, Museo di Arte Orientale.

Eine der ersten Taten des neuen Herrschers nach der Wiedereinsetzung der Tang-Dynastie im Jahr 705 n. Chr. war die Errichtung von Gräbern für die Mitglieder der kaiserlichen Familie, die der Kaiserin Wu Zetian zum Opfer gefallen waren.

Drei dieser Grabstätten, die als weiträumige unterirdische Paläste angelegt wurden, sind insbesondere wegen ihrer Wandmalereien weltbekannt, die eine Vorstellung vom »städtischen« Malstil der Tangzeit vermitteln.

Die drei ins Gespräch vertieften chinesische Würdenträger wenden den drei vornehmen Fremdlingen – möglicherweise Emissären, wie sie zu jener Zeit am chinesischen Hof lebten – den Rücken zu.

Die drei Ausländer in traditioneller Kleidung sind mit einem schon fast ans Karikaturhafte grenzenden Realismus dargestellt: Der Mann in der Mitte scheint aus Südostasien zu kommen, die beiden anderen weisen »westliche« Züge auf.

Die Wände der Zugangsrampe zum Grab des Prinzen Li Zhanghuai, der 684 n. Chr. starb, zeigen Jagd- und Spielszenen, gefolgt von Darstellungen von jeweils zwei Personengruppen.

▲ *Ausländische Gesandtschaft*, Tang-Dynastie, 706 n. Chr., Wandmalerei aus dem Grab des Prinzen Li Zhanghuai, Qianling (Provinz Shaanxi), H: 184 cm, Xi'an, Historisches Museum der Provinz Shaanxi.

Dass der Funktionär eine militärische Stellung innehatte, erkennt man an der typischen Kopfbedeckung, dem unter der Jacke hervorschauenden Brustharnisch und der zur Faust geballten linken Hand, in der ursprünglich eine Waffe steckte.

Glubschaugen, markante Nase und fleischige Lippen kennzeichnen die Gesichtszüge dieses Würdenträgers und weisen ihn unmissverständlich als »westlichen« Ausländer aus.

Die Modellierung dieser Statuette mit ihrer unsymmetrischen Pose und dem äußerst realistischen Ausdruck ist von seltener Erlesenheit.

Die weiten Ärmel waren ursprünglich mit kostbaren roten, blauen und grünen mineralischen Pigmenten bemalt und mit Blattgold gesäumt, von dem noch Spuren erhalten sind.

In einigen Gräbern mit reichster Ausstattung fanden sich auch Paare von Funktionären, von denen einer exotische Züge trägt.

▲ Modell eines Würdenträgers der Armee, Tang-Dynastie, 8. Jh. n. Chr., Terrakotta, Engobe, Pigmente und Blattgold, H: 67 cm, Turin, Museo di Arte Orientale.

Diese Truhe wurde vermutlich einem tibetanischen Besucher am Kaiserhof der Ming als Gastgeschenk überreicht und enthielt Stoffe oder Porzellan.

Der Eisenverschluss weist eine Gold- und Silberdamaszierung auf, eine Technik, die sich in China zur Entstehungszeit der Truhe auszubreiten begann.

Durch die Lederschlaufen wurden Gurte gezogen, die einen stabilen Verschluss der Truhe bei Reisen gewährleisteten.

Die großen Lotosblumen mit den spitzen Blüten erinnern an die ornamentalen Traditionen des nepalesischen Kunsthandwerks, die gegen Ende des 13. Jh. in China eingeführt wurden.

▲ Kleine Reisetruhe, Ming-Dynastie, frühes 15. Jh., Leder, Holz, Eisen, Gold und Pigmente, H: 53,3 cm, New York, Metropolitan Museum of Art.

»Das erste Volk hier sind die Serer, berühmt durch die Wolle der Wälder, deren graues Blätterhaar sie mit Wasser befeuchten und abkämmen.« (Plinius der Ältere, Naturalis historiae, *VI, 54)*

Kontakte mit Europa

Begriffe
Römisches Reich *(Daqin)*

Verwandte Stichworte
Han Wudi; Ausländer am Kaiserhof; Religiöse Minderheiten

Durch die Erkundungsreisen von Zhang Qian (2. Jh. v. Chr.) und die chinesischen Kriegszüge in Zentralasien erhielt man Kunde von der Existenz des Römischen Reiches. Im Jahr 97 n. Chr. entschied General Ban Chao, der das chinesische Reich bis zum Tarimbecken ausgedehnt hatte, einen direkten Kontakt zu Rom herzustellen. Sein Emissär machte jedoch am Schwarzen Meer kehrt, von den Schauermärchen der Parther entmutigt, die um den Verlust ihrer Vermittlerrolle fürchteten. Die chinesische Geschichtsschreibung berichtet vom ersten Besuch einer römischen Delegation im Jahr 166 n. Chr., weitere werden noch bis 284 n. Chr. registriert. Während der kosmopolitischen Tangzeit festigte sich zwischen Byzanz und Chang'an die neue Macht der Araber. Die »Westländler«, die in der Hauptstadt lebten, waren Sogdier, Perser, Araber, Inder oder Türken, Angehörige jener Völker, die unter den Yuan zu hohen Ämtern aufsteigen konnten. Die europäischen Missionare, die zu dieser Zeit nach China kamen, waren meist Franziskaner, ab 1550 präsentierten sich dagegen vor allem Jesuiten am Kaiserhof. Zu Konvertierungen kam es selten, dafür wurden die wissenschaftlichen Kenntnisse einiger Jesuitenpater wie Matteo Ricci und Adam Schall von Bell umso mehr geschätzt.

▼ Runder Gegenstand mit eingeritzten Buchstaben eines Alphabets, Östliche Han-Dynastie, 25–220 n. Chr., Blei, Ø: 5,4 cm, Xi'an, Historisches Museum der Provinz Shaanxi.

Nach zwanzig Jahren missionarischer Tätigkeit im Süden Chinas wurde der italienische Jesuit Matteo Ricci, der seit 1597 die jesuitische Mission in China leitete, ab 1601 am Kaiserhof in Peking zugelassen.

Der Jesuit, der die chinesische Sprache in Wort und Schrift perfekt beherrschte, schätzte die konfuzianische Kultur sehr und war der Erste, der konfuzianische Schriften ins Lateinische übersetzte, wobei er den schwer auszusprechenden Namen »Kong fuzi« zu »Confucius« latinisierte.

Auf der Karte, von der es weltweit sechs Exemplare gibt, sind Anweisungen zu ihrem Gebrauch verzeichnet.

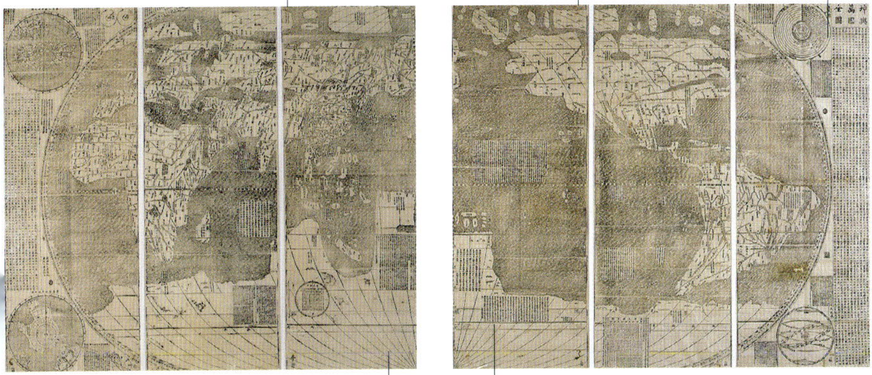

Aufgrund seiner wissenschaftlichen Kenntnisse, insbesondere auf den Gebieten der Mathematik, der Astronomie und der Geographie, erwarb sich Ricci die Achtung der Literaten und Beamten und schließlich auch des Kaisers.

Die entworfenen »Systeme der irdischen und himmlischen Welt« sind mit theoretischen Erläuterungen versehen, die zusammen mit der Zeichnung den zeitgenössischen Entwicklungsstand der geographischen Wissenschaften erkennen lassen.

▲ Matteo Ricci,
Vollständige geographische Karte aller Weltreiche,
Ming-Dynastie, 1602, Kupferstich auf Reispapier,
Rom, Biblioteca Apostolica Vaticana.

Religion und Philosophie

Yin-Yang und die Fünf Wandlungsphasen
Ahnenkult
Staatskult
Konfuzianismus
Daoismus
Buddhismus
Synkretismus
Religiöse Minderheiten
Heilige Berge
Die beseelte Welt
Exorzisten und Magier
Wunder und Weissagungen
Fengshui

◄ Gefäß, verziert mit Figuren in einer Landschaft, Tang-Dynastie, 618–907, aus der Krypta des Famen-Klosters in Fufeng (Provinz Shaanxi), teilvergoldetes Silber, H: 24,7 cm, Fufeng, Famen-Tempelmuseum.

»Die drei Hauche sind Yin und Yang, Wind und Regen, Finsternis und Licht. Sie unterscheiden sich in den vier Jahreszeiten und gliedern sich in fünf [Jahres-] Teile.« (Kommentar des Zuo)

Yin-Yang und die Fünf Wandlungsphasen

Begriffe
Ur-Atem *(qi)*;
Fünf Wandlungsphasen (auch Wandlungszustände, Elemente, Agenzien od. Wirkkräfte; *wuxing*);
Yijing (»Buch der Wandlungen«);
Shanhaijing (»Buch der Berge und Meere«)

Verwandte Stichworte
Konfuzianismus;
Daoismus; Wunder und Weissagungen

Mit Yin (Schatten) und Yang (Sonne) wurden im 5. Jh. v. Chr. konkrete, gegensätzliche Naturphänomene bezeichnet. Im 3. Jh. v. Chr. kam die abstrakte Vorstellung des Dualismus von Yin und Yang auf, deren Interaktion für das zyklische Entstehen und Vergehen aller Dinge verantwortlich ist. Yin und Yang sind polare – nicht gegensätzliche, sondern komplementäre – Kräfte. Im 3. und 2. Jh. v. Chr. konkretisierte sich die Idee von der Verknüpfung von Yin-Yang mit den Fünf Wandlungsphasen – Holz, Feuer, Erde, Metall und Wasser –, die als schöpferische Energie begriffen werden. Das Schema der zyklischen Wechsel, die aus Yin und Yang entstehen und durch die Aufeinanderfolge der Fünf Wandlungsphasen wirksam werden, wurde ab der Hanzeit auf sämtliche phänomenologische und zeitliche Erscheinungen angewandt: In langen Listen wurden den Fünf Wandlungsphasen die Jahreszeiten, Himmelsrichtungen, Planeten, aber auch die fünf Sinne, Farben, Tiere, Organe u. a. zugeordnet. Das *Buch der Wandlungen*, das im 3./2. Jh. v. Chr. auf der Basis wesentlich älterer Quellen kompilierte Handbuch der Wahrsagekunst, erläutert, wie die Beziehung zwischen Mensch und Kosmos durch Yin-Yang und die Fünf Wandlungsphasen gestaltet wird.

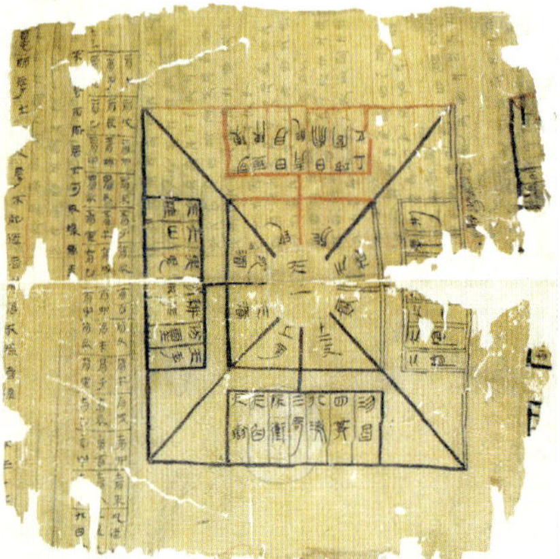

► *Das Buch über Yin-Yang und die Fünf Wandlungsphasen* (Ausschnitt), Westliche Han-Dynastie, um 168 v. Chr., Fund aus Grab Nr. 3 von Mawangdui (Provinz Hunan), Tusche auf Seide, H: 24 cm, Changsha, Provinzmuseum von Hunan.

Die Gottheiten, die mit langem Leben, Wohlstand und Glück assoziiert werden, studieren das Symbol, das den Fluss des Lebens als eine Naturerscheinung versinnbildlicht, welche sich durch die polaren Wirkkräfte Yin und Yang verwirklicht.

Die Figuren sind von weiteren Symbolen der Unsterblichkeit, des Reichtums und des langen Lebens umgeben: die Kiefer, der Hirsch und der Pfirsich, der von einem kleinen Jungen dargeboten wird.

▲ *Eine Gruppe daoistischer Gottheiten studiert eine Handrolle mit dem Yin-Yang-Symbol* (Ausschnitt), Qing-Dynastie, 2. Hälfte 17. Jh., Tusche und Farbe auf Seide, London, Trustees of the British Museum.

Das Yin und Yang wurde ursprünglich durch einen weißen Tiger und einen grünen Drachen symbolisiert. Ab dem ausgehenden 6. Jh. n. Chr. wurden diese Symbole durch das Taiji-*Diagramm verdrängt. Aus dem* qi, *der Urenergie, entstehen Yin und Yang, die nur zusammen ein Ganzes bilden. Die beiden Punkte deuten darauf hin, dass jede der beiden Kräfte den Keim der polaren Entsprechung in sich trägt.*

Zu Beginn des 3. Jh. v. Chr. wurde die alte Unterteilung der Welt in vier Zustände durch die Vorstellung der Fünf Wandlungsphasen verdrängt: Zu den vier Himmelsrichtungen kam nun der Begriff des Zentrums dazu.

Im Frühling, der Zeit des wachsenden Yang, obwaltet die Kraft des Holzes, dem der grüne Drache und der Osten zugeordnet sind.

Im Herbst nimmt das Yin an Stärke zu, wenn es in die Phase des Metalls eintritt, die mit dem weißen Tiger des Westens assoziiert wird.

► Stirnziegel, ausgestaltet mit den Darstellungen der vier Himmelsrichtungen, Han-Dynastie, 206 v. Chr. – 220 n. Chr., Terrakotta mit eingeprägtem Dekor, Ø: 13 bis 19 cm, Xi'an, Historisches Museum der Provinz Shaanxi.

Die Darstellungen der Himmelsrichtungen greifen die in den vorangegangenen Epochen entwickelte Ikonographie auf, die auch mit der Abfolge der vier Jahreszeiten zusammenhängt.

Im Sommer erreicht Yang, das männliche Element, dem das Feuer und der rote Vogel des Südens zugeordnet sind, die größte Intensität. Die darauf folgende Übergangsphase symbolisiert das Zentrum, die Erde und die Farbe Gelb; ein Tier ist ihr allerdings nicht eindeutig zugeordnet.

Im Winter überwiegt Yin, das weibliche Element, und offenbart sich im »schwarzen Krieger«, der durch die Vereinigung von Schildkröte und Schlange wiedergegeben ist.

»Gewissenhaftigkeit gegen die Vollendeten und Nachfolge der Dahingegangenen: so wendet sich des Volkes Art zur Hochherzigkeit.« (Konfuzius, Gespräche, *I, 9)*

Ahnenkult

Verwandte Stichworte
Feste; Konfuzianismus; Die Fünf Beziehungen; Grabstätte; Virtuelle Gefährten

Im Rahmen der religiösen Praktiken des antiken China nahm der Ahnenkult einen wichtigen Platz ein und war nicht nur auf die zeremoniellen Handlungen anlässlich des Todes eines Familienmitglieds und die Begräbnisfeierlichkeiten für den Verstorbenen beschränkt: Zu genau festgelegten Terminen wurden Opferhandlungen zu Ehren der Ahnen am Familiengrab, in dem den Ahnen geweihten Tempel oder auf dem Hausaltar vollzogen. Die Ahnen waren die Vermittler zwischen den übernatürlichen Kräften und den lebenden Mitgliedern der Familie. Die Grenzen zwischen Leben und Tod waren fließend, und die Stellung eines Familienmitglieds blieb auch nach seinem Tod unverändert. Dem Verstorbenen wurde nicht wegen seiner Taten zu Lebzeiten gedacht, sondern entsprechend seiner Funktion innerhalb des Klans. Die Opferhandlungen zu Ehren der Ahnen waren bis ins kleinste Detail festgelegt, von ihrer korrekten Durchführung hing die Stellung des Vorfahren im Jenseits ab und davon wiederum das Los der Familienmitglieder. Schon zu Konfuzius' Zeiten (6. Jh. v. Chr.) wurde die Hochachtung gegenüber den Ahnen häufig an der Fülle der Opfergaben gemessen. Der Meister hob stattdessen hervor, dass es auf die Haltung der Nachkommen ankomme und auf die strenge Einhaltung der Riten zu Ehren der Ahnen, die die hierarchische Ordnung der chinesischen Gesellschaft untermauerten.

► Ahnentafel, Qing-Dynastie, 19. Jh., Holz, Stoff, Pigment und Schnur, H: 15 cm, New York, American Museum of Natural History, Asia Ethnographic Collection.

Von Sternen eingerahmt, umarmen sich Fuxi und Nüwa, die langen unteren Gliedmaßen ineinandergewoben. In der Rechten hält Nüwa einen Kompass, der den kreisförmigen Himmel symbolisiert.

Fuxi, der Erste der drei mythischen Obersten Herrscher, hält einen Winkel hoch, das Sinnbild der quadratischen Erde. Ihm wird zugeschrieben, die Acht Trigramme erfunden zu haben, die es ermöglichen, Kontakt zum Himmel aufzunehmen und das Leben aller Lebewesen zu regulieren.

Darstellungen der beiden Gottheiten tauchen ab der Hanzeit in Gräbern auf; sie sind meistens mit anthropomorphem Oberkörper und einem Schlangen- oder Drachenschwanz wiedergegeben.

Fuxi und seine Gemahlin Nüwa, die auch seine Schwester ist, sind die höchsten Ahnen der chinesischen Kultur.

▲ *Fuxi und Nüwa*, Tang-Dynastie, 618–907, aus den Gräbern von Astana, Turfan (Provinz Xinjiang), Tusche und Farbe auf Hanfleinen, Urumqi, Provinzmuseum von Xinijang.

Häufig werden die letzten beiden Kaiser der Xia-Dynastie, Yao und Shun, zusammen mit dem Gründer der Dynastie namens Yu von konfuzianischen Gelehrten als ideale Herrscher und moralische Vorbilder erwähnt.

Die chinesische Mythologie zählt die San Huang *(»Drei Erhabenen«) und die* Wu Di *(»Fünf Kaiser«) auf, die zu Urzeiten in China regierten, bevor die sagenhafte Xia-Dynastie (2200–1500 v. Chr.) an die Macht kam.*

In der obersten Reihe sind dargestellt (von rechts nach links): Fuxi und Nüwa, Zhurong und der göttliche Bauer Shennong, die Fünf Kaiser (alle mit Krone), schließlich der Gründer und der letzte Kaiser der Xia-Dynastie.

Der erste der Fünf Kaiser ist Huangdi, der Gelbkaiser; er wird als der Gründer der chinesischen Kultur angesehen, deren Wiege sich der traditionellen Geschichtsschreibung zufolge auf dem Gebiet des mittleren Armes des Gelben Flusses befand.

▲ *Die legendären Herrscher*, Östliche Han-Dynastie, 2. Jh. n. Chr., Abreibung eines Steinreliefs an der Westwand von Raum 3 des Wu-Liang-Schreins (Provinz Shandong).

»In allen Staaten sind Bergen und Flüssen Opfer darzubringen … der Herrscher … wird alles dafür tun, dass der Zeremonienmeister die erforderlichen Gaben vorbereitet.« (Kommentar des Zuo)

Staatskult

In China waren sakrale Macht und politische Autorität immer verknüpft, wobei der Staat Vorrang vor der Religionsausübung hatte. Seit vorkaiserlicher Zeit (Zhou-Dynastie) hatte nur der »Sohn des Himmels« das Recht, der obersten Gottheit, dem Himmel, zu opfern. Im Jahr 219 v. Chr. brachte der Erste Kaiser von China feierlich Opfer zu Ehren des Himmels und der Erde auf dem Berg Tai dar, eine Zeremonie, die sich später noch sechs Mal wiederholte (das letzte Mal im Jahr 1008 unter den Nördlichen Song). Han Wudi führte 113 v. Chr. ein Kaiserritual zu Ehren des Großen Einen ein, um die Einheit des Reiches und die Zentralmacht hervorzuheben. Auch ließ der Kaiser 109 v. Chr. zu Ehren aller Gottheiten des Kosmos den »Palast des Lichts« auf dem Berg Tai erneuern, der auf die Zhouzeit zurückging und wohl die antike Kosmologie widerspiegelte: Das Bauwerk hatte einen quadratischen Grundriss wie die Erde, das Dach war rund wie die Himmelskuppel. In der Hanzeit waren die Rituale auf dem Berg Tai Ausdruck des intimen Dialogs zwischen Herrscher und Himmel; ab der Tangzeit wurden diese Riten zu einer Demonstration kaiserlicher Macht. Der Ming-Kaiser Hongwu führte die Tradition ein, zur Wintersonnenwende den Himmel, zur Sommersonnenwende die Gottheiten der Erde zu ehren.

Begriffe
Sohn des Himmels *(tianzi)*; Das Große Eine, das Allumfassende *(tianyi)*; Opfer an den Himmel *(feng)*; Opfer an die Erde *(shan)*; Palast des Lichts *(mingtang)*

Verwandte Stichworte
Qin Shi Huangdi; Han Wudi; Wu Zetian; Hongwu; Heilige Berge

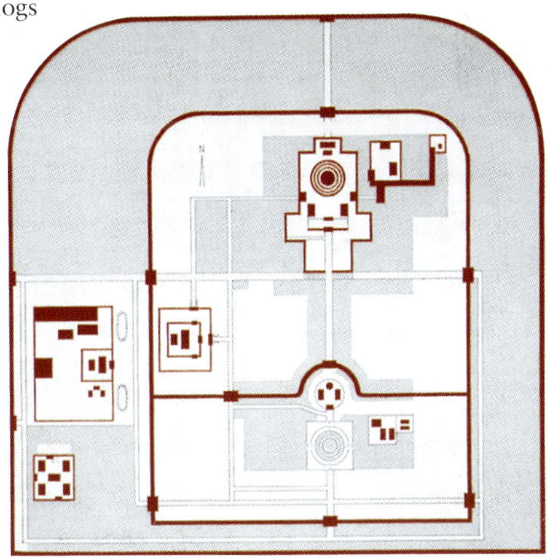

◄ Grundriss des Himmelstempels in Peking.

Das antike Zeremoniell der Kaiser, die Darbietung der Opfer an den Himmel (feng) und an die Erde (shan), fand auf dem Gipfel und zu Füßen des Berges Tai statt. Im Jahr 666 n. Chr. führte Kaiser Gaozong die feierlichen Opferhandlungen zusammen mit seiner Gemahlin aus und machte aus dem Ritual, das ursprünglich den geheimen Bund zwischen Herrscher und Gottheit festigte, ein öffentliches Spektakel, an dem Beamte und ausländische Emissäre teilnahmen.

Wu Zetian, die sich selbst zur Kaiserin ernannte, verehrte als Einzige der chinesischen Herrscher den Berg Song; sie pilgerte mindestens zehn Mal dorthin und taufte ihn in »Göttlicher Berg« um.

Die Inschrift war für die Öffentlichkeit bestimmt; sie zählt die Tugenden der Regierung und die Gunstbezeigungen der Gottheit auf, für die man sich mit Gaben wie Jade, Seide und köstlichen Speisen erkenntlich zeigte.

Kaiser Xuanzong reaktivierte das vergessene alte Ritual auf dem Berg Tai und schrieb eigenhändig eine Weiheinschrift an die Königinmutter Erde, die detailgetreu auf diesen Steintäfelchen wiedergegeben ist.

▲ Steintäfelchen für die Opfer an die Erde *(shan)* des Kaisers Xuanzong, Tang-Dynastie, datiert 725 n. Chr., geschnittener Marmor, 29,2 x 39,8 cm, Taipei, Nationales Palastmuseum.

Vorbild für den Himmelstempel, der auf Initiative des Kaisers Yongle zusammen mit der Verbotenen Stadt in Peking errichtet wurde, war ein Kultbau in Nanching, den der erste Kaiser der Ming-Dynastie erbauen ließ.

Der Tempelkomplex befand sich südlich des Palastes gleich außerhalb der Umfassungsmauer. Anlässlich der Durchführung des Staatskultes zog die kaiserliche Prozession samt dem ganzen Hofstaat über eine breite Prachtstraße bis zum Tempel.

'm Jahr 1530 vurde der »runde Hügel« ɔinzugefügt, der ;ich durch zahlreiche Verweise ıuf mystische Zahlen auszeichnet. Hier vollzog ler Herrscher ım Tag der Winersonnenwende lie feierlichen)pferhandlungen.

In der »Halle der Ernteopfer« mit den drei Runddächern brachte der Kaiser am 15. Tag des ersten Mondmonats Opfer dar, die die Erde für eine gute Ernte günstig stimmen sollten.

Die vier Pfeiler der Dachinnenkonstruktion stellen die vier Jahreszeiten dar, indes die beiden äußeren Reihen mit jeweils zwölf Säulen die zwölf Monate des Jahres und die zwölf Stunden des Tages symbolisieren.

Nachdem der Kaiser eine Nacht im »Tempel der Abstinenz« verbracht hatte, lief er barfüßig die Mittelachse der Tempelanlage lang.

▲ Himmelspalast (Tiantan),
1ing-Dynastie, 1421–26 und 1530,
lick auf den Tempel der Opfer an
ie Erde, Peking.

»Der Meister lehrte vier Gegenstände: die Kunst, den Wandel, die Gewissenhaftigkeit, die Treue.« (Konfuzius, Gespräche, *VII, 24)*

Konfuzianismus

Begriffe
Konfuzius *(Kongzi, Kong fuzi)*;
Riten *(li)*;
Menschlichkeit, Güte *(ren)*;
Pietät gegenüber den Eltern *(xiao)*

Verwandte Stichworte
Han Wudi; Zhu Xi; Mandat des Himmels; Die Fünf Beziehungen; Familie

Der Konfuzianismus war ursprünglich eine pragmatische Morallehre: Konfuzius (Kongzi, »Meister Kong«, 551–479 v. Chr.) griff auf ältere Konzeptionen zurück, um ein System ethischer Werte zu entwerfen, das er zur Grundlage der sozialen Ordnung erklärte. Riten sind der äußere Ausdruck der Regeln, die die streng hierarchische Ordnung des Gemeinwesens festigen: Der Mensch definiert sich nicht durch seine Persönlichkeit, sondern durch die Befolgung der Riten, also durch das seiner Stellung innerhalb der Gesellschaft angemessene Verhalten. Der tugendhafte Mensch, der darüber hinaus Menschlichkeit besitzt, hat das Recht und die Pflicht zu regieren, die Untergebenen müssen sich in Sohnesliebe üben. Mit Kaiser Han Wudi wurde der Konfuzianismus zur Staatslehre erhoben, und die kanonischen Klassiker – das Ergebnis einer systematischen Aufbereitung des gesamten literarischen Schaffens nach Kriterien der Vernunft und Würdigkeit – bildeten die nächsten 2000 Jahre die Eckpfeiler der chinesischen Kultur. 59 n. Chr. setzte mit der Einführung der Opfer zu Ehren Kongzis und des Herzogs von Zhou der offizielle Konfuziuskult ein. Ab dem 5. Jh wurden Tempel errichtet, die dem Meister und anderen geschichtlichen Personen geweiht waren.

► Ma Yuan, *Porträt des Konfuzius* (Ausschnitt), Südliche Song-Dynastie, spätes 12./frühes 13. Jh., Tusche und Farbe auf Seide, 27,7 x 23,2 cm, Peking, Palastmuseum.

Qufu war die Hauptstadt des Staates Lu und Geburtstadt von Konfuzius. Der Überlieferung nach wurde bereits 478 v. Chr., also keine zwei Jahre nach dem Tod des großen Gelehrten, diesem ein kleiner Tempel geweiht. 195 v. Chr. wurden zum ersten Mal kaiserliche Opferhandlungen zu Ehren des Konfuzius vollzogen, also noch bevor der Konfuzianismus zur Staatslehre erhoben wurde.

Der sehr weiträumige Tempelkomplex ist nach Süden ausgerichtet und um eine Mittelachse angeordnet.

Neben dem Tempel befindet sich das Wohnhaus der Familie Kong, das auf das 1. Jh. v. Chr. zurückgeht, als die Nachkommen von »Meister Kong« Adelstitel und Besitzungen erhielten.

Die Anlage wurde unzählige Male erweitert und erneuert. In der Mingzeit wohnte hier auch der leitende Beamte des Kreises.

▲ Konfuzius-Tempel in Qufu Provinz Shandong).

Das Steinfragment ist ein Zeugnis der während der Hanzeit erfolgten staatlich geförderten Vereinheitlichung der konfuzianischen Klassiker.

Unter der Leitung von Cai Yong (133–192 n. Chr.), des Sekretärs des kaiserlichen Archivs, schrieb eine Gruppe von Kalligraphie-Spezialisten die Texte mit roter Tusche auf Steinplatten. Anschließend wurden die Texte von Steinmetzen in die Steinplatten gehauen.

Ab der Hanzeit bildete sich der Brauch aus, ein Ereignis, eine Person oder einen Text anhand monumentaler Inschriften auf Steinstelen (bei) *zu verewigen.*

Auf der Vorder- und der Rückseite von 46 jeweils circa 2,30 Meter hohen Steinstelen wurden Texte in Kanzleischrift (lishu) *geschrieben, eine Schrift, die in der Hanzeit die Kleine Siegelschrift, die der Erste Kaiser eingeführt hatte, zunehmend ersetzte.*

Die Steinklassiker der Xiping-Ära *wurden auf einem umfriedeten Platz auf dem Areal der kaiserlichen Universität von Luoyang aufbewahrt. Wenige Jahre nach Beendigung der Arbeiten wurden sie zerstört. Ab der Songzeit waren die Trümmer begehrte Sammlerobjekte.*

▲ Fragment des *Xiping shijing* (»Steinklassiker der Xiping-Ära«), Östliche Han-Dynastie, 175–183 n. Chr., Stein, H: 15 cm, Luoyang (Provinz Henan), Stadtmuseum.

»Der Meister sprach: Das Dao ist so groß, dass es endlos ist, und so klein, dass nichts ihm entgeht. Daher ist es in allen Lebewesen allgegenwärtig.« (Zhuangzi)

Daoismus

Das *Dao*, das gemeinhin mit »Weg« oder »Prinzip« übersetzt wird, ist ein Begriff, der allen Denkschulen des alten China gemeinsam ist: Für die Konfuzianer symbolisiert das Dao die moralische Weltordnung, während der Daoismus darunter den Urgrund alles Seins, die Ursache der ewigen Wandlung des Kosmos versteht. Das Dao der Daoisten ist ungreifbar, da die Wirklichkeit, auf deren Grundlage man es zuordnen möchte, fatalerweise flüchtig ist und in dem Moment, in dem sie mitgeteilt wird, auch schon verfälscht ist. Das Buch *Daodejing*, das Laozi (Laotse, 5. Jh. v. Chr.) zugeschrieben wird, jedoch einige Jahrhunderte später verfasst wurde, und das *Zhuangzi* des Meisters Zhuang (4. Jh. v. Chr.), das auch ältere Texte enthält, versuchen, den Leser mit absurden Assoziationen und Paradoxa von der Logik zu befreien. Durch spontane Hingabe an den Lauf der Dinge, ohne einzugreifen und zu urteilen, durch Nicht-Handeln fügt sich der Mensch in die Harmonie des universellen Lebens ein, das sich ständig verändert. Der Daoismus hat kosmologische Spekulationen und viele magisch-religiöse Praktiken des antiken China in sich aufgenommen, darunter das Streben nach Unsterblichkeit. Nach dem Zerfall des chinesischen Reiches im 3. Jh. n. Chr. und einhergehend mit der Verbreitung des Buddhismus begann der Daoismus sich in verschiedene religiöse Strömungen zu differenzieren.

Begriffe
Daodejing (»Das Buch des Weges und der Wirkkraft«); *Zhuangzi* (»Meister Zhuang«); Nicht-Handeln *(wuwei)* Wandlung *(hua)*

Verwandte Stichworte
Landschaftsmalerei; Yin-Yang und die Fünf Wandlungsphasen; Heilige Berge; Streben nach Unsterblichkeit

▼ *Befragung eines Geistes*, Qing-Dynastie, 1730, Wandmalerei im Lingbao-Palast, Xiyun-Tempel, Dunhuang (Provinz Gansu).

Die Kugel in der rechten Hand der Figur könnte den Pfirsich der Unsterblichkeit darstellen.

Die Ikonographie der Hanzeit stellt Unsterbliche (xian) *als Mischwesen mit menschlichem Gebaren, einer Nase in Form eines Vogelschnabels, Flügeln auf dem Rücken und Federrock dar.*

Der kegelförmige Deckel ist ungewöhnlich fein gearbeitet und stellt den »Berg der Unsterblichen« (Kunlun) *im äußersten Westen der Erde dar.*

Dieses typische zylinderförmige Ritualgefäß auf drei Füßen in Form hingekauerter Bären diente einst zur Aufbewahrung eines mehrfach gegorenen Getreideweines.

Die als leicht erhabenes Relief modellierten drei Bergketten werden von Fabelwesen bevölkert, die in der für den Stil der Hanzeit typischen Dichte und Abfolge eingeritzt sind. Die Oberfläche weist keine einzige freie Stelle auf.

▲ Gefäß mit der Figur eines Unsterblichen auf dem Deckel, Östliche Han-Dynastie, 1. Hälfte 1. Jh. n. Chr., Bronze, H: 32 cm, Turin, Museo di Arte Orientale.

Xiwangmu, die Königinmutter des Westens, taucht erstmals in hanzeitlichen Gräbern auf, wo sie meist zusammen mit ihrem Gemahl Dongwanggong, dem Königvater des Ostens, wiedergegeben wird.

Die Königinmutter des Westens, die das Paradies der Unsterblichen in den westlichen Bergen regiert, sitzt auf ihrem mit einem Drachen und einem Tiger geschmückten Thron, umgeben von ihren Getreuen.

Die sporadische Vereinigung der kosmischen Wächterpaare, wie z. B. Fuxi und Nüwa, bedingt die Wiedergeburt des Zyklus der Natur.

Der neunschwänzige Fuchs ist ein glückbringendes Tier.

Der dreibeinige Rabe symbolisiert die Sonne.

Die tanzende Kröte versinnbildlicht die Wiedergeburt und personifiziert – wie der Hase – den Mond.

Königinmutter des Westens (Xiwangmu),
Östliche Han-Dynastie, 2. Hälfte 2. Jh. n. Chr.,
Ziegel mit eingeprägtem Dekor, 46,5 x 40 cm,
Chengdu, Provinzmuseum von Sichuan.

Ma Lin entstammte einer Familie von Literaten-Malern. Sein Vater Ma Yuan ist einer der bedeutendsten chinesischen Landschaftsmaler und berühmt für seine »unausgeglichenen« Kompositionen, bei denen die Mitte des Bildes frei bleibt und das Motiv in eine Ecke gestellt wird.

Das daoistische Pantheon, das sich während der Tangzeit herausbildete, kennt zwei Kategorien von Gottheiten: die »himmlischen Autoritäten« und die Unsterblichen.

Die Trias de »Obersten Rei- nen Himmels- ehrwürdigen«, zu denen auc Laozi gehört und die »Dre Beamten« wur- den spontan au der Urenergi geboren und ge hören der erste Kategorie an

Die »Drei Beamten« (Sanyuan) registrieren sorgfältig die Taten der Menschen und überwachen ihre Lebensdauer und ihr Schicksal nach dem Tod. Der Beamte des Himmels reist zwischen den Wolken in einem von einer Ziege gezogenen Wagen.

Der Beamte de Erde reist m Bürokraten in Gefolge, die di Taten und Unta- ten der Mensche dokumentiere sollen, und wir von bedrohlic aussehenden So daten eskortier die die Übeltäte bestrafe

Der Beamte der Gewässer reitet auf einem Drachen, der den Regen symbolisiert.

▲ Ma Lin, *Die Drei Beamten begeben sich auf Inspektionsreise*, Südliche Song-Dynastie, 13. Jh., Tusche und Farbe auf Seide, 174,2 x 122,9 cm, Taipei, Nationales Palastmuseum.

Mit Hilfe esoterischer Reinigungsmethoden und Selbstdisziplin können manche Menschen Unsterblichkeit erlangen und werden mit einem Amt innerhalb der himmlischen Hierarchie betraut.

Die acht Bildfelder, die nicht mit Seladonglasur überzogen sind, da an diesen Stellen beim zweiten Brand eine schützende Wachsschicht aufgetragen wurde, wurden mit Stempeln eingeprägt.

Die charakteristische Glasur der Manufakturen von Longquan war wegen ihrer Transparenz und ihrer farblichen Ähnlichkeit mit Jade sehr beliebt; die Chinesen glaubten außerdem, dass diese Glasur zu signalisieren vermochte, wenn eine Speise vergiftet war.

Als Vermittler zwischen Himmel und Erde führen die Unsterblichen ein transzendentes Dasein. Die Acht Unsterblichen, die man ab dem 14. Jh. verehrte, sind exzentrische Persönlichkeiten und äußerst populär.

Die Vasen aus den Produktionsstätten von Lonquan wurden in großer Stückzahl exportiert und waren im Orient und in Europa sehr gefragt, wo das Porzellan nach dem in zartes Grün gekleideten Schäfer Céladon in Honoré d'Urfés Roman L'Astrée *(1607–27) benannt wurde (dt. Seladon).*

▲ Achteckige Vase, verziert mit den Acht Unsterblichen, Yuan-Dynastie, 14. Jh., Steinzeug mit Seladonglasur, H: 23,2 cm, Erzeugnis der Porzellanmanufaktur von Longquan (Provinz Zhejiang), London, British Museum.

Das ab der Songzeit häufig verwendete Motiv wurde von dem Maler um ein zusätzliches Detail bereichert: den Schmetterling, der auf einen Traum eines anderen großen daoistischen Vordenkers verweist, nämlich Zhuangzi.

Eines Nachts träumte Zhuangzi, dass er ein Schmetterling war, und als er aufwachte, war er nicht sicher, ob es Zhuangzi gewesen war, der geträumt hatte ein Schmetterling zu sein, oder ob nicht im Gegenteil der Schmetterling geträumt hatte, Zhuangzi zu sein.

Die Legende erzählt, dass Laozi, der am kaiserlichen Hof ein Amt als Archivar bekleidete, des höfischen Lebens überdrüssig wurde und beschloss, sich ins Privatleben zurückzuziehen.

Auf einem Büffel reitend soll Laozi (»der alte Meister«) bis an die chinesische Grenze gekommen sein und dort auf Bitten der Grenzwächter das Daodejing (»Das Buch des Weges und der Wirkkraft«) niedergeschrieben haben, bevor er auf Nimmerwiedersehen in der Wüste entschwand.

Paradoxa wie das des Traumes von Zhuangzi waren bei den Daoisten und den Anhängern des Chan-Buddhismus (Zen) sehr beliebt, weil sie helfen, das Denken von den engen Grenzen der traditionellen Logik und von Vorurteilen zu befreien.

▲ Zhang Lu, *Meister Laozi auf einem Büffel reitend*, Ming-Dynastie, um 1550, Hängerolle, Tusche und leichte Farbe auf Papier, 101,5 x 55,3 cm, Taipei, Nationales Palastmuseum.

Talismane aus Jade, dem kostbaren Stein der Unsterblichkeit, waren in der Ming- und Qingzeit äußerst begehrt.

Kranich und Hirsch – beides Tiere, die ein langes Leben versinnbildlichen – haben sich auf einem breiten Akanthusblatt niedergelassen.

Aufgrund der lautlichen Überstimmung der Worte für »Hirsch« und für »Entlohnung« (beide werden lu *ausgesprochen), drückt der Hirsch auch den Wunsch nach Reichtum aus.*

▲ Kranich und Hirsch mit Akanthusblatt, Ming-Dynastie, 1368–1644, Nephrit, Bath, Museum of East Asian Art.

Die Gottheit des Langen Lebens wurde schon zur Zeit des Ersten Kaisers von China verehrt, indes die anderen beiden Sterngottheiten erst ab dem 15. Jh. Eingang in die daoistische Ikonographie fanden.

Das daoistische Pantheon enthält eine unübersehbare Anzahl von Gottheiten und umfasst ebenfalls Personifikationen von Gegenständen der alten Wissenschaften wie Konstellations-, Gestirns- oder Kalendergottheiten.

Die politische Instabilität nach dem Niedergang der Han-Dynastie im Jahr 220 n. Chr. und die fortschreitende Ausbreitung des Buddhismus führten zur Entstehung des religiösen Daoismus, der dem Bedürfnis nach einer Lehre und klaren Regeln entsprach.

Ab dem 5. Jh. n. Chr. kam zum Daodejing *(»Das Buch des Weges und der Wirkkraft«) der* Daozang, *der daoistische Kanon, hinzu, der Offenbarungen und Lehren, Riten und Beschreibungen heiliger Orte, Anthologien und Schriften zur Selbsterziehung umfasst.*

▲ *Die drei Sterngottheiten des Glücks, der Entlohnung und des Langen Lebens*, Ming-Dynastie, 1454, Hängerolle, Tusche, Farbe und Blattgold auf Seide, 140 x 78 cm, Paris, Musée Guimet.

Einigen alten Mythen zufolge befindet sich die Residenz der Königinmutter des Westens in den Sanwei-Bergen an der Nordwestgrenze des antiken China.

Die Gestaltung der Anlage, zu der neben dem eigentlichen Tempelgebäude auch der Turm der Königinmutter (Wangmu lou) *und die Halle des Ehrwürdigen Herrschers* (Laojun tang) *gehören, spiegelt die daoistische Ablehnung der rechten Winkel wider.*

Die Dachrinnen sind normalerweise so stark gebogen, dass sie zum Himmel weisen.

Die Fenster daoistischer Gebäude sind entweder rund oder polygonal, möglichst aber nicht rechtwinklig.

Der Rand der Umfassungsmauer ist wellenförmig gestaltet, die Ecke abgerundet.

Tempel der Westwolken *(Xiyun guan)*,
ing-Dynastie, 1730,
unhuang (Provinz Gansu).

»Muss der Wunsch nach Rückkehr innig sein? / Die Welt und ich: leerer Raum.« (Wang Wei)

Buddhismus

Begriffe
Buddha *(Dafo)*;
Bodhisattva *(pusa)*;
Arhat *(luohan)*

Verwandte Stichworte
Xuanzang; Wu Zetian;
Barbarische Dynastien;
Buddha-Darstellungen

Die Schwäche der konfuzianischen Staatslehre nach dem Zerfall des chinesischen Reiches im Jahr 220 n. Chr. förderte die Verbreitung des Buddhismus, der im Laufe des 1. Jh. n. Chr. nach China gelangt war. Selbstreflexion, Keuschheit und Verneinung der Realität standen dem Konfuzianismus diametral entgegen, der die soziale Ordnung zum Grundpfeiler seiner Lehre gemacht hatte. In den nächsten drei Jahrhunderten erfuhr der Buddhismus, der im 5. Jh. v. Chr. in Nordindien von Prinz Siddharta, dem späteren Buddha, begründet worden war, einige Veränderungen (z. B. wurden Fürbitten zum Schutz des Herrschers und Gebete für verstorbene Familienangehörige in die Liturgie aufgenommen), die seine Integration in das chinesische Gedankengut förderten. Im Mahayana-Buddhismus wird eine Reihe von Reinkarnationen des Buddha verehrt, aber auch Bodhisattvas (Erleuchtete, die auf der Erde bleiben, um den Menschen zu helfen) und Arhats, die erlöst sind. Diese Schule, die zugänglicher war als der asketische Hinayana-Buddhismus, breitete sich in China aus. Im Norden erhielt die buddhistische Kirche staatliche Förderungen im Austausch gegen die göttliche Verehrung des Herrschers. Unter Kaiserin Wu Zetian erhielt der Buddhismus kurzfristig den Status einer Staatsreligion, aber gegen Ende der Tang-Dynastie sahen sich seine Anhänger grausamen Verfolgungen ausgesetzt.

► Buddha Sakyamuni, Östliche Jin-Dynastie, 338 n. Chr., vergoldete Bronze, H: 39,4 cm, San Francisco, Asian Art Museum, Avery Brundage Collection.

Die aus Angst vor dem Weltuntergang durch einen Mönch namens Jingwan initiierte und über einen Zeitraum von mehr als 500 Jahren fortgeführte Unternehmung mit dem schier unfassbaren Umfang wurde in einem weit abgelegenen Kloster verwirklicht.

Rund 15 000 Steinplatten wurden mit buddhistischen Texten beschriftet. Die ersten 5 000 Platten wurden in Grotten aufbewahrt, die in einen Berggipfel gehauen und anschließend mit ihrem kostbaren Schatz wieder versiegelt wurden.

Die von Jingwan geweihte Grotte des Donnergrollens, in der der Mönch im Jahr 616 n. Chr. eine Buddhareliquie begrub, enthält die ersten 147 Steinplatten und ist die einzige zugängliche Grotte.

Die folgenden 10 000 Steinplatten wurden in einer Rekordzeit, nämlich von 1093 bis 1180, fertiggestellt, eine Leistung, die durch Serienproduktion aufgrund der Rationalisierung der Arbeit und der Standardisierung der Plattenmaße ermöglicht wurde.

▲ Die steinerne Bibliothek des Wolkenheimklosters *(Yunju si)*, Donnerklanggrotte *(Leiyin dong)*, Sui- und Tang-Dynastie, 618–639 n. Chr., Peking, Bezirk Yunju si.

► Die steinerne Bibliothek des Wolkenheimklosters *(Yunju si)*, Grube mit etwa 10 000 gemeißelten Steintafeln, Song- und Liao-Dynastie, 1093–1180, Peking, Südliche Pagode im Bezirk Yunju si.

Die zwei Bodhisattva-Figuren, die durch ihre geringere Größe die Figur Buddhas hervorheben, stehen am Rand einer Vertiefung, die der Nische einer Felsengrotte nachgebildet ist.

In Tempeln, Klöstern und Felsengrotten wurden zahlreiche Votivstelen aufgestellt, die auf der Vorderseite mit Buddha- und Bodhisattva-Darstellungen verziert waren.

Eines der ältesten Motive stellt den historischen Buddha, genannt Shakyamuni, frontal, als sitzende Figur und vor einer blattförmigen Mandorla dar.

Die Nördliche Wei-Dynastie, die 386 n. Chr. vom Klan der Tuoba gegründet wurde, der ursprünglich aus den Steppen des Nordens kam, gehörte zu den größten Förderern der buddhistischen Bildhauerkunst.

Die Miniaturbuddhas, die die drei Hauptfiguren einrahmen, werden Wandlungsbuddhas (huafo) genannt, die Atlanten sind hingegen Dämonen, die der Erleuchtete gebändigt hat.

▲ Stele des Buddha Shakyamuni, Nördliche Wei-Dynastie, 386–534 n. Chr., steinernes Hochrelief, ca. 60 x 56 cm, Xi'an, Museum des Stelenwaldes.

Anfang des 12. Jh., in einer Periode großer politischer Instabilität, wurden hunderte Skulpturen auf dem Areal des buddhistischen Tempels von Longxing vergraben, von dem heute nichts mehr übrig ist. Dieses Areal wurde vor kurzem zufällig wiederentdeckt.

Während die Ikonographie für die Buddha-Figur eine schlichte Darstellung mit langem Gewand und typischen Merkmalen (lakshana) *vorsieht, sind die Bodhisattvas mit Diademen, prunkvollen Kleidern, Juwelen und Girlanden geschmückt.*

Das traditionell chinesische weite Gewand, das die Umrisse des Körpers kaschiert, wurde durch ein eng anliegendes Kleid ersetzt, das die Figur betont.

Der zufällige Fund der Statuengruppe brachte wertvolle Informationen in Hinblick auf die Vielfarbigkeit der buddhistischen Plastik. In der Tat weisen die meisten Fundstücke viele Pigmentspuren und Reste von Blattgold auf.

► Stehender Bodhisattva, Nördliche Qi-Dynastie, 550–577 n. Chr., aus Qingzhou (Provinz Shandong), Kalkstein, H: 136 cm, Qingzhou, Stadtmuseum.

Die meisten Skulpturen datieren aus der Regierungsperiode der Nördlichen Wei und der Nördlichen Qi. Im Unterschied zur erstgenannten Dynastie übernahmen die Qi die chinesische Kultur nicht, und die buddhistische Bildhauerkunst dieser Zeit orientierte sich mehr am Vorbild der nordindischen Guptakunst.

Der Mahayana-Buddhismus kam dem Bedürfnis der Gläubigen nach einer engen Beziehung zum Erleuchteten entgegen. So entstand eine Vielzahl von Buddhas und Bodhisattvas, denen jeweils ein bestimmter Wesensaspekt des Erleuchteten eigen ist.

Rechts und links vom Kopf befinden sich die Darstellungen von Sonne und Mond

Im 13. Jh. änderte sich die Darstellungsweise des Guanyin grundlegend und an die Stelle einer männlichen Figur trat eine weiß gekleidete weibliche Gottheit mit menschlichem Erscheinungsbild.

Am unteren Bildrand ist der Auftraggeber des Werkes abgebildet, der den Bodhisattva verehrt.

Der Guanyin mit »tausend« Armen und Augen ist ursprünglich ein Motiv der tantrischen Ikonographie. In den Händen hält der Bodhisattva zahlreiche buddhistische Symbole, vom Gebetskranz bis zur Phiole für Heilmittel.

Der in China unter dem Namen Guanyin bekannte Bodhisattva Avalokiteshvara ist eine Manifestation von Amitabha, dem Buddha des reinen Landes oder westlichen Paradieses, welches den abstrakten Begriff der Leere (Nirvana) *ersetzte.*

▲ *Der Bodhisattva Avalokiteshvara mit den tausend Armen und den tausend Augen,*
Nördliche Song-Dynastie, datiert 981 n. Chr.,
aus Grotte Nr. 17 von Dunhuang (Provinz Gansu),
Tusche und Farbe auf Seide, 189,4 x 124 cm,
Paris, Musée Guimet.

Die chinesische Pagode ist eine Weiterentwicklung von zweierlei Bauwerken unterschiedlichen Ursprungs: zum einen der Wachttürme der Hanzeit, die reine Holzkonstruktionen waren, zum anderen der klassischen buddhistischen Stupas Indiens aus Stein oder gebranntem Ziegel.

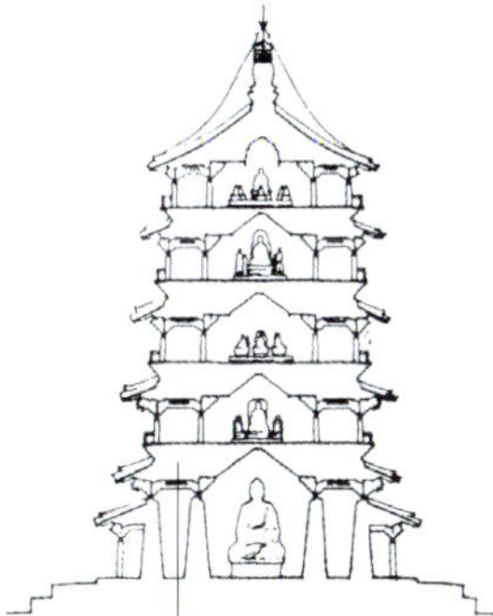

Zu jedem der vier Stockwerke der Pagode gehört ein Zwischenboden.

Der achteckige Grundriss, der nicht chinesischen Ursprungs ist, wurde ab dem 8. Jh. n. Chr. eingeführt. Er erlaubt eine bessere Verteilung des Gewichts, und außerdem sind keine Mittelpfeiler nötig.

Eine der wenigen heute noch erhaltenen Holzkonstruktionen ist eine Pagode, die auf Veranlassung eines Herrschers der nicht chinesischen Liao-Dynastie (916–1125) in der einstigen Hauptstadt Pingcheng (heute Datong) errichtet wurde.

▲ Die Holzpagode im Kreis Yingxian (Provinz Shanxi), Liao-Dynastie, 1058, H: 67,3 m, sowie Querschnittsdarstellung der Pagode.

Eine kleine Gruppe von Mönchen studiert die heiligen Schriften.

Drei Mönche verehren den Buddha, der das buddhistische Tier par excellence – den Löwen – reitet.

Die einzelnen Details der Landschaft sind mit hauchzarten Tuscheschattierungen wiedergegeben; die menschlichen Figuren sind dagegen mit unterschiedlichstem Pinselstrich gezeichnet und tragen bunte Kleider.

Die achtzehn Männer kommen aus allen Himmelsrichtungen, um auf dem Berg Lu das Donglin-Kloster zu errichten und die Lehre zu verbreiten.

Dem Literaten-Beamten Li Gonglin werden einige wesentliche Neuerungen der buddhistischen Ikonographie zugeschrieben. So soll die Darstellung des Bodhisattvas Guanyin in Gestalt einer Frau, die auf einem Felsen sitzt, auf ihn zurückgehen.

▲ Li Gonglin, *Ankunft bei der Gemeinschaft*, Südliche Song-Dynastie, spätes 11. Jh., Tusche und Farbe auf Seide, 92 x 53,8 cm, Nanjing-Museum (Provinz Jiangsu).

Die Gesichtszüge von Damo, der in einen roten Umhang mit einer Borte mit Lotosblumenmuster eingehüllt ist, weisen ihn als Ausländer aus.

Im Unterschied zur Schule des Reinen Landes, die das universelle Heil durch die Anrufung des Buddha Amitabha in Aussicht stellte, wies Damo seine Anhänger an, intuitiv und wortlos nach persönlicher Erleuchtung zu streben.

Der Maler signierte sein Werk mit einer Inschrift: »Gemalt im einundzwanzigsten Monat des Jahres bingzi *nach der Methode des Wu Daozi aus Ding Yunpeng am Ostmeer«.*

Der buddhistischen Überlieferung zufolge kam der indische Fürst Bodhidharma – chinesisch Damo – im Jahr 520 n. Chr. nach Südchina, wo er den Meditations- oder Chan-Buddhismus einführte, der im Westen unter der japanischen Bezeichnung Zen besser bekannt ist.

▲ Ding Yunpeng, *Damo durchquert den Yangzi Jiang*,
Ming-Dynastie, 1576,
Tusche und Farbe auf Papier, 230 x 70 cm,
Leipzig, Museum für Völkerkunde.

Da er am Hof der Südlichen Liang-Dynastie keine Unterstützung fand, zog Damo nach Norden, an den Hof der Nördlichen Wei in Luoyang. Auf seinem Weg dorthin durchquerte er den Yangzi Jiang und behalf sich dabei mit einem Bambusstab.

»Es sind unterschiedliche Wege, doch sie alle führen zum selben Ziel.« (Traktat über Weiß und Schwarz)

Synkretismus

Begriffe
Die Drei Lehren sind Eine *(sanjao heyi)*; Drei Schulen *(sanjiao)*

Verwandte Stichworte
Barbarische Dynastien; Konfuzianismus; Daoismus; Buddhismus

Der Aufschwung des Buddhismus in China zwischen dem 3. und 6. Jh. löste verschiedene Reaktionen bei den Literaten aus: Einerseits taten sich Konfuzianer und Daoisten zusammen, um gemeinsam gegen die »barbarische Religion« vorzugehen, andererseits wurden die ersten Stimmen laut, die äußerten, dass die drei Lehren eigentlich Eine seien. Die Fremddynastien, die über Nordchina oder wie im Falle der Yuan über ganz China herrschten, förderten die synkretistischen Tendenzen. Die Tang-und Songkaiser waren persönlich oft dem Daoismus zugeneigt, waren aber aus Staatsgründen auch Konfuzianer. Der Neokonfuzianismus reformierte die Lehre und bereicherte sie dabei (teilweise unbewusst) um metaphysische Konzepte des Buddhismus und des Daoismus. Ab Mitte des 16. Jh. bildete sich die praxisorientierte Synthese der Drei Lehren heraus, nach der die spirituelle Weiterentwicklung und das Prinzip der Gegenseitigkeit mehr zählten als die doktrinäre Norm: Gelehrte kümmerten sich mit allen möglichen Methoden um die persönliche Erkenntnis, während das gemeine Volk von Fall zu Fall entschied, an welchen Priester es sich wenden wollte. Die Drei Lehren stellten somit keine fertige alternative Doktrin dar, hatten keinen Klerus und keine kanonischen Schriften.

► *Die drei Religionen*, Ming-Dynastie, spätes 15./frühes 16. Jh., Hängerolle, Tusche und Farbe auf Seide, 146,7 x 73,7 cm, Kansas City, The Nelson-Atkins Museum of Art.

»Jede Weltgegend hat ihre eigene Religionslehre, [damit] alle Lebewesen auf unergründlichem Wege zum Heil gelangen.«
(Erlass des Kaisers Tang Taizong aus dem Jahr 638)

Religiöse Minderheiten

Die drei monotheistischen Religionen aus Westasien unterscheiden sich ganz wesentlich von den drei großen Denkschulen des antiken China, die ursprünglich den Glaubensbegriff nicht kannten, sondern den Weg zur Erkenntnis lehrten. Wie der Buddhismus, so gelangten auch der christologische Nestorianismus, der Manichäismus und der Zoroastrismus über die Seidenstraße nach Nordchina. Ihr Aufkommen fällt zeitlich mit der Periode des Zerfalls des chinesischen Reiches im 3. und 4. Jh. n. Chr. zusammen. Während der Regentschaft des Kaisers Tang Taizong, die durch große religiöse Toleranz gekennzeichnet war, wurde den Anhängern vieler Fremdreligionen freie Religionsausübung gewährt. Vor allem in der Hauptstadt Chang'an kam es zur Gründung von Gemeinden und Tempeln. Der Nestorianismus war unter den Händlern aus Sogdien und West-Turkestan verbreitet, der Zoroastrismus (Parsismus) unter den Persern. Mitte des 9. Jh. waren der Buddhismus und andere Fremdreligionen schweren Verfolgungen ausgesetzt, was u. a. zum Verschwinden des Manichäismus führte, einer eklektischen, mit christlichen, parsischen und buddhistischen Elementen durchsetzten Religion. In der Yuanzeit wurde der seit dem 7. Jh. bekannte Islam überwiegend von Ausländern praktiziert. Später verbreitete er sich vor allem in Nordchina, wo aus den muslimischen Han-Chinesen das Volk der Hui hervorging.

◄ *Palmsonntag,* Tang-Dynastie, 618–907, Fragment einer Wandmalerei aus Khocho, Gaochang (Provinz Xinjiang), H: 61 x 67 cm, Berlin, Staatliche Museen zu Berlin, Museum für Asiatische Kunst.

Begriffe
Manichäismus *(mingjiao)*; Nestorianismus *(bosi jiao)*; Islam *(hui jiao)*; Zoroastrismus *(huotian jiao)*

Verwandte Stichworte
Tang Taizong; Kubilai Khan; Barbarische Dynastien; Kaifeng; Buddha-Darstellungen

Die Schlangen, die sich oben um den Titel winden, entsprechen dem herkömmlichen chinesischen Bildrepertoire.

Die sog. Nestorianerstele gibt die Chronik der Verbreitung der erleuchteten Daqin-Religion in China, *d. h. die Geschichte der Ostkirche in China, wieder.*

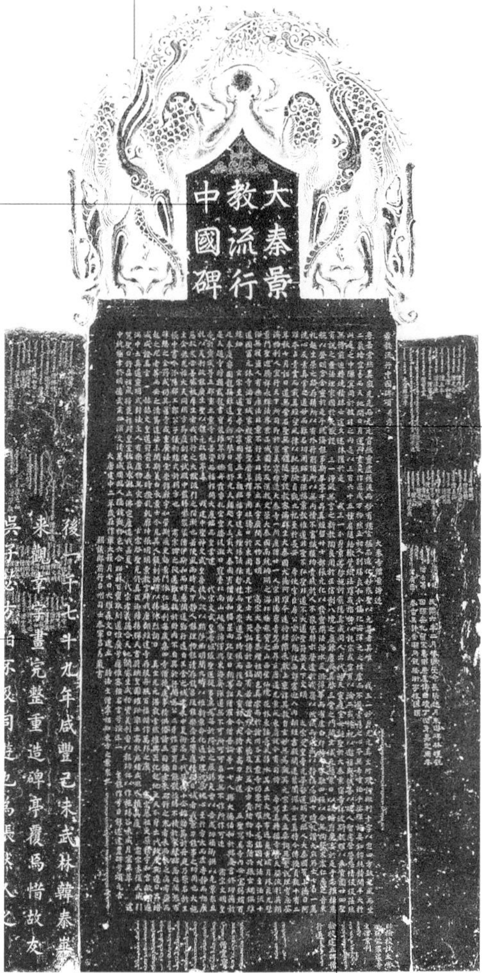

Der Text beginnt mi der Schilderung de Ankunft der persische Glaubensbrüder i Chang'an im Jahr 635 n. Chr. und berich tet dann vom Schicksa der christlichen Ge meinden bis zum Jah 781 n. Chr., also de Zeitpunkt, als die Stel aufgestellt wurde

Die Stele wurde im Jahr 1623 in der Nähe von Xi'an gefunden, worüber sich die damals in China tätigen jesuitischen Missionare besonders freuten; 1625 erschien zum ersten Mal eine vollständige Textausgabe, die ein chinesischer Literat und Christ herausgab.

Die Inschrift ist in Chinesisch verfasst und in normaler Regelschrift (kaishu) *geschrieben. Teile des Kolophons und Listen mit Namen von Glaubensbrüdern (zu beiden Seiten des Haupttextes) sind hingegen in Syrisch, der Schriftsprache der orientalischen Kirche verfasst.*

▲ Steinabreibung einer Kalksteinstele mit christlichen Inschriften, Tang-Dynastie, 781 n. Chr., H: 279 cm, Xi'an, Museum des Stelenwaldes.

Zu Beginn des 8. Jh. wurden arabische Emissäre muslimischen Glaubens zur Audienz am Hof der Tang zugelassen, obwohl sie sich geweigert hatten, sich vor dem Kaiser zu verneigen. Den Anhängern der neuen Religion wurden dieselben Rechte eingeräumt wie den anderen religiösen Minderheiten; so kam es zur Gründung einer muslimischen Gemeinde in der Hauptstadt Chang'an.

Der Baustil der Moschee in Xi'an ist traditionell chinesisch – mit mehreren Höfen und Holzpavillons –, indes die Ornamente unter strenger Beachtung des Bilderverbots einzelne Suren aus dem Koran in arabischer Schrift illustrieren.

Während der Mongolenherrschaft breitete sich der Islam, begünstigt durch die ausländerfreundliche Politik der Zentralregierung, in ganz China aus und fand besonders in den Westprovinzen Gansu, Ningxia und Yunnan zahlreiche Anhänger.

Nach der Niederlage in der Schlacht von Talas im Jahr 751 verloren die Chinesen ihre Vormachtstellung in Zentralasien an die Araber, und der Islam begann allmählich den Buddhismus und den Manichäismus zu verdrängen.

. Die Moschee in Xi'an,
ang-Dynastie, 742 n. Chr.

»Im Ritus verehrt wie die drei Herzöge, / überragen die fünf heiligen Berge / die vier umliegenden Seiten: In der Mitte der Song.«

(Han Yu)

Heilige Berge

Begriffe
Fünf heilige Berge *(wuyue)*; Wallfahren *(chaoshan)*; Vier berühmte Berge *(si daming shan)*

Verwandte Stichworte
Xuanzang; Staatskult; Daoismus; Buddhismus; Yin-Yang und die Fünf Wandlungsphasen; Streben nach Unsterblichkeit

Nach der Kosmologie des antiken China wird das Himmelsgewölbe von fünf hohen Bergen gestützt, die sich in den vier Himmelsrichtungen und im Zentrum der Erde befinden. Mythen und Legenden berichten von oberen Gottheiten, mächtigen Geistern und unsterblichen Gelehrten, die zurückgezogen auf den Bergen leben und die Fähigkeit besitzen, seltene Heilpflanzen aufzuspüren und das Lebenselixier zuzubereiten. Die feierlichsten Opferrituale der Kaiser fanden auf dem Gipfel des Berges Tai (Provinz Shandong) statt, der nicht nur der Wohnsitz der Götter, sondern selbst ein göttliches Wesen war. Etwa ab dem 5. Jh. n. Chr. beanspruchten die Haupterben der archaischen Mythen, die Daoisten, die Fünf Berge für sich. Gleichwohl befinden sich auch Tempel und Klöster anderer Schulen an den Berghängen und auf den Gipfeln der Berge oder Bergketten. Der Berg war der ideale Ort für daoistische oder buddhistische Eremiten, die hier oder im Wald die erforderliche Ruhe für ihre Meditationsübungen fanden. Aus einigen Einsiedeleien wurden berühmte Klöster, in die sich auch Literaten und Dichter zurückzogen, um Ruhe und Inspiration zu finden. Im Unterschied zu den Daoisten mit ihren Fünf Bergen haben die Buddhisten Vier heilige Berge, die jeweils einem Bodhisattva geweiht sind

► Kloster im Hengshan (Provinz Shanxi), Nördliche Wei-Dynastie, 6. Jh. n. Chr.

Wilde Tiere und bewaffnete Männer streifen zwischen den fein modellierten und mit Goldfäden damaszierten Berggipfeln umher und werden durch den ausströmenden Weihrauch belebt.

Berg und Weihrauch sind eng mit dem Unsterblichkeitsglauben der Hanzeit verbunden, der besonders unter Kaiser Han Wudi (140–87 v. Chr.) einen Höhepunkt erreichte.

Für die Chinesen der Hanzeit befand sich das Paradies der Unsterblichen auf der Insel Penglai im Ostmeer und glich einem kosmischen Berg.

Das Rauchgefäß ist ein wichtiges Werkzeug des daoistischen Rituals, denn die Dämpfe des Weihrauchs haben eine läuternde Wirkung und kündigen den Göttern die Abhaltung eines Rituals an, wenn sie zum Himmel aufsteigen.

Die von den peitschenden Wellen des Ostmeers umspülte Insel steht auf einem Fuß aus drei drachenähnlichen Wesen.

▲ Rauchgefäß in Form eines Berges vom Typ *boshanlu*, Westliche Han-Dynastie, vor 113 v. Chr., aus dem Grab des Prinzen Liu Sheng, Mancheng (Provinz Hebei), Bronze mit Goldeneinlagen, H: 26 cm, Ø: max. 15,5 cm, Shijiazhuang, Provinzmuseum von Hebei.

Mehr als 7000 Treppenstufen führen zum Gipfel des Berges Tai hinauf, und auf den Mäuerchen beiderseits der Treppe sind Tausende Gedichte und verschiedenste Texte in Stein geschrieben.

In der alten chinesischen Mythologie, die zu großen Teilen Eingang in den Daoismus fand, spielt der Berg Tai (Taishan) *eine zentrale Rolle.*

In der chinesischen Kosmologie ist der Berg Tai der östliche Pfeiler des Himmelsgewölbes, welches im Westen durch den Berg Hua (Provinz Shaanxi) im Norden durch den Heng shan bei (Provinz Shanxi) und im Süden durch den Heng shan nan (Provinz Henan) gestützt wird; im Zentrum erhebt sich der Berg Song (Provinz Henan).

Die bedeutendsten staatlichen Opferdarbietungen fanden auf dem Gipfel und zu Füßen des Berges Tai statt.

Auf dem Gipfel des Berges wurden zahlreiche Tempel, und zwar nicht nur daoistische, errichtet.

▲ Der Berg Tai (Provinz Shandong).

»Tatsächlich fürchten sich die meisten Männer und Frauen des gemeinen Volkes nicht vor den Gesetzen des Staates, wohl aber ängstigen sie die Strafe der Götter.« (Wang Huizu)

Die beseelte Welt

Begriffe
Geist, Gottheit *(shen)*; Dämon *(gui)*; Stadtgottheiten *(chenghuangshen)*

Verwandte Stichworte
Feste; Daoismus; Die Fünf Beziehungen

Der chinesischen Vorstellung nach ist alles beseelt, ob Gegenstand, Naturphänomen oder Kunstwerk, ob Tier oder Pflanze, mythischer Held oder der Geist eines Verstorbenen, und kann dem Menschen auf dessen Bittgesuch hin behilflich sein. Andererseits können die Geister auch Schaden zufügen, wenn sie sich für eine Beleidigung oder eine unberechtigte, absichtliche oder versehentliche Einmischung rächen. Dem chinesischen Volkskult liegt die Idee der Gegenseitigkeit zugrunde: Als Gegenleistung zu den Gaben wie z. B. Weihrauchstäbchen oder Speisen und Getränken ist die Gottheit verpflichtet, dem Bittsteller seine Gunst zu erweisen. Anlässlich der zahlreichen Feste wie des Frühlingsfestes oder des Totenfestes fanden auch innerhalb der Familie Rituale zu Ehren der Gottheiten des häuslichen Herdes oder der Seelen der verstorbenen Familienmitglieder statt. Manchmal wurde anlässlich der höchsten Feste auch die Vermittlung durch einen Experten gebraucht: im antiken China durch einen Schamanen im Tempel, ab der Song-Dynastie durch buddhistische oder daoistische Mönche. Unter den Ming waren die Zeremonien zu Ehren der wichtigsten Gottheiten Teil des Staatskultes; die Bezirksvorsteher waren indes gehalten, an den lokalen Kulthandlungen zu Ehren der Stadtgottheiten, die ab der Tang-Zeit eigene Tempel besaßen, teilzunehmen.

▼ Kokonförmige Vase mit Bemalung, Seite A, Westliche Han-Dynastie, spätes 2./frühes 1. Jh. v. Chr., mit Mineralpigmenten kalt bemalte Terrakotta, H: 43 cm, Turin, Fondazione Giovanni Agnelli.

Gottheiten und Gestalten der Mythologie sowie wilde Tiere und Fabeltiere waren als Motive in der Malerei der Hanzeit sehr beliebt; sie wurden in eine dynamische Bildkomposition integriert, in der keine freien Stellen vorgesehen waren.

Wolken, Voluten und Spiralen stellen die Verbindung zwischen den Motiven her und sind Ausdruck der Urenergie, die allen Erscheinungen zugrunde liegt.

Die Dynamik und die schwindelerregende Bewegtheit der Zeichnung gehen auf die Ornamente von Lackarbeiten aus derselben Epoche zurück, im Vergleich zu denen die Keramikgefäße die billigere Variante darstellten.

Mit freiem Pinselstrich wird der Kampf zwischen einem angreifenden Stier und einem Krieger wiedergegeben, der zwei Schwerter gezückt hat und sich auf den Zusammenstoß mit dem Tier vorbereitet.

▲ Kokonförmige Vase mit Bemalung, Seite B (Seite A siehe S. 191).

Aufgrund des Appellativs she, *das unter ihrer Achsel geschrieben steht, ist die Figur mit dem Geweih oben mittig im Bild als Gott der Erde identifizierbar.*

In den Chuci *(»Elegien von Chu«), einer Sammlung von Gedichten, die im 3. Jh. v. Chr. verfasst wurden, ist vom »Herr der Erde mit den spitzen Hörnern« die Rede, eine Umschreibung, die zusätzlich dafür spricht, dass es sich bei der dargestellten Figur tatsächlich um den Gott der Erde handelt.*

Dem Gott der Erde stehen weitere Gottheiten niedrigeren Ranges (und folglich kleinerer Größe) zur Seite, die ihre Kräfte zur Schau stellen.

Zwischen den Beinen des Erdgottes balanciert ein schwarzer Drache mit gelbem Kopf eine Kugel oder eine Scheibe, eine Geste, deren Bedeutung bis heute ungeklärt ist, da leider keine Inschrift über sie Aufschluss gibt.

▲ *Der Gott der Erde,*
Westliche Han-Dynastie, um 168 v. Chr., Fund aus Grab Nr. 3 von Mawangdui (Provinz Hunan), Tusche und Farbe auf Seide, 43,5 x 45 cm, Changsha, Provinzmuseum von Hunan.

Der Zhongyue-Tempel ist eine daoistische Kultstätte, die im 3. Jh. v. Chr. unter der Qin-Dynastie errichtet wurde.

Der Überlieferung zufolge sollen während der Songzeit, als der Tempel vollständig wiederaufgebaut wurde, alle stark zerstörten Statuen in das »Depot der Alten Geister« geschafft worden sein.

Das Gießverfahren in die mehrteilige Form aus getrocknetem oder gebranntem Ton lässt ein Netz von Gussnähten entstehen, die ursprünglich beschichtet und anschließend bemalt oder lackiert wurden.

Die vier übermenschengroßen Eisenkrieger, die im Jahr 1064 gegossen wurden, bewachten die vier Seiten des kleinen (heute zerstörten) Tempelbaus.

Der Eisenguss war spätestens ab dem 6. Jh. v. Chr. in China bekannt; ab der Hanzeit fertigte man die meisten Werkzeuge aus Gusseisen, während die Waffen überwiegend aus Schmiedeeisen waren.

▲ Eisenkrieger in der Tempelanlage von Zhongyue vor dem »Depot der Alten Geister«, Song-Dynastie, gegossen 1064, Eisenguss, H: ca. 260 cm, Dengfeng (Provinz Henan).

Der chinesische Drache, der die männliche Schaffenskraft, das Yang, symbolisiert, ist stark und dynamisch und in der chinesischen Kosmologie und Mythologie allgegenwärtig.

Es existieren unzählige Kategorien von Drachen, die nach Fähigkeiten, Erscheinungsbild, Farbe unterschieden werden; der hier in Umrissen dargestellte schwarze Himmelsdrache (tianlong) *versinnbildlicht die Energie, die sich bei Gewittern entlädt.*

Cheng Rong wird nachgesagt, er habe trunken und laut brüllend seine tuschegetränkte Mütze auf dem Malgrund verrieben und ausgedrückt und anschließend das Motiv mit wenigen schnellen Pinselstrichen endgültig festgelegt.

Cheng Rong war der bedeutendste Vertreter der Drachenmalerei. Wie viele exzentrische Persönlichkeiten, die dem Daoismus und dem Chan-Buddhismus nahe standen, betrank er sich, um in die für den kreativen Malakt nötige euphorische Stimmung zu kommen.

▲ Chen Rong, *Schwarzer Drache*,
Südliche Song-Dynastie, 13. Jh.,
Tusche auf Seide, 34,3 x 50 cm,
Peking, Palastmuseum.

Nach der Sage soll Hou Yi im Auftrag des Kaisers Yao neun der zehn Sonnen mit seinen Pfeilen vom Himmel geschossen haben, da sie alles Leben auf Erden zu vernichten drohten. Durch seinen erhöhten Standort auf dem Dach soll er das Haus vor Bränden schützen.

Der »Himmlische Bogenschütze« Hou Yi, der an dem Köcher mit Pfeilen und dem Bogen neben seinem Sattel, der Rüstung und dem Helm zu erkennen ist, hält die Hände im gleißenden Licht schützend vor Augen.

Ob verzierte Firstziegel, Amulette oder die »Drachenmauern« im Eingangsbereich der Paläste, sie alle dienen dazu, böse Geister fernzuhalten.

▲► Zwei Firstziegel: Die Himmelsbeamten Hou Yi und Zhu Rong, Ming-Dynastie, 16./17. Jh., Terrakotta mit Dreifarbenglasur *sancai*, H: 32 cm, Schloss Aschach, Graf-Luxburg-Museum.

Dem »Himmlischen Feuerbeamten« Zhu Rong werden ähnliche Schutzkräfte zugeschrieben wie Hou Yi; sein Attribut, das Schwert, hielt er vermutlich in der rechten erhobenen Hand.

In der Mingzeit versuchte der Staat Kontrolle über den Volksglauben auszuüben, indem er die Naturkräfte mit konkreten Personen verband, die in ein hierarchisch gegliedertes Pantheon Eingang fanden, zu dem auch die lokalen Gottheiten und Helden gehörten.

Die Wolkenspiralen unter den Pferden deuten darauf hin, dass diese zum Gefolge des Himmelskaisers gehören, gleichzeitig verleihen sie den Statuetten eine größere Stabilität.

»In einem Loch der Festung verkauft ein Alter Zaubermittel: / Er schreibt Zauberformeln nieder, um die Raupen zu segnen, / und andere, die das Getreide beschützen sollen.« (Lu You)

Exorzisten und Magier

Begriffe
Magier (wörtl. »Herr der Methode«; *fangshi*)

Verwandte Stichworte
Schrift; Daoismus; Die beseelte Welt; Wunder und Weissagungen; Fengshui; Heiler und Drogen; Streben nach Unsterblichkeit

Die Magier (wörtl. »Herren der Methode«) waren Experten auf den Gebieten der Astrologie, der Geisterbeschwörung, der Dämonenaustreibung und der Wahrsage- und Heilkunst. Am Hof der Qin und der Han hatten sie großen Einfluss, vor allem diejenigen, die mit der Herstellung des Lebenselixiers betraut waren. Wegen ihrer mangelnden klassischen Bildung und ihrer engen Anlehnung an den Okkultismus stießen sie jedoch auf heftige Kritik seitens der konfuzianischen Gelehrten und verloren gegen Ende der Hanzeit immer mehr an Ansehen. Das antike frühwissenschaftliche, esoterische und magische Wissen floss in den Daoismus ein. Die Schrift, die als heilig galt, war das wirksamste Mittel, um mit der Welt der Geister in Verbindung zu treten: Zauberformeln, deren Niederschrift in klassischem Chinesisch den Göttern persönlich zugeschrieben wurde, dienten als Talismane und wurden von den Priestern für Geisterbeschwörungen eingesetzt. Hexagramme und Zahlendiagramme, in Amuletten verborgen, symbolisierten die Kraft und Ordnung des Kosmos. Gelegentlich wurde die Asche solcher Talismane mit Wasser verrührt und Kranken als Heilmittel verabreicht.

► Statuette eines Magiers *(fangshi)*, Östliche Han-Dynastie, 1./2. Jh. n. Chr., Terrakotta, London, Victoria and Albert Museum.

Eine der geläufigsten Methoden zur Austreibung böser Geister bestand darin, dass man Kriegsgottheiten aus der Donnerabteilung (leibu) *genannten himmlischen Behörde anrief.*

Ab der Südlichen Songzeit kursierten Texte, die der Donnerabteilung zugeschrieben wurden und für die daoistischen Eingeweihten als Anleitung für den Umgang mit den Beamten dieses Amtes bei Austreibungsritualen dienten.

Die Familie wartet vor dem Haus ab, bis das Ritual zur Abwehr von Krankheiten, Unglück und Unheil vollzogen ist.

Das Vorzeigen des Bildnisses sollte die Aufmerksamkeit des Kommissars der Abteilung auf sich ziehen.

Pulverchen, Zaubertränke und Räucherwerk halfen den Magiern, mit den Kriegsgeistern in Verbindung zu treten.

▲ *Zeremonie der Austreibung böser Geister aus dem Haus*, Ming-Dynastie, 16. Jh., Hängerolle, Tuschmalerei, 190,8 x 104,1 cm, Washington D. C., Freer Gallery of Art, Smithsonian Institution.

»Der Schimmel mit dem leuchtendroten Schwanz erscheint, wenn der Herrscher die Guten und Tugendhaften befördert.«

(Shen Yue)

Wunder und Weissagungen

Begriffe
Yijing (»Buch der Wandlungen«);

Verwandte Stichworte
Zeichen des Himmels; Mandat des Himmels; Yin-Yang und die Fünf Wandlungsphasen; Daoismus

Im antiken China war die Deutung von Zeichen, die den rechten Weg aufzeigen und die Zukunft vorhersagen, eine der wichtigsten Aufgaben überhaupt. Die Astronomen-Astrologen waren damit betraut, die Veränderungen der Naturkräfte zu registrieren und zu interpretieren. Die Wahrsager hingegen traten mithilfe verschiedener Mittel in Verbindung mit der Götterwelt, um Antworten auf konkrete Fragen zu erhalten. Da die Orakelsprüche bisweilen von ausschlaggebender Bedeutung für das Schicksal einer Dynastie waren, mussten die Experten am Kaiserhof strengste Diskretion wahren. Die älteste bekannte Divinationsmethode war die Plastromantie, bei der die Risse gedeutet wurden, die beim Erhitzen von Schildkrötenpanzern entstanden. Im 1. Jt. v. Chr. wurde diese Praxis durch das Scharfgarbenorakel verdrängt, das im *Yijing* dargelegt wird. Legt man ganze Scharfgarben, die dem Yang-Prinzip angehören, mit zweigeteilten Scharfgarben, die dem Yin-Prinzip gehorchen, in Gruppen zu je drei Reihen zusammen, erhält man acht unterschiedliche Trigramme, die zu Zweiergruppen zusammengeführt 64 Hexagramme ergeben. Das *Buch der Wandlungen* deutet jede Zeile jedes Hexagramms mit einer hermetischen Formel, die als Grundlage für die Vorhersage dient. Das Buch ist aber nicht nur ein Handbuch der Wahrsagekunst, sondern gibt auch eine tiefe Einsicht in die chinesische Kosmologie.

▼ Rückseite eines Spiegels mit den Acht Trigrammen, Tang-Dynastie, 618–907, aus der Stadt Xi'an (Provinz Shaanxi), Silber, Ø: 16 cm, Xi'an, Historisches Museum der Provinz Shaanxi.

Wie die zahlreichen Funde von runden Steindiskussen in Gräbern belegen, spielte die bi-*Scheibe im Bestattungsritual und Totenkult einiger chinesischer Völker des Neolithikums eine äußerst wichtige Rolle.*

In der Hanzeit hatten die Scheiben, die weiterhin als Grabbeigaben verwendet wurden, immer noch eine wichtige rituelle Funktion, was teilweise mit ihrer Altertümlichkeit zu tun hatte.

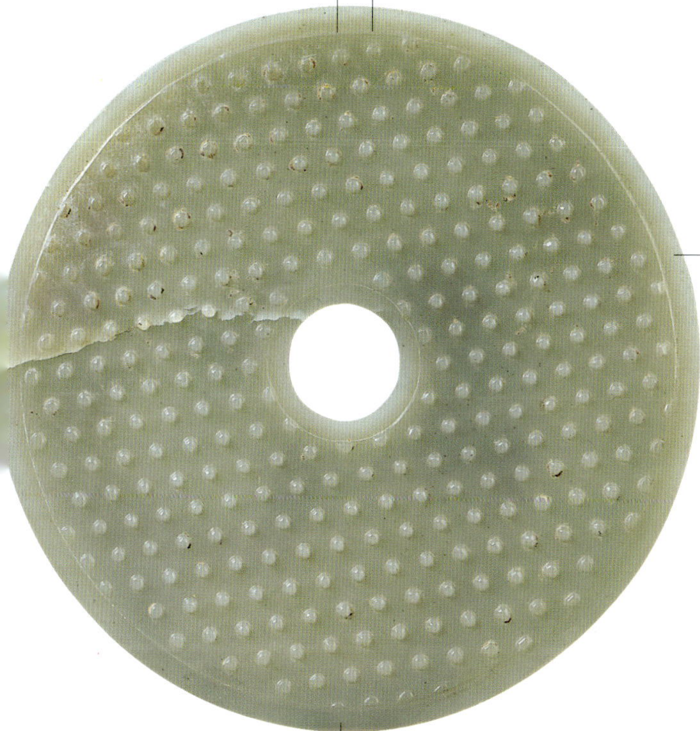

Die bi-*Scheibe, über deren ursprüngliche Bedeutung man heute nur wenig weiß, war die ganze Bronzezeit hindurch Teil ritueller Handlungen.*

In einigen Gräbern der Shang-, Zhou- und Hanzeit lagen zahlreiche bi-*Scheiben – teils auch als lange Halsketten – auf den Leichnamen.*

Bi-Scheibe,
…stliche Han-Dynastie, 25–220 n. Chr.,
…ephrit, Außen-Ø: 17,4 cm, Xi'an,
…istorisches Museum der Provinz Shaanxi.

Zu der noch vor der Tangzeit auf dem Berg Kongtong (Provinz Gansu) errichteten daoistischen Tempelanlage gehört ein Tempel, der der Befragung des Dao geweiht ist.

Der Maler und daoistische Mönch Yang Shichang, der zur Zeit des Kaisers Huizong lebte und mit dem Literaten Su Shi befreundet war, signierte dieses Bild und brachte außerdem sein Siegel an.

▲ Yang Shichang, *Kongtong befragt den Dao*, Jin-Dynastie, frühes 12. Jh., Tusche und Farbe auf Seide, 28,2 x 49,5 cm, Peking, Palastmuseum.

Ein Unsterblicher mit gleichmütigem Gesichtsausdruck und struppigem Bart liegt auf einer fast vollständig von einem Fell bedeckten Steinplatte.

Der Dao-Tempel wurde unter Kaiser Huizong restauriert, wenige Jahre bevor Nordchina durch das Nomadenvolk der Nüzhen erobert wurde, die die Jin-Dynastie begründeten.

Um das große Dao um Rat zu bitten, hat der Kaiser sich demütig hingekniet und hält das traditionelle hu-*Täfelchen, das seine Beamten vorweisen müssen, wenn sie zur Audienz erscheinen, zwischen den Händen.*

In den Tuschereibstein sind zwei Kreise mit einem Quadrat in der Mitte geschnitten, die zwei Kupfermünzen darstellen.

Der linke Kreis mit den Acht Trigrammen hängt mit dem rechten Kreis zusammen, der die Symbole der Zwölf Erdzweige des chinesischen Kalenders enthält.

Die beiden Kreise sind mit einem Kommentar des Kaisers Qianlong der Qing-Dynastie (18. Jh.) eingerahmt.

Die Anweisungen im Buch der Wandlungen *beschäftigen sich mit den durch die Wechselwirkung zwischen Yin und Yang ausgelösten Veränderungen; folglich ist die abgeleitete Prophezeiung bei jeder Lektüre eine neue.*

Die miteinander verbundenen Kreise versinnbildlichen die Essenz der Bemühungen seitens der Gelehrten im antiken China, die Wandlungen des Kosmos zu bestimmen.

▲ Tuschereibstein, Unterseite,
Song-Dynastie, 960–1279,
Stein, 21,6 x 13,8 cm,
Taipei, Nationales Palastmuseum.

»Wenn der Wind die Äste der Weide schüttelt oder das Gras umlegt … bedeutet das Unglück … Dann wird er Verderben und Krankheit bringen.« (Klassiker des Wasserdrachen)

Fengshui

Fengshui (wörtl. »Wind und Wasser«) ist eine Kunst der Geomantik, die die Wechselwirkungen zwischen Mensch und Kosmos aufspürt und diese Kenntnisse auf die Umwelt und den Lebensraum anwendet. Die Geomantik reicht mit Sicherheit in die vorkaiserliche Zeit zurück; in der Hanzeit war sie dann so populär, dass der Skeptiker Wang Chong (um 27–97 n. Chr.) sie als Volksglauben abtat. So wurde der Standort von Gebäuden, die nach Süden ausgerichtet und nach Norden hin ohne Öffnungen waren, anhand des Verlaufes von Gewässern und der Lage der Berge festgesetzt. In der Songzeit entstanden zwei Strömungen: die »Schule des Kompasses« und die »Schule der Form«. Erstere gebrauchte den sog. geomantischen Kompass, eine Scheibe mit einer Magnetnadel in der Mitte, umgeben von astronomischen und kosmologischen Angaben wie den Acht Trigrammen, den Fünf Wandlungsphasen und den Zeitbezeichnungen des 12-teiligen chinesischen Kalenders (Erdzweige und Himmelsstämme). Die »Schule der Form« war mehr an den konkreten Eigenschaften der Landschaft interessiert, die der Experte sorgfältig erforschte und laufend durchmaß, um im Erdreich versteckte Wasserläufe zu finden, die, Drachenadern genannt, durch die Bauwerke nicht verletzt werden durften. So wurde die Architektur in die Landschaft integriert anstatt sie zu beherrschen.

Begriffe
Geomantik *(fengshui)*; Geomantischer Kompass *(luopan)*

Verwandte Stichworte
Zeitrechnung; Yin-Yang und die Fünf Wandlungsphasen; Daoismus; Wunder und Weissagungen; Baukunst

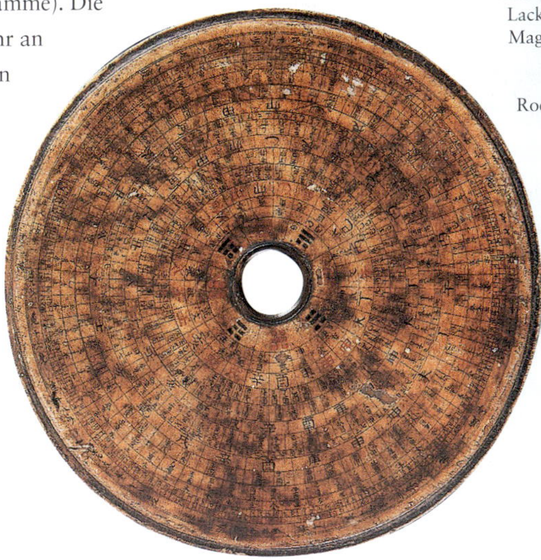

▼ Geomantischer Kompass *(luopan)*, Qing-Dynastie, 19. Jh., Holz, Leder, Papier, Lack, Kupferblech, Magnetstahl, Glas, Ø: 20,5 cm, Hildesheim, Roemer-Museum.

Alltagsleben

Die Fünf Beziehungen
Familie
Frau
Kochkunst
Heiler und Heilmittel
Akupunktur und Moxibustion
Leibesübung
Kampfkünste
Baukunst
Mobiliar
Landwirtschaft
Haustiere
Technik und Industrie
Lackarbeiten
Seide
Keramik
Jade
Handel
Verkehr
Münzwesen
Spiele
Musik und Tanz
Zirkus und Akrobatik
Theater

◀ Teller mit historisierender Szene (Detail),
ling-Dynastie, 1489,
olychromer Schnitzlack, Ø: 19 cm,
ondon, British Museum.

»Der Herrscher handle wie ein Herrscher, der Minister wie ein Minister, der Vater wie ein Vater und der Sohn wie ein Sohn.« (Konfuzius, Gespräche, *XII, 11)*

Die Fünf Beziehungen

Begriffe
Güte, Menschlichkeit *(ren)*;
Pietät, auch Sohnesliebe gegenüber den Eltern *(xiao)*;
Fünf Beziehungen *(wulun)*;
Fünf Wandlungsphasen *(wuxing)*

Verwandte Stichworte
Han Wudi; Mandat des Himmels; Rechtswesen; Yin-Yang und die Fünf Wandlungsphasen; Konfuzianismus; Die beseelte Welt; Familie

Die Ordnung des konfuzianischen Staates beruht auf der Anerkennung der sozialen Hierarchie. Der Mensch kann sich nur entsprechend seiner gesellschaftlichen Stellung verwirklichen. Seine Ausbildung erfolgt nicht im Alleingang und zu persönlichen Zwecken; im Gegenteil: um reifen zu können, muss der Mensch im ständigen Dialog mit seinen Mitmenschen stehen, und zwar in der Weise, wie es die Strukturen der zwischenmenschlichen Beziehungsgefüge vorschreiben. Die Beziehungen sind von Gegenseitigkeit gekennzeichnet, ein Prinzip, das auch in den Beziehungen der Menschen zur Götterwelt Geltung hat: Der Höherstehende hat den Niedrigerstehenden zu belehren und moralisch anzuleiten, während der Niedrigerstehende dem Höherstehenden Ehrerbietung entgegenbringen muss. Die Güte des einen und die Pietät des anderen kommen im Rahmen der Fünf Beziehungen zum Ausdruck, die zum Leitfaden der konfuzianischen Ethik wurden, als Kaiser Han Wudi den Konfuzianismus zur Staatslehre erhob: Es sind (in absteigender Rangfolge) die Beziehungen zwischen Herrscher und Untertan, zwischen Vater und Sohn, zwischen Mann und Frau, zwischen älterem und jüngerem Bruder sowie unter Freunden. Die Ungleichheit der Menschen vor dem Gesetz machte ein gerichtliches Vorgehen gegen Übergriffe von Seiten Höherstehender gleichsam unmöglich.

► Kanne mit Reliefdekor, der vier Geschichten der Pietät gegenüber Eltern darstellt, Tang-Dynastie, 8. Jh. n. Chr., aus dem Grab von Qi Biming in Xianyang (Provinz Shaanxi), Terrakotta mit Dreifarbenglasur *sancai*, H: 50,8 cm, Xi'an, Historisches Museum der Provinz Shaanxi.

Empfindungen unverblümt auszudrücken, galt als vulgär, daher verlieh ihnen der gebildete Mensch Ausdruck durch Anspielungen, Allegorien, Metaphern oder Zitate.

Das Phonem lian *des Wortes »Lotos« ist gleichlautend mit den Bezeichnungen für »Liebe« und »(in der Ehe) vereinen«. Daher ist der Lotos ein Symbol des Ehebundes.*

Blüte und Frucht des Lotos verweisen auf die Geburt eines Sohnes. Darüber hinaus symbolisiert die Lotosblume auch das weibliche Geschlecht.

Mandarinenten sind ihrem Partner ein Leben lang treu und waren daher Symbol der festen Paarbeziehung.

► Zhang Zhong, *Trockener Lotos mit Mandarinentenpaar*, Yuan-Dynastie, 14. Jh., Tusche und Farbe auf Papier, 96,4 x 46 cm, Taipei, Nationales Palastmuseum.

Das Relief ist in waagrechte Abschnitte unterteilt. Manche Fachleute halten es für eine Metapher einer idealen Gesellschaft, die auf den Prinzipien der konfuzianischen Ethik aufbaut.

Im oberen Abschnitt der Residenz der adligen Familie befinden sich die Damen, die sich um die Gemahlin der Hauptfigur der Darstellung scharen.

Auf dem Dach des Palastes hat sich ein Phönixpaar niedergelassen; der Phönix symbolisiert sowohl Unsterblichkeit als auch eine tugendhafte Regierung.

Bei dem Baum handelt es sich vermutlich um den sagenhaften fusang, *der im äußersten Osten wächst, an der Stelle, wo die Sonne aufgeht.*

Die Hauptfigur, die größer ist als die Gestalten, die ihr ihre Ehre erweisen, könnte ein Herrscher sein, vielleicht ist es aber auch der Besitzer des Grabsteins, auf dem das Relief angebracht wurden.

▲ *Ehrerbietungsszene*, Östliche Han-Dynastie, 2. Jh. n. Chr.,
Abreibung eines Steinreliefs der Südwand von Raum 2 des Wu-Liang-Schreins (Provinz Shandong).

»›Gehorsam wahrhaftig ist Min Ziqian!‹ Damit sagen die Leute nichts anderes als seine eigenen Eltern und Brüder.«
(Konfuzius, Gespräche, *XI, 4)*

Familie

Die Familie war der Dreh- und Angelpunkt des konfuzianischen Gesellschaftsgefüges und das natürliche Zentrum des Ahnenkultes. Die Vorfahren waren als Teil der Familie im Haus präsent: Holztäfelchen mit ihren Namen standen auf dem Hausaltar. Großfamilien besaßen zudem einen Ahnentempel außerhalb der Stadtmauern, in dem die Ahnenregister aufbewahrt und an offiziellen Festtagen Kulthandlungen ausgeführt wurden. Familienoberhaupt war der Erstgeborene der Hauptlinie, es galt die patrilineare Erbfolge. Die Institution des Nachnamens, d. h. des Sippennamens, der vom Vater an den Sohn weitergegeben wird, gab es seit dem 3. Jh. v. Chr. Es galt die Exogamie: Im antiken China waren Ehen zwischen Personen mit demselben Nachnamen verboten, Ehen zwischen Angehörigen der mütterlichen Linie hingegen statthaft. Am Tag der Vermählung wurde die Braut in jeder Hinsicht Teil der Familie des Ehemannes. Das konfuzianische Ideal sah das Zusammenleben sämtlicher Mitglieder einer Familie vor. Während die Männer hauptsächlich außer Haus arbeiteten, lebten die Frauen zurückgezogen in den häuslichen vier Wänden, unwiderruflich gebunden an die interne Rangordnung: Die Hauptfrau des Familienoberhauptes übte unumschränkte Macht über die Konkubinen, die Schwägerinnen und die Schwiegertöchter aus, die allesamt hofften, Söhne in die Welt zu setzen, um ihre Stellung zu verbessern.

Begriffe
Familie (*jia*)

Verwandte Stichworte
Ahnenkult; Die Fünf Beziehungen; Frau

▼ *Die Palastdamen baden die Kinder*, Südliche Song-Dynastie, 12./13. Jh., Albumblatt, Tusche und Farbe auf Seide, 22,7 x 24,4 cm, Washington D. C., Freer Gallery of Art, Smithsonian Institution.

Die Kinder spielen im typischen Garten der Gebildeten jener Zeit, der mit bizarren Felsen, Weiden und einem Teich mit Lotosblumen gestaltet ist.

Das Bild entstand vermutlich anlässlich eines jener Feste, die dreißig oder hundert Tage nach der Geburt eines Sohnes oder zu dessen erstem Geburtstag ausgerichtet wurden.

Sujets dieser Art waren in der Südlichen Songzeit recht verbreitet, als nach der Niederlage der Dynastie und ihrem Rückzug nach Südchina die Aufmerksamkeit verstärkt auf die Familie und die Privatsphäre gelenkt wurde.

Die größtenteils wie Erwachsene gekleideten Kinder sind sorgfältig, ohne Überschneidungen, bis ins kleinste Detail genau dargestellt.

▲ *Hundert spielende Kinder*,
Südliche Song-Dynastie, 12./13. Jh.,
Albumblatt, Tusche und Farbe auf
Seide, 28,8 x 31,3 cm,
Cleveland (Ohio), Museum of Art.

Der wachsende wirtschaftliche Reichtum immer breiterer Bevölkerungsschichten in der Mingzeit verstärkte die Tendenz zum Individualismus, die sich in der Porträtmalerei niederschlug, die bis dahin stets den Kaisern vorbehalten war.

Das Familienoberhaupt ist im Zentrum der Bildkomposition angeordnet; die gepflegten langen Fingernägel der feinen Hand, die aus dem Ärmel hervorschaut, sollen zeigen, dass der Lebensunterhalt nicht mehr mit harter körperlicher Arbeit verdient werden muss.

Die zeremoniellen Gewänder, Brokate und Diademe der Damen veranschaulichen den Reichtum der Familie. Das Fehlen von Rangabzeichen auf den Gewandern der Männer ist dagegen ein Hinweis darauf, dass keiner von ihnen jemals in der öffentlichen Verwaltung tätig war.

Während die Gesichtszüge individuell gestaltet sind, verbergen die schweren zeremoniellen Gewänder den Großteil der Körper. Die Figuren sind entsprechend der strengen, auch innerhalb der Familie geltenden hierarchischen Ordnung angeordnet.

▲ *Familienporträt*, Ming-Dynastie, 16. Jh., Hängerolle, Tusche und Farbe auf Seide, 128,3 x 84,5 cm, New York, Metropolitan Museum of Art.

»Deine Anmut ist stets unübertroffen geblieben / von allen Frauen. / Und allein von deiner Schönheit zu berichten, reicht, / damit ein Mann alles stehen und liegen lässt.« (Tao Yuanming)

Frau

Begriffe
Hanshu (»Geschichte der Han-Dynastie«); *Nüjie* (»Vorschriften für Frauen«)

Verwandte Stichworte
Konfuzianismus; Die Fünf Beziehungen

Das Leben der Frau richtete sich nach den Bedürfnissen des Mannes. Der Aktionsradius der Ehefrauen und Konkubinen war insbesondere in den wohlhabenden Schichten auf den häuslichen Herd beschränkt. Frauen mussten kochen, sticken und nähen können; Töchter aus gutem Hause lernten außerdem lesen und schreiben, konnten oft auch malen und ein Instrument spielen. Da man sie für unfähig hielt, das Wesen der konfuzianischen Klassiker zu begreifen, waren Frauen vom Prüfungssystem ausgeschlossen. Einigen gelang es dennoch (begünstigt durch den familiären Kontext), die Barrieren der sozialen Konventionen zu durchbrechen: Ban Zhao (45–116 n. Chr.), die Mitverfasserin der *Geschichte der Han-Dynastie*, führte nicht nur die Unternehmung ihres Bruders nach dessen Tod zu Ende, sondern schrieb auch die *Vorschriften für Frauen*, ein Text, der zum Bildungsgut eines jeden Mädchens aus guter Familie wurde. Eine andere außergewöhnliche Frau war die Dichterin Li Qingzhao (1084–1141), die aus einer Schriftstellerfamilie stammte. Ehefrauen nahmen am gesellschaftlichen Leben der Männer nicht teil: So begleiteten sie sie nicht auf Festen außer Haus oder zu Festmahlen, bei denen junge Kurtisanen für das Wohlergehen der Männer sorgten. In jeder Stadt gab es Freudenhäuser, die ganz legal waren und unter staatlicher Gesundheitskontrolle standen.

► Statuette einer sitzenden Frau, Tang-Dynastie, spätes 7./frühes 8. Jh., aus dem Grab der Familie Wang am östlichen Stadtrand von Xi'an (Provinz Shaanxi), Terrakotta mit Dreifarbenglasur *sancai*, H: 47,5 cm, Xi'an, Historisches Museum der Provinz Shaanxi.

Die Dose besteht aus zwei Teilen und einem einsetzbaren Deckel; im oberen Fach wurden Handschuhe und ein Seidenschal aufbewahrt, das untere Fach enthielt verschiedene kleinere Döschen mit Kosmetika.

Die Döschen enthielten Puder (aus Bleipulver), Rouge und Creme. Als die Dose zutage gefördert wurde, befanden sich außerdem eine Feder für das Puder, Kämmchen, ein Toupet und eine Haarnadel in ihr.

Der Boden der Dose ist aus Kernholz, indes die Seiten und der Deckel aus einem Hanfkern bestehen, der mit zahlreichen Lagen Lacks überzogen wurde.

Die Dose war in ein besticktes Seidentuch gewickelt und befand sich zusammen mit anderen Kosmetikartikeln im Grab der Herzogin von Dai.

▲ Große Kosmetikdose, Westliche Han-Dynastie, um 168 v. Chr., Fund aus Grab Nr. 1 von Mawangdui (Provinz Hunan), Lack auf Holz und Hanf, H: 20,8 cm, Ø: 35,2 cm, Changsha, Provinzmuseum von Hunan.

Der Verschluss ist mit einem blauen Opal verziert, in den ein winziger Hirsch eingeschnitten ist.

Die junge Tochter eines hohen Beamten der nur kurz herrschenden Sui-Dynastie wurde mit einigen herrlichen Schmuckstücken bestattet, darunter auch dieses kostbare Collier.

Die 28 traubengroßen Kugeln sind in Goldfiligran gearbeitet und jeweils mit zehn kleinen Perlen besetzt.

In dem Grab fanden sich neben dem Schmuck auch Schälchen und Kannen aus Gold, Stein und Glas, außerdem Spielzeug mit deutlichen Gebrauchsspuren, das dem Mädchen gehört haben muss.

In der Mitte der Halskette leuchtet ein großer roter Opal in einem Kranz aus vierundzwanzig Perlen, eingerahmt zu beiden Seiten von je zwei geometrischen Formen, in die kleine Halbkugeln aus blauem Glas eingelegt sind, ein Import aus dem weit entfernten Sassanidenreich.

▲ Halskette aus Edelsteinen, Sui-Dynastie, spätes 6. Jh. n. Chr., aus dem Grab von Li Jingxun in Xi'an, Filigranarbeit in Gold mit Saphiren, Opalen, Perlen und Glas, 23,4 x 9 cm, Peking, Museum der chinesischen Geschichte.

Nie war die Frauenemanzipation in der Privatsphäre und in der Politik so weit fortgeschritten wie zur Tangzeit, in der sogar die erste und einzige Frauen-Dynastie gegründet wurde.

Trotz der Gesuche, die einige konservative Konfuzianer am Hof einreichten, war es Frauen nicht verboten, sich auch außerhalb der häuslichen vier Wände zu bewegen.

Der Rock liegt so eng unter dem dekol-letierten Leibchen an, dass die Form des Busens deutlich hervortritt – das zeugt von einem Geschmack, der in der chinesischen Kunstgeschichte eher unüblich ist.

Die Statuette wurde in einem der Nebengräber der Grabanlage des Kaisers Tang Taizong gefunden und gehörte einem hohen Beamten.

▲ Statuette einer Reiterin, Tang-Dynastie, 2. Hälfte 7. Jh. n. Chr., aus dem Grab von Zheng Rentai im Bezirk Liquan (Provinz Shaanxi), Terrakotta, Engobe und Mineralpigmente, H: 37 cm, Xi'an, Historisches Museum der Provinz Shaanxi.

Die Haartracht war ein Kunstwerk für sich, das stundenlange Arbeit erforderte. Diese hier nannte sich »Frisur mit Doppelring, auf die Unsterblichen schauend«.

Die Modevorschriften betrafen nicht nur den Schnitt, die Farbe und das Material der Kleidungsstücke, sie beeinflussten auch die Gestik der Frauen und sogar ihren Leibesumfang.

Die breiten Ärmel und Applikationen deuten darauf hin, dass es sich bei der Figur um eine Tänzerin handelt – eines der Lieblingsmotive der Tangzeit.

Da die Quellen über die Funktion bestimmter Kleidungsstücke nicht präzise Auskunft geben, lässt sich die Rolle einer Figur manchmal nur schwer bestimmen.

▲ Statuette einer Tänzerin oder eines Edelfräuleins, Tang-Dynastie, spätes 7./frühes 8. Jh. n. Chr., aus dem Bezirk Zhangwu (Provinz Shaanxi), Terrakotta, Engobe und Mineralpigmente, H: 37,8 cm, Xi'an, Historisches Museum der Provinz Shaanxi.

Die Gräber der Kaiserfamilie und der Aristokratie aus der Tangzeit zeichnen sich durch ein Unmenge von Statuetten aus, von denen sehr viele Frauen darstellen, die unterschiedlichsten vergnüglichen Tätigkeiten nachgehen.

Die Haartracht nannte sich »wie der Sturz vom Pferd«, in Anspielung auf einen sagenhaften Sturz von Yang Guifei, der Lieblingsfrau des Kaisers Xuanzong (Regierungszeit 712–756), die, nachdem sie wieder aufgestanden war, die ungewöhnlich asymmetrische Frisur sehr attraktiv gefunden haben soll.

Ein neues Schönheitsideal, das etwa ab 740 n. Chr. aufkam, verlangte von den Frauen, dick zu sein; von dieser Zeit an gibt es denn auch mehr Statuetten von Frauen mit kräftiger Statur und fleischigem Gesicht, das allerdings nach wie vor feine Gesichtszüge aufweist.

Durch die leichte Drehung der Körperachse, die für die naturalistischen Darstellungen der Tangzeit charakteristisch ist, wirkt die Pose der Figur sehr dynamisch.

▲ Statuette einer Hofdame,
Tang-Dynastie, Mitte 8. Jh. n. Chr.,
Terrakotta, Engobe und Pigmente, H: 8,5 cm,
Turin, Museo di Arte Orientale.

Im Querschnitt weist das Behältnis die Form einer fünfblättrigen Blume auf.

Das für Kunsthandwerker der kaiserlichen Manufakturen obligatorische Siegel fehlt, was darauf schließen lässt, dass die Dose aus einer hochqualifizierten privaten Werkstatt stammt.

Die Verzierungen wurden in Treibarbeit hergestellt, mit raffinierten Ziselierungen verfeinert und teilweise feuervergoldet.

Vorherrschendes Dekorationselement sind die Phönixpaare, die die nach außen gewölbten Partien des Gefäßes und den kleinen Deckel des aufgesetzten Döschens schmücken.

In der Dose gibt es zwei Fächer, die aus Silber sind. Teile von zwei silbernen Pinzetten und eines winzigen Löffels, der zum Ohrenputzen diente, geben Auskunft über den Zweck der Dose.

▲ Kosmetikdose,
Tang-Dynastie, 2. Hälfte 9. Jh. n. Chr.,
teilweise vergoldetes Silber, H: 26 cm, Ø: 22,2 cm,
Köln, Museum für Ostasiatische Kunst.

In der Songzeit hatten die Maler bei Porträtdarstellungen der kaiserlichen Familie strenge Vorgaben zu befolgen: Die Porträtierten mussten im Halbprofil wiedergegeben werden und die Ausführung auch das kleinste Detail berücksichtigen.

Als Zeichen ihrer Autorität trägt die Kaiserin ein Diadem, das mit neun Drachen geschmückt ist; weitere Drachen erscheinen auf der Bordüre ihres weitärmeligen Gewandes aus blauem Stoff mit Phönixmuster.

Perlen rahmen das Gesicht und das Dekolleté der Kaiserin; die Perlen auf den Wangen und zwischen den Augenbrauen sind nach modernster Manier gepierct.

Durchaus realistisch wirkt das blasse Gesicht der Kaiserin mit dem leicht mürrischen Ausdruck. Einen Kontrast dazu bildet der offene, neugierige Gesichtsausdruck des Edelfräuleins mit dem Spucknapf in Händen, dass mit ihrer unerwarteten Kopfbewegung die formale Ordnung der Komposition bricht.

Cao war die Hauptfrau des Kaisers Renzong (Regierungszeit 1023–63). Während der kurzen Herrschaft seines Nachfolgers Yingzong (1064–68) war die Königinmutter allmächtig.

▲ *Kaiserin Cao, Gemahlin von Renzong,*
Nördliche Song-Dynastie, 11. Jh.,
Hängerolle, Tusche und Farbe auf Seide, 172,1 x 165,3 cm,
Taipei, Nationales Palastmuseum.

In der Frühlings- und Herbst-Periode (770–476 v. Chr.) erreichten Form und Gestaltung der Spiegel, die es seit dem 2. Jahrtausend v. Chr. gab, den Standard, der bis zur Einführung des Glasspiegels im 18. Jh. unverändert blieb.

Chinesische Spiegel sind aus Bronzeguss, und während die Vorderseite akkurat poliert ist, weist die Rückseite stets Verzierungen auf.

In der Tangzeit hängten Ehefrauen häufig einen Spiegel über ihr Bett, weil er die bösen Geister vertrieb und Glück brachte, insbesondere wenn er mit monogamen Tierpaaren wie Phönixen verziert war.

Um den Spiegel, der üblicherweise auf einem eigens dafür vorgesehenen Gestell stand, greifen zu können, wurde eine dünne Schnur durch ein Loch in einem Knauf gezogen, der auf der Rückseite angebracht war.

Spiegel dienten praktischen wie spirituellen Zwecken: Sie zeigen das Spiegelbild des menschlichen Antlitzes und können das Erscheinungsbild von Dämonen einfangen, die ihre Kraft verlieren, sobald sie sichtbar geworden sind.

▲ Rückseite eines Spiegels, Song- oder Liao-Dynastie, 11./12. Jh., Bronze und Blattgold, L: 17,5 cm, Paris, Musée Guimet.

Der Brauch, die Füße zu wickeln, kam im 10. Jh. auf und breitete sich bald unter allen Frauen unabhängig von ihrer sozialen Herkunft aus. Er hielt sich hartnäckig bis Anfang des 20. Jh.

Über die Gründe, warum sich dieser Brauch verbreitete, der für Mädchen sehr schmerzhaft und für Frauen äußerst behindernd war, wird viel spekuliert.

Die Unmöglichkeit, über längere Distanzen zu laufen, trug mit Sicherheit dazu bei, dass der Aktionsradius der Frauen auf die häuslichen vier Wände beschränkt blieb und sie auf die Hilfe der Väter, Ehemänner und Söhne angewiesen waren.

Für Mädchen mit normal gewachsenen Füßen war es unmöglich, einen Ehemann zu finden; ungehört blieben daher die Verbote der Qing-Dynastie und es war schwierig, den Brauch zu Beginn des 20. Jh. abzuschaffen.

▲ Schuh für gewickelte Füße,
Qing-Dynastie, spätes 19. Jh.,
Seidensatin mit Stickerei, L (Sohle): 12,2 cm,
Köln, Museum für Ostasiatische Kunst.

»Zehntausend dou *herrlichen Weins, Karpfen in dünnen Scheiben und saftige Krebse, Schildkröte in Sauce und Braten von Bärentatzen …« (Cao Zhi)*

Kochkunst

Verwandte Stichworte
Yin-Yang und die Fünf Wandlungsphasen; Heiler und Heilmittel

Die Ernährung ist Teil des kosmologischen Systems von Yin-Yang und der Fünf Wandlungsphasen: In der chinesischen Küche werden die Speisen in die zwei Hauptkategorien »warm« und »kalt« eingeordnet, allerdings nicht aufgrund ihrer Temperatur beim Essen, sondern aufgrund der ihnen innewohnenden Eigenschaften. Eine ausgewogene Mahlzeit besteht aus Gerichten, die beiden Kategorien angehören, da ein Ungleichgewicht dem Organismus – dem Mikrokosmos Mensch – schaden kann. Wichtig ist auch die Ausgewogenheit der fünf Geschmacksrichtungen sauer, bitter, süß, scharf und salzig, aber auch die Farbe und die Konsistenz der Speise. Die Folge eines anhaltenden Missverhältnisses sind vielfältige Leiden, die nur durch Nahrungsmittel behoben werden können, die der den Symptomen entgegengesetzten Kategorie angehören; so werden bei Fieber »kalte«, d.h. bittere oder saure, Gerichte verabreicht, hingegen bei niedrigem Blutdruck oder Ermattung »warme«, d.h. scharfe und salzige, Speisen. In Nordchina war Getreide das Grundnahrungsmittel, in der südlichen Küche Reis mit jeweils einer oder mehreren Gemüsebeilagen. Fleisch, hauptsächlich Schwein und Lamm, wurde nur bei Feierlichkeiten gegessen; buddhistische und daoistische Mönche verzichteten ganz darauf. Milch und Milchprodukte kennt die original chinesische Küche nicht.

▼ Modell eines Ofens und sitzende Frau, Tang-Dynastie, 618–907, aus dem Grab von Zheng Rentai im Bezirk Liquan (Provinz Shaanxi), teilweise glasierte Terrakotta, Pigmente, H (Figur): 10 cm, Zhaoling, Provinzmuseum von Shaanxi.

Der Koch war ein ziemlich geläufiges Darstellungsmotiv in den Gräbern von Sichuan aus der späten Hanzeit, als die wohlhabenden Familien die Freuden des Lebens mit sich ins Jenseits nehmen wollten.

Die Figur wurde mit Hilfe von zwei zweischaligen Formteilen hergestellt, deren Seitennähte noch sichtbar sind: einer für den Kopf und einer für den Rumpf.

Zwischen den Händen des Kochs befand sich ursprünglich vermutlich ein Küchengerät aus inzwischen vergangenem Material.

Im Unterschied zur eher skizzenhaft und schematisch gestalteten Figur des Kochs wurden die Nahrungsmittel mit der Hand modelliert und am Schluss mit einigen schnellen, doch präzisen Ritzungen verziert.

▲ Statuette eines Kochs,
Östliche Han-Dynastie, 2. Hälfte 2. Jh. n. Chr.,
aus dem Bezirk Zhong in Chengdu (Provinz Sichuan),
Terrakotta, H: 43 cm,
Chengdu, Provinzmuseum von Sichuan.

Der Gebrauch von Kräutertees geht auf die frühe Bronzezeit zurück. Bis zum Ende des 3. Jh. n. Chr. dienten Aufgüsse v. a. zu Heilzwecken oder als rituelle Opfergaben. Im Zeitalter der Drei Reiche (220–581 n. Chr.) breitete sich in den wohlhabenden Familien die Sitte aus, anlässlich von Feierlichkeiten und Familientreffen Tee zu trinken.

Die im 8. Jh. von Lu Yu verfasste Textsammlung Klassiker des Tees *beschreibt die verschiedenen Teesorten, Anbaumethoden, Herstellungs- und Zubereitungsarten, enthält eine Liste der Utensilien und erklärt, bei welchen Anlässen und auf welche bestmöglichen Weisen der Tee zu genießen ist.*

Zum Mahlen der getrockneten Blätter, die meist zu Broten zusammengepresst waren, hielt man die Scheibe am Griff und rollte sie auf der Schiene hin und her.

Der Fundort der Teemühle, die Krypta des buddhistischen Famen-Klosters, und ihr Material – partiell vergoldetes Silber – lassen vermuten, dass sie nur bei bestimmten religiösen Zeremonien oder Besuchen der kaiserlichen Familie Verwendung fand.

Unter den nachfolgenden Dynastien gehörte Tee zum Alltag der Chinesen, ohne jedoch seine Funktion bei öffentlichen oder privaten Kulthandlungen einzubüßen

▲ Teemühle, Tang-Dynastie, 9. Jh. n. Chr.,
aus der Krypta des Famen-Klosters in Fufeng (Provinz Shaanxi),
teilweise vergoldetes Silber, L: 27,4 cm,
Fufeng, Famen-Tempelmuseum.

In einer Ecke des Gartens bereiten drei Brüder im Schutze einer Stellwand eine kleine Zwischenmahlzeit zu.

Die baozi, *die zusammen mit dem* mantou, *dem in Dampf gekochten Brot, zwischen dem 3. und 5 Jh. n. Chr. aufkamen, sind mit Schweine- oder Lammfleisch gefüllte, auf offenem Feuer gegarte Klöße aus Getreidemehl.*

Eine weitere Spezialität uralten Ursprungs sind die jiaozi, *eine Art Ravioli mit einer süßen oder salzigen Füllung, die in Dampf gegart, in Wasser gekocht oder geschmort werden.*

Die soziale Hierarchie wird auch in der Gestaltung des privaten Motivs sichtbar: Obwohl der kleine Diener nicht viel jünger sein dürfte als der jüngste Bruder, ist er wesentlich kleiner dargestellt als dieser.

▲ *Gemeinsame Zubereitung der baozi,*
Yuan-Dynastie, 1279–1368,
Hängerolle, Tusche und Farbe auf Seide,
158,9 x 103,3 cm,
Taipei, Nationales Palastmuseum.

»Ich fragte den Schüler unter den Kiefern. / Er sagte: ›Der Meister ist Heilkräuter suchen gegangen. / Er ist in den Bergen, / den dichten Wolken versteckt. Wo … weiß ich nicht.‹« (Jia Dao)

Heiler und Heilmittel

Begriffe
Shennong bencao (»Klassiker der Arzneikunde des Shennong«); Heilkräuter *(caoyao)*

Verwandte Stichworte
Ahnenkult; Yin-Yang und die Fünf Wandlungsphasen; Daoismus; Kochkunst; Streben nach Unsterblichkeit

In der Hanzeit wurde das von Yin-Yang und den Fünf Wandlungsphasen bestimmte System der universellen Entsprechungen entwickelt und präzisiert, welches auch die Medizin einschloss. Nach diesem ist der menschliche Organismus ein Mikrokosmos, in dem sich sämtliche Aspekte der Naturphänomene und der menschlichen Welt spiegeln. Dass die Medizin schon früh Eingang in die dualistische Kosmogonie gefunden hatte, belegt eine auf das Jahr 168 v. Chr. datierte Sammlung medizinischer Schriften, die 1973 in einem Grab in Mawangdui (Provinz Henan) gefunden wurde. Die Handschriften enthalten auch konkrete Anweisungen zur Herstellung magischer Heiltränke auf natürlicher Basis, zur Heilgymnastik und zu magischen Heilformeln. Ab dem 2. Jh. n. Chr. befassen sich die überlieferten medizinischen und pharmakologischen Traktate mit wissenschaftlichen Fragen, u. a. der Pulsdiagnose, der Therapie durch Akupunktur verschiedenen und Naturheilmitteln aus der Pflanzen-, Mineralien- und Tierwelt. Magische Praktiken und Geisterbeschwörungsrituale hingegen waren Teil der Volksmedizin, die von buddhistischen oder daoistischen Mönchen praktiziert wurde, aber auch von Personen (v. a. Frauen), die die Fähigkeit besaßen, mit den Geistern in Kontakt zu treten, um Krankheiten zu diagnostizieren und zu heilen.

► *Kräutersammler*, Liao-Dynastie, 916–1125, Tusche und Farbe auf Papier, 54 x 34,6 cm, Lianbei (Provinz Shanxi), Bezirksmuseum.

Der Großvater von Li Shizhen (1518–93) war Wanderheiler, sein Vater schlug eine akademische Laufbahn in der konfuzianischen Schule ein, war Beamter der Kaiserlichen Akademie für Medizin und Autor verschiedener Fachbücher.

Das Nachschlagewerk, in dem die Ergebnisse von dreißig Jahren Feldforschung, Untersuchungen antiker Schriften und Reisen durch ganz Südchina zusammengetragen sind, wurde erstmals 1596 veröffentlicht, also drei Jahre nach dem Tod des Verfassers.

Die handschriftlichen arabischen Ziffern stammen von Christian Mentzel (1622–1701), dem Leibarzt des Großen Kurfürsten von Brandenburg, der dieses Kompendium systematisch las, um es in ein eigenes Werk einzuarbeiten, das aber nicht vollendet werden konnte.

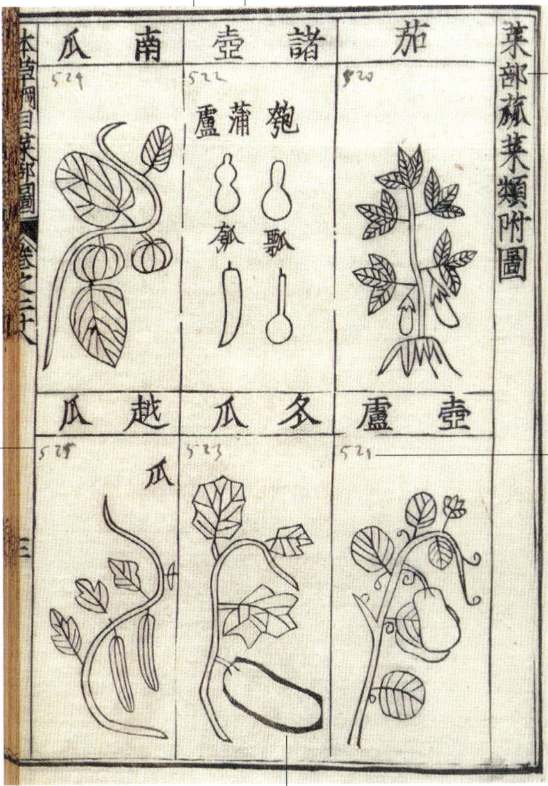

In dem Buch werden fast tausendneunhundert Heilmittel aus der Pflanzen-, Mineralien- und Tierwelt ausführlich beschrieben und genaue Behandlungsmethoden aufgeführt.

Es sind folgende Pflanzen wiedergegeben (in der eingetragenen Zahlenfolge): Aubergine, Flaschenkürbis, eine nicht identifizierte Frucht, Wachskürbis, Bisamkürbis und Gurke.

Die Heilmittel wurden selten einzeln verwandt, sondern in Rezepturen zusammengestellt, damit zu giftige oder zu starke Wirkungen ausgeglichen werden konnten.

▲ Li Shizhen, *Bencao gangmu* (»Allgemeine Übersicht der Naturgeschichte«), Kapitel 30, Sektion 28: *Guacai* (»von den kürbisartigen Pflanzen«), Ming-Dynastie, japanische Ausgabe von 1637, Druck auf grauweißem Papier, Baumwollfadenheftung, 28 x 18 cm, Berlin, Staatsbibliothek, Preußischer Kulturbesitz.

»Ich will nicht mehr, dass man [meinem Volk] Arzneien verabreicht, die es vergiften; es soll mit Metallnadeln geheilt werden, die die Energie lenken.« (Innerer Klassiker des Gelben Kaisers)

Akupunktur und Moxibustion

Begriffe
Huangdi neijing (»Innerer Klassiker des Gelben Kaisers«); *Nan jing* (»Klassiker der schwierigen Fälle«); Leitbahn *(mai, jingmai)*; Vitalenergie *(qi)*; Nadel *(zhen)*; Stein *(shi)*

Verwandte Stichworte
Sima Qian; Yin-Yang und die Fünf Wandlungsphasen; Heiler und Heilmittel

Viele wissenschaftliche Disziplinen gehen der chinesischen Überlieferung nach auf legendäre Persönlichkeiten zurück, wie z. B. die Medizin auf den Gelbkaiser. Der *Innere Klassiker des Gelben Kaisers*, der wegen seiner Heterogenität und späteren Bearbeitungen schwer zu datieren ist, erläutert die zwölf Leitbahnen des Körpers, in denen die Vitalenergie fließt, Grundlage und Ausgangspunkt der Materie und des Lebens schlechthin. Durch das Abbrennen von Brennkegeln auf der Haut (Moxibustion) und durch Einstiche mit feinen Nadeln in bestimmte Hautstellen, die Reizpunkte (Akupunktur), wird die Zirkulation der Vitalenergie angeregt. Auch der *Klassiker der schwierigen Fälle*, eine Schrift, die der Geschichtsschreiber Sima Qian (91 v. Chr.) einem Arzt des 6./5. Jh. v. Chr. zuschrieb, erwähnt die Leitbahnen sowie Nadeln und Steine, mit denen das Blut geheilt wird. Mit Sicherheit waren diese Werke, die zur Grundlage späterer Forschungen wurden, seit der Hanzeit bekannt. Die Verbreitung des medizinischen Wissens wurde ab der Songzeit durch die Erfindung des Buchdrucks erleichtert: Wissenschaftliche Werke fanden Verbreitung und schematische Darstellungen mit den Leitbahnen und Akupunkturpunkten traten neben seltenere Bronzemodelle.

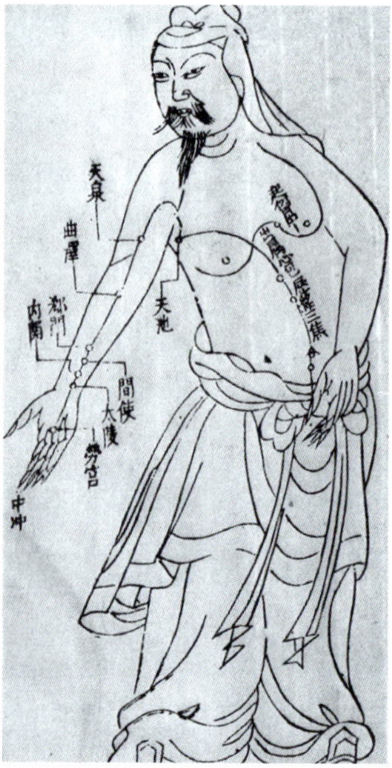

► Bezeichnung von Akupunkturpunkten auf dem menschlichen Körper, Ming-Dynastie, um 1400, Tusche auf Papier, Paris, Bibliothèque Nationale de France.

Akupunktur und Moxibustion wirken auf die Leitbahnen ein, die von den sechs inneren Organen – Leber, Milz, Herz, Lunge, Nieren, Herzbeutel – ausgehen und in die Glieder ziehen.

Die Gliedmaßen besitzen jeweils drei Yin-Leitbahnen, in denen das qi *und das Blut bis zu den Extremitäten fließen, und drei Yang-Leitbahnen, die zu den inneren Organen zurückführen.*

Bei der Moxibustion wird im Unterschied zur Akupunktur nicht in die Leitbahn gestochen, sondern diese durch die äußere Anwendung von Heilmitteln und Hitze angeregt.

Zwei Verwandte halten den Patienten fest, den der Wanderarzt mit einem Heilmittel bestreicht, sein Assistent hält das Pflaster schon bereit.

Bei den konfuzianischen Ärzten hatten die Wanderheiler zwar ein schlechtes Ansehen, aber sie waren mit den unterschiedlichsten Heilmethoden vertraut, angefangen bei Naturheilmitteln über kleine chirurgische Eingriffe bis hin zur Verwendung magischer Formeln.

▲ Li Tang (zugeschrieben),
Ein Wanderarzt behandelt einen Patienten mit Moxibustion,
Südliche Song-Dynastie, frühes 12. Jh.,
Tusche und Farbe auf Seide, 68,8 x 58,7 cm,
Taipei, Nationales Palastmuseum.

»Die Leute vernachlässigen den Rhythmus der Natur und die Ordnung des Kosmos, sie führen ein ungeregeltes Leben … und schlafen in unschicklicher Weise.«

(Innerer Klassiker des Gelben Kaisers)

Leibesübung

Begriffe
Guanzi (»Meister Guan«); Das Leben pflegen (wörtl. »den Geist bzw. das Leben oder den Körper nähren«; *yangsheng*); Vitalenergie *(qi)*; Geist *(shen)*; Essenz (wörtl. »Samen, Sperma«; *jing*); Erleuchtung des Geistes *(shenming)*; Strecken und Zusammenziehen (des Körpers; *daoyin*)

Verwandte Stichworte
Sima Qian; Yin-Yang und die Fünf Wandlungsphasen; Heiler und Heilmittel; Streben nach Unsterblichkeit

»Das Leben pflegen« ist ein übergeordneter Begriff zur Bezeichnung aller Übungen zur Stärkung von Körper und Geist, von Atemübungen bis zur Hygiene im Sexualleben, von der täglichen Ernährung bis zur Einnahme von Heilmitteln, von sanfter Gymnastik bis zu den Kampfkünsten. Diese Übungen sind gut für die Vitalenergie, die über die Leitbahnen durch den Körper fließt. Für den Philosophen Mengzi (372–289 v. Chr.) wird die Sittlichkeit, die allen Menschen angeborene Güte, kultiviert, indem die Vitalenergie mit Hilfe von Atemtechniken »genährt« wird. Von Atemtechniken ist auch in einem Kapitel des *Guanzi* die Rede, einer zwischen dem 4. und dem 1. Jh. v. Chr. zusammengestellten Schrift, in der empfohlen wird, die Harmonie zwischen den drei vitalen Essenzen – Vitalenergie, Geist und der höchsten Erscheinungsform des Geistes – zu fördern, um letztlich zur Erleuchtung des Geistes zu gelangen. Während in Texten der Hanzeit alle Übungen gleichermaßen für nützlich befunden wurden, zog die Medizin ab dem 2. Jh. n. Chr. bestimmte Methoden, wie die Heilgymnastik oder Diäten vor. Noch andere Techniken propagierte der religiöse Daoismus: Sexualpraktiken, die zur Erhaltung des weiblichen Yin-Elements beim Manne dienten, oder die Einnahme von Drogen, die nicht nur das Wohlbefinden fördern, sondern auch helfen sollten, den Körper zu erhalten, ihn unsterblich zu machen.

► *Zeichnungen zur Erklärung des Daoyin* (Ausschnitt), Westliche Han-Dynastie, 168 n. Chr., Fund aus Grab Nr. 3 von Mawangdui (Provinz Hunan), Tusche und Farbe auf Seide, 50 x 100 cm, Changsha, Provinzmuseum von Hunan.

»Als Jugendlicher lernte ich zu fechten; / ich kämpfte besser als ›krumme Burg‹. / So hoch wie die Wolken war mein Geist.« (Yuan Zhi)

Kampfkünste

Die Kampfkünste gehören zum großen Komplex der Praktiken der »Pflege des Lebens«. Ihre Ausübung ist seit Beginn des 7. Jh. n. Chr. sicher belegt, als 13 Mönche des Shaolinklosters an der Seite des ersten Kaisers der Tang-Dynastie kämpften. Der Shaolintempel (Provinz Henan) wurde 495 n. Chr. gegründet und war eines der ersten Zentren für die Übersetzung buddhistischer Schriften. Hier soll Bodhidharma, der legendäre Vordenker des Chan-Buddhismus, im Jahr 530 die Schule der Kampfkünste gegründet haben. In Ermangelung von Quellen lässt sich ihre Entwicklung nicht nachzeichnen, sicher ist jedoch, dass Shaolin zur Mingzeit ein berühmtes Zentrum für Techniken der Selbstverteidigung war, die Kampfmethoden mit Atemübungen, Meditation und strenger Disziplin kombinierten. Gegen Ende der Mingzeit etablierte sich diese Schule, die v. a. für den Stockkampf bekannt war, auch in Südchina, wo eine Gruppe von Mönchen im Jahr 1553 die Angriffe japanischer Piraten an der Ostküste abzuwehren half. Eine weitere Kampfmethode entwickelte die *Taijiquan*-Schule, die der Bewegung die innere Kraft entgegensetzt: Der mingzeitliche *Klassiker der Faust* des Generals Qi Jiguang, der dafür plädiert, vor dem Körpertraining das Bewusstsein für die Vitalenergie zu schärfen, ist der Vorläufer einer Kampfkunst, die in der letzten Dynastie zur vollen Entfaltung gelangte.

Begriffe
Kampfkünste *(wushu)*; *Quan jing* (»Klassiker der Faust«)

Verwandte Stichworte
Yin-Yang und die Fünf Wandlungsphasen; Buddhismus; Leibesübung

◄ Stupas der Äbte des Shaolintempels am Fuße des Berges Song (Provinz Henan), Ming-Dynastie, 1368–1644.

»Dort bilden Tempel und Paläste / ein dichtes Labyrinth; / auf verblüffende Weise erheben sich / die Aussichtstürme über dem Abgrund.« (Der Text der tausend Zeichen)

Baukunst

Begriffe
Yingzhao fashi (»Methoden des Bauens«)

Verwandte Stichworte
Hof; Garten; Fengshui; Peking

Als Grundbaumaterial diente im antiken China Holz; deshalb gibt es nur wenige Zeugnisse von älteren Bauten. Hinzu kommt, dass man keine Notwendigkeit sah, sich um den Erhalt von Bauwerken zu kümmern, da die baulichen und ästhetischen Prinzipien von Generation zu Generation weitergegeben wurden, ohne dass sie sich wesentlich änderten. Die Holzskelettbauweise der Wohn- und Palastbauten basiert auf einem Modulsystem aus Pfeilern und Balken, das so oft wie nötig wiederholt wird. Die Pfeiler werden auf Steinsockel gesetzt, die in das Fundament aus gestampfter Erde mit einer Ziegel- oder Steinverkleidung eingelassen sind. So verfaulen sie nicht und bleiben außerdem relativ beweglich. Die Balken sind in die Pfeiler eingezapft oder liegen auf ihnen auf. Die durch dieses Skelett entstehenden Kompartimente werden mit einem Erde-Stroh-Gemisch ausgefüllt. Um den Regen von den Wänden abzuhalten, hängt das chinesische Dach weit über und ruht seitlich auf rhythmisch gestuften, sich nach unten verjüngenden Konsolen. Der Wasserabfluss wird durch die Dachschräge gewährleistet: Das Satteldach ist das typische Dach der Wohnbauten, wohingegen Palast- und Tempelanlagen Walmdächer haben. Die gebrannten und glasierten Dachziegel bilden einen dekorativen Schutz.

► Modell eines Wachtturmes, Östliche Han-Dynastie, 1. Jh. n. Chr., Tonware mit irisierender Bleiglasur, H: 90 cm, Stuttgart, Linden-Museum.

Ab dem 9. Jh. n. Chr. wird die Architekturmalerei als eigenes Genre aufgefasst. Die frühesten Darstellungen geben Bauelemente im Zusammenhang mit Figuren wieder, später sind Paläste und Tempel in die Landschaft eingebettet.

Die Tiefenwirkung entsteht durch die nach hinten hin abnehmende Größe der Gebäude, die Räumlichkeit durch die mit Hilfe eines Lineals ausgeführte Parallelperspektive.

Sehr gut ist die Pflasterung der unteren Terrasse – einer hohen Pfahlkonstruktion über Wasser – zu erkennen, die teilweise gemauert und mit einem Holzgeländer eingefasst zu sein scheint.

Der halbkreisförmige Bogen der kleinen Steinbrücke ist eine typische Form für die chinesische Brückenbauweise. Es existiert eine ganz alte Architekturtradition von Bogen- oder sog. Balkenbrücken aus Stein.

Landschaft mit Palästen,
Nördliche Song-Dynastie, 11. Jh.,
Albumblatt, Tusche, Farbe und
Blattgold auf Seide, 33 x 40,6 cm,
Cleveland (Ohio), Museum of Art.

Während die Struktur der Gebäude lediglich in der Anzahl der verwendeten Module variierte, war die Dekoration äußerst abwechslungsreich.

Häufig verweisen die Schmuckelemente, denen zum Teil auch magische Wirkungen zugeschrieben wurden, auf die spezifische Funktion des Gebäudes.

▲ ► Der Tempelkomplex von Jinci mit dem der Heiligen Mutter *(Shengmu)* geweihten Haupttempel und dem Detail eines Pfeilerornaments, Taiyuan (Provinz Shanxi), Nördliche Song-Dynastie, 1023–31.

Der Shengmu dian, der der Heiligen Mutter geweihte Tempel, wurde zwischen 1023 und 1031 errichtet und zählt damit zu den ältesten erhaltenen Holzbauten Chinas.

Die steile und weit überhängende Dachkonstruktion wird durch ein standardisiertes Konsolensystem gestützt.

Der Tempelkomplex von Jinci ist eine der wenigen dem Ahnenkult geweihten Kultstätten, deren Ursprünge vermutlich auf die Zeit der Westlichen Zhou (11.–8. Jh. v. Chr.) zurückgehen.

Das Gebäude ist eine Halle mit einer Front von sieben Jochen und sechs Jochen an den Seiten. Ein umlaufender Säulengang ragt in die Vorderfront hinein und verschiebt die inneren Pfeiler um ein Joch nach hinten.

In der Ming- und Qingzeit waren Größe und Struktur des Dachgesimses von der Funktion des Bauwerks und der Stellung seines Besitzers abhängig.

Die höchst komplizierten Konsolensysteme entwickelten sich aus einfachen Konsolenarmen, die in die oberen Enden der Säulen gesetzt wurden und dazu dienten, Balken der Dachkonstruktion zu stützen.

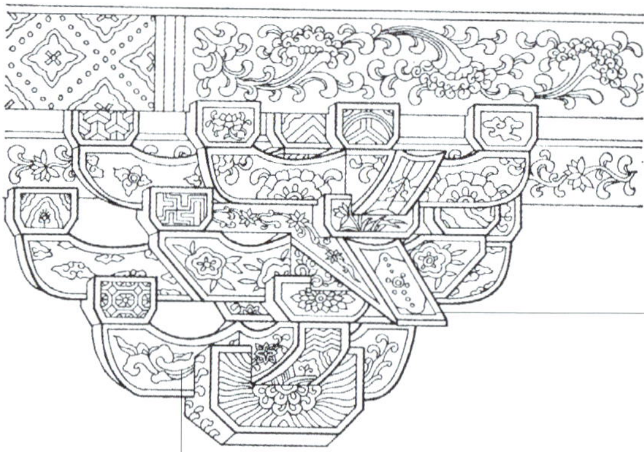

In dem Architekturhandbuch Yingzao fashi*, das der Chef der staatlichen Baubehörde Li Jie im Jahr 1103 verfasste, wurden erstmals die traditionellen Regeln der Konstruktion schriftlich fixiert.*

Alle Bauglieder, angefangen bei den Pfeilern des Säulengangs über die Pilaster bis hin zu den Balken und Konsolen, sind als Module mit einheitlicher Länge und gleichem Durchmesser konzipiert und können daher vor Baubeginn vorgefertigt werden; darüber hinaus sind sie auch leicht ersetzbar.

▲ Konsolensystem mit Querarmen in der Halle des Höchsten Prinzips *(Taiji dian)*, Verbotene Stadt, Peking, Ming-Dynastie, 15. Jh., und schematische Darstellung eines Konsolensystems, aus: *Yingzao fashi* (»Methoden des Bauens«), Song-Dynastie, 1103.

»Die Tische und Sofas der Antike wurden unverändert nach traditioneller Art gefertigt und waren trotz ihrer uneinheitlichen Maße elegant und ansprechend.« (Wen Zhengheng)

Mobiliar

Verwandte Stichworte
Baukunst

Die heute noch erhaltenen antiken Holzmöbel stammen meist aus der Zeit der beiden letzten Dynastien, über die frühere Entwicklung geben hingegen einige Darstellungen Auskunft. Das Mobiliar wurde immer sorgfältig gestaltet mit einem linearen und nüchternen Aufbau, in den gelegentlich auch komplexere geometrische oder ornamentale Zierpaneele eingefügt wurden. Diese Zierpaneele aus Holz wurden geschnitzt oder mit Perlmutteinlagen geschmückt. Verwendung fand auch geäderter Marmor, der in die Rückenlehnen von Stühlen, in Tischplatten sowie in Wandpaneele eingelassen wurde. Die Möbel sind schwarz oder rot lackiert, meistens sind sie jedoch naturbelassen, weisen also die Farbe des Holzes auf, dessen Äderung durch die polierte und glänzende Oberfläche schimmert. Das Holz ist immer von besonders guter Qualität; die Sorte ist von der Verwendungsart des jeweiligen Möbels abhängig: Kosmetikdosen sind aus Duftholz, Tische und Stühle aus stabilem Hartholz. Die einzelnen Teile eines Möbels sind so passgenau ineinandergefügt, dass Nägel oder Schrauben überflüssig sind und an »Fremdmaterial« nur kleine Mengen von Naturleim benötigt wurden. Das Formenrepertoire des Mobiliars ist vielfältig und umfasst sowohl große Möbel wie Betten und Spiegelkommoden als auch Utensilien wie z. B. Picknickkoffer.

◄ Großer Malertisch, Ming-Dynastie, um 1550–1650, *Huanghuali*-Holz, H: 81,3 cm, Köln, Museum für Ostasiatische Kunst.

Zwischen dem 4. und 5. Jh. kamen die ersten Schemel in Gebrauch, in der Tangzeit gab es schon Tische und Stühle, und während der beiden Song-Dynastien wurden fast alle klassischen Modelle des chinesischen Mobiliars entwickelt.

In der Mingzeit wurde dieser Stuhltyp mit Armlehnen »Meditationssessel«. Auf Darstellungen dieser Epoche erscheint er als charakteristisches Möbelstück des Literaten.

Die Sitzfläche besteht aus einem Jutegeflecht, das an der Unterseite mit Palmfasern verstärkt wird.

Damit man sich im Schneidersitz auf Stühlen niederlassen konnte, war die Sitzfläche ursprünglich recht groß; ab der Ming-Dynastie hatten die Stühle dagegen häufig eine Fußstütze, die unten an den Beinen angebracht war.

▲ Stuhl mit Armlehnen,
Ming-Dynastie, 1. Hälfte 17. Jh.,
Huanghuali-Holz, H: 119,4 cm,
Köln, Museum für Ostasiatische Kunst.

»Im Süden sitzt der Hirtenjunge / barfüßig auf dem Ochsen. / Durch den löchrigen Mantel pfeift der Wind vom Fluss, / auf den zerfledderten Hut tropft der Regen der Berge.« (Lu You)

Landwirtschaft

Die Landwirtschaft ist das Herzstück der chinesischen Kultur, und stets hingen der Erfolg des Herrscherhauses und der Wohlstand des Landes von der Agrarpolitik ab. Im Laufe der Geschichte ergriffen die Regierungen die unterschiedlichsten Maßnahmen zur Verteilung des Ackerbodens an die große Masse der kleinen und mittleren Bauern. Durch die Verteilung sicherte sich der Staat die Steuereinnahmen und die Kontrolle über die Ernten und die Frondienste der Bauern. Gleichzeitig wurde der Konzentration von Grundbesitz und Macht in den Händen einiger weniger entgegengewirkt. In der Ebene Zentralchinas, die alljährlich durch den Huanghe überschwemmt wurde, entwickelte sich die erste große Agrargesellschaft, die hauptsächlich Hirse und Weizen, gefolgt von Gemüse und Obst (Kakifrüchte, Birnen und Äpfel), anbaute. Der Gebrauch landwirtschaftlicher Geräte aus Eisen ab der Hanzeit erlaubte die Bewirtschaftung von neuen Anbauflächen; Maschinen mit Wasserantrieb erleichterten die Verarbeitung der Erzeugnisse. Reis wurde im Süden angepflanzt; der Intensivanbau von Reis auf systematisch bewässerten Terrassen im unteren Tal des Yangzi Jiang und von Baumwolle in den Küstengebieten des Südostens setzte im 9./10. Jh. n. Chr. ein. Mais, Kartoffeln und Erdnüsse, die im 16. Jh. aus Amerika kamen, wurden bald darauf in China heimisch.

Begriffe
Gelber Fluss; Huanghe *(Huanghe)*; Yangzi Jiang, auch Chang Jiang *(Yangzi jiang)*

Verwandte Stichworte
Verwaltung; Kontrolle der Gewässer; Haustiere; Technik und Industrie

▼ Wandmalerei mit Pflugszene, Zeit der Fünf Dynastien, 907–960 n. Chr., Westwand (Ausschnitt) der Grotte Nr. 61 von Mogao, Dunhuang (Provinz Gansu).

Solche Statuen wurden in den Gräbern reicher Großgrundbesitzer aus Sichuan gefunden, die am Ende der Östlichen Hanzeit von der Zentralregierung gänzlich unabhängig geworden waren. Sie stellen Bauern dar, die für sie auf den Ländereien arbeiteten.

Die Erfindung der landwirtschaftlichen Geräte wird Shennong zugeschrieben, dem höchsten der acht Bauerngötter und dem dritten der Trias der »Obersten Reinen Himmelserhabenen«, der den Chinesen die Kunst des Ackerbaus beibrachte

Der Spaten, die Schaufel und das lange Messer, das an der rechten Seite herunterhängt, ermöglichen die Identifizierung der Figur; das an einem Ring auf Brusthöhe befestigte Schwert könnte auf einen Zusatzdienst als bewaffnete Miliz des Grundbesitzers verweisen.

Im zwölften Mondmonat verrichtete der Kaiser die Dankopfer zu Ehren von Shennong und Houji dem Gott der Früchte der Erde, aber auch zu Ehren der nützlichen Tiere wie Vögel bestimmte Insekten, Katzen und Tiger

Der Bauer trägt ein einfaches Hemd unter der Tunika, die wegen des kaiserlichen Verbots für Bauern, Stoffe zu färben, nur an den Rändern farbig ist, sowie Strohsandalen an den Füßen.

▲ Modell eines Bauern,
Östliche Han-Dynastie, 2. Hälfte 2. Jh. n. Chr.,
Terrakotta und Pigmente, H: 112 cm,
Turin, Fondazione Giovanni Agnelli.

In Südchina hat der Reisanbau eine über 7000 Jahre alte Tradition. In der Shang- und der Zhouzeit (Mitte des 2. Jahrtausends bis 5. Jh. v. Chr.) wurden sogar bestimmte Gebiete am Huanghe in den Zentralprovinzen Henan und Hebei für den Reisanbau genutzt.

In der Songzeit lebte der Großteil der chinesischen Bevölkerung von Reis. Er wurde im Delta des Yangzi Jiang angebaut, ursprünglich ein Sumpfgebiet, das man durch ein effizientes Entwässerungssystem urbar gemacht hatte.

Die Idee der Aufteilung der Äcker in kleine Parzellen, durch die die Kontrolle der Bewässerung erleichtert werden konnte, wurde einem Gelehrten der Hanzeit zugeschrieben.

Der Mann unten im Bild, der als einziger einen langen Mantel trägt und als einziger nicht arbeitet, ist der Besitzer der Reisfelder.

Das Werk illustriert – gegen den Uhrzeigersinn – die Phasen des Anbaus und der Bearbeitung von Reis innerhalb eines Jahres. Unten ist die Aussaat zu sehen, dann folgen das Auspflanzen, das Ausputzen, die Flutung der Felder, die Ernte und das Pflügen. Links ist die Verarbeitung der Reisgarben zu sehen.

▲ *Pflügen und ernten*, Südliche Song-Dynastie, 1127–1279, Albumblatt, Tusche und leichte Farbe auf Seide, 24,8 x 25,7 cm, Peking, Palastmuseum.

»Pferde, Kühe und Schafe, / Hühner, Hunde und Schweine: / das sind die sechs Tierarten, / die die Menschen zu Hause züchten.«
(Drei-Zeichen-Klassiker)

Haustiere

Begriffe
Haustier (*jiachu*)

Verwandte Stichworte
Hof; Pferd; Landwirtschaft; Seide; Zirkus und Akrobatik; Chang'an (Tangzeit)

Zu Beginn des 1. Jahrtausends v. Chr. war die Züchtung von Haustieren – Schweinen, Kühen, Schafen und Geflügel – so weit gediehen, dass in Zentral- und Nordchina der Bedarf der Bevölkerung an Nahrungsmitteln und Opfergaben gedeckt werden konnte. In Südchina war das Nahrungsangebot seit jeher breiter gefächert, es standen u. a. auch Affen, Hunde und Schlangen auf der Speisekarte; in den Küstenregionen lebten die Menschen dagegen überwiegend von der Fischerei. Einige Tierarten dienten als wichtige Arbeitskraft: Büffel und Pferde kamen ab der Hanzeit zum Pflügen der Äcker und bei Erntearbeiten zum Einsatz, Hunde dienten als Wächter und Kormorane halfen beim Fischen. In der Region der heutigen Provinz Yunan dienten bis zum 1. Jahrtausend n. Chr. Elefanten dem Personen- und Warentransport, während das Kamel als Lasttier für die weiten Strecken durch die Wüste Gobi im Norden stets am besten geeignet war. Dem Verzehr mancher Tiere wurde auch eine heilende Funktion zugeschrieben, angefangen beim Regenwurm als fiebersenkendes Mittel bis hin zur Hundeleber gegen Durchfall. Seit jeher hielt sich das gemeine Volk gleichermaßen wie der Kaiserhof Vögel, Hunde, Katzen, Grillen und Heuschrecken; sehr beliebt waren auch Tierkämpfe und zirkusartige Vorstellungen mit Tieren.

► Modell eines Rindes, Han-Dynastie, 1. Jh. v. Chr. – 1. Jh. n. Chr., glasierte Terrakotta, L: 21 cm, Turin, Fondazione Giovanni Agnelli.

Das gemeine Volk aß nur selten Fleisch. Es war teuer und daher ein Privileg der wohlhabenden Familien.

Da Schweine Allesfresser sind, die nicht nur Haushaltsabfälle, sondern sogar menschliche Exkremente fressen, wurden die Latrinen oft direkt über dem Schweinestall gebaut.

Schweinefleisch – auch im heutigen China die am meisten konsumierte Fleischart – wurde bei Festen und wichtigen Zusammenkünften gegessen.

Modelle von Schweineställen mit angebauter Latrine zählten zu den Wohlstands- und Glückssymbolen, die den Grundbesitzern mit ins Grab gegeben wurden, um ihnen ein annehmliches Leben im Jenseits zu sichern.

▲ Modell eines Schweinestalls mit Schwein, Östliche Han-Dynastie, 2. Jh. n. Chr., glasierte Terrakotta, H: 21,5 cm, Turin, Fondazione Giovanni Agnelli.

Das »Feder und Haar« genannte Genre der Malerei, das sich durch einen minutiösen und im Detail sehr sorgfältigen Malstil auszeichnet, entwickelte sich im Laufe des 12. Jh. vor dem Hintergrund der Bestrebungen des Neokonfuzianismus, die Natur bis in die kleinsten Einzelheiten zu erforschen.

Neben Zug- und Reittieren züchteten die Chinesen Tiere auch für kulinarische Zwecke (z. B. Spatzen) oder zum reinen Vergnügen (z. B. Grillen).

Scheinbar schlichte Themen geben dem Betrachter intime Einblicke in die Natur und lehren, dass man auch die unspektakulärsten Phänomene nicht vernachlässigen sollte.

▲ Song Ruozhi (zugeschrieben), *Junge Sperlinge in einem Korb*,
Südliche Song-Dynastie, 13. Jh.,
Tusche und leichte Farbe auf Papier, 21,7 x 22,5 cm,
Tokio, Nationalmuseum.

Im Gegensatz zur Erforschung der Dinge, wie sie von den Südlichen Song betrieben wurde, versuchten einige Künstler des 15. Jh., in ihren Werken über die reine Nachbildung der Wirklichkeit hinauszugehen.

Shen Zhou war in der zweiten Hälfte des 15. Jh. aktiv und der Hauptexponent der Kunstszene in Suzhou, einer gesellschaftlich und kulturell äußerst lebendigen Stadt.

In der Inschrift des Werkes schreibt der Maler, dass er versucht habe, »der Schöpfung ihre Geheimnisse zu entreißen«.

Die Zeichnung lässt die Absicht erkennen, die Hauptmerkmale der Katze – Weichheit, Eleganz, Sinn für Humor, Scharfsinn – mit wenigen kalligraphischen Strichen einzufangen, ohne Farbakzente setzen zu müssen.

▲ Shen Zhou, *Katze* (Ausschnitt), Ming-Dynastie, 1494,
aus dem 16-seitigen Album »Zeichnungen nach der Natur«, datiert 1494,
Tusche auf Papier, Blatt jeweils 34,7 x 55,4 cm,
Taipei, Nationales Palastmuseum.

»Die zehntausend Gegenstände wurden produziert und reproduziert; Varianten und Abwandlungen gibt es folglich in unendlicher Zahl.«
(Zhou Dunyi)

Technik und Industrie

Begriffe
Yangzi Jiang, auch Chang Jiang (*Yangzi jiang*)

Verwandte Stichworte
Qin Shi Huangdi; Han Wudi; Kontrolle der Gewässer; Lackarbeiten; Seide; Keramik; Hangzhou

Arbeitsteilung und Massenproduktion kennzeichneten vo jeher die chinesische Kultur. Der technologische Fortschritt war besonders vom 4. Jh. v. Chr. bis zum 1. Jh. n. Chr. und während der Songzeit (9.–13. Jh.) äußerst dynamisch. In den hanzeitlichen Salinen und Gießereien, die Kaiser Han Wudi 119 v. Chr. staatlicher Kontrolle unterstellte, wickelte sich der gesamte Herstellungsprozess von der Gewinnung bis zum Fertigprodukt ab. Die Erfindung der Kurbel vereinfachte die Landwirtschaft und ermöglichte die Ausbeutung der Wasser- und Salzressourcen durch den Bau tiefer Brunnen. Dank der Bälge, die einen kontinuierlichen Luftstrom erzeugten, ließ sich hartes und widerstandsfähiges Geschirr produzieren, das Steinzeug ähnelte. Die breite Masse trug Kleidung aus Hanf und Chinagras (Ramie; eine Nesselpflanze), die zu Hause gesponnen und gewebt wurden; Seide hingegen, die außer für die Beamten- und Adelsschicht für den Export bestimmt war, wurde in Manufakturen erzeugt, in denen tausende Arbeiter beschäftigt waren. Nach der Verlegung des Agrarzentrums in die Ebene des Yangzi Jiang und dem Rückzug der Song nach Hangzhou entstanden in Südchina zahlreiche Verarbeitungsstätten für Agrarprodukte (Tee, Zuckerrohr, Seide, Baumwolle), Großmanufakturen für die Erzeugung von Porzellan, Lack und Papier, sowie Verlage und Werften.

► *Drehen von Kannen und Schalen auf der Töpferscheibe sowie das Ansetzen von Henkeln*, Holzschnitt, Illustration aus: Song Yingxing, *Tiangong kaiwu* (»Himmel, Arbeit und die Eröffnung der Dinge«), Ming-Dynastie, 1637.

Viele dekorierte Gefäße sind zweimal gebrannt: Durch den ersten Brand bei hohen Temperaturen wird der Scherben wasserdicht; anschließend wird das Werkstück mit einer Glasur verziert und ein zweites Mal bei niedriger Temperatur gebrannt.

Die frühen Fortschritte in der Keramikherstellung, die unter anderem tausend Jahre früher als in Europa eine Massenproduktion von Porzellan ermöglichten, hingen v.a. mit der Entwicklung der Brennöfen zusammen.

Mitten in der Tangzeit kamen die Muffelhülsen auf, feuerfeste Tongefäße, in die der Scherben während des Brandes gestellt wurde, um ihn vor Unreinheiten und Temperaturschwankungen zu schützen.

Der sog. Drachenofen, der in Südchina entwickelt wurde und eine Länge von bis zu 80 m erreichte, ermöglichte das gleichzeitige Brennen einer großen Menge Porzellans bei hohen Temperaturen und unter Sauerstoffentzug (Reduktion).

Die Drachenöfen waren an aufsteigenden Berghängen gebaut und wurden mit Holz beheizt. Die Heizzone befand sich unten, der Kamin oben am Hang, dazwischen lagen die miteinander verbundenen Brennkammern.

▲ *Mehrkammerofen, sog. Drachenofen* (longyao), *der gerade mit Brennmaterial beschickt wird*, Holzschnitt, Illustration aus: Song Yingxing, *Tiangong kaiwu* (»Himmel, Arbeit und die Eröffnung der Dinge«), Ming-Dynastie, 1637.

In Nordchina wurden die Brennöfen hingegen mit Kohle beheizt und bestanden aus nur einer Brennkammer, die durch eine Mauer von der Heizzone getrennt war.

Die frühesten praxisbezogenen Handbücher über die Seidenraupenzucht gehen auf die Hanzeit zurück, als die Seidenproduktion industrielle Maße erreichte.

In zwei bis vier Tagen fertigt die Raupe einen Kokon, dessen Fadenlänge ca. 3000 Meter beträgt. Nachdem man das äußere Gespinst, die Flockseide, entfernt hat, bleibt ein hochwertiger Faden von 700 bis 900 Metern Länge übrig.

▲ Liang Kai (zugeschrieben), *Seidenraupenzucht* (2. Abschnitt),
Südliche Song-Dynastie, frühes 13. Jh.,
Querrolle, Tusche und leichte Farbe auf Seide, 26,5 x 98,5 cm,
Cleveland (Ohio), Museum of Art.

Seidenraupen brauchen konstante Raumtemperaturen und mögen, wie den Handbüchern zu entnehmen ist, eine ruhige und heitere Atmosphäre, wie sie die sog. »Mutter«, die für die ihr anvertraute Brut verantwortlich ist, ausstrahlt.

In der 30 bis 35 Tage dauernden Wachstumsphase brauchen die Raupen Unmengen von Blättern des Weißen Maulbeerbaums. Die Matten, auf denen sie aufbewahrt werden, müssen mehrfach gesäubert werden.

Die Gewinnung von Seide – angefangen bei der Seidenraupenzucht bis hin zur Bearbeitung des Gewebes – gehörte zu den seltenen Tätigkeiten, die in Frauenhand lagen. Das Seidenjahr wurde nach alter Tradition von der Kaiserin mit ihrem Hofstaat durch das Abhalten der Seidenzeremonie im Frühjahr eröffnet.

»Der viel gepriesene Lack aus China ist im Grunde nichts anderes als Bitumen, der von den Chinesen ci *genannt wird.« (A. Guidotti)*

Lackarbeiten

Begriffe
Lackbaum *(qishu)*; Urushiol *(qifen)*; Ritzdekor *(qiangjin)*; Goldmalerei *(miaojin)*; Lackarbeiten mit Perlmuttereinlagen *(luotian)*

Verwandte Stichworte
Familie Cao; Li Bai; Technik und Industrie

In Südostasien wird Lack aus dem Saft des sog. Lackbaumes *(Toxicodendron verniciffluum)* gewonnen, einer ursprünglich aus Südchina stammenden Pflanze, die ab dem 4. Jh. v. Chr. angebaut wurde. Durch Einscheiden der Rinde des Stammes erhält man den Rohlack, der erwärmt und mehrfach gefiltert wird. Der fertige Lacksaft ist dickflüssig und bräunlich, besteht zu über 90% aus Urushiol und ist resistent gegen Wasser, Säuren, Basen und Alkohol, aber empfindlich gegenüber starken Temperaturschwankungen. Da Lack sehr lange braucht, um zu härten, muss er auf einen Untergrund aufgetragen werden, meist auf Holz. Die ältesten Gegenstände, die mit einer dünnen Lackschicht überzogen wurden, stammen aus der Jungsteinzeit; die Produktion von Lackarbeiten in großem Maßstab setzte jedoch erst mit dem Beginn der Zeit der Streitenden Reiche (475–221 v. Chr.) ein. In der Hanzeit wurden Särge und Grabgefäße einiger Fürsten lackiert und mit Farben aus einem Pigment-Leinöl-Gemisch bizarr und phantasievoll bemalt. Ab der Tangzeit bestand der Lackauftrag aus zahlreichen Schichten und konnte eine Dicke von bis zu 5 oder 6 mm erreichen. Damit entstanden auch neue, sehr aufwendige Verzierungstechniken, die unter den darauffolgenden Dynastien perfektioniert wurden: Stein-, Elfenbein- oder Perlmuttereinlagen, Ritzdekor, Goldmalereien sowie Schnitzereien.

► Fächerdose, Yuan-Dynastie, 1279–1368, geschnittene rote Lackarbeit, 19,2 x 19,2 cm, Tokio, Lee Family Collection.

Der Deckel des Gefäßes hat einen Kern aus gedrechseltem Holz und oben drei halbkreisförmige Ösen.

Zur Zeit der Streitenden Reiche und der Westlichen Han wurde das Dekor in Rotlack auf Schwarzlack gemalt, teilweise auch unter Hinzufügung von gelbem (mit Arsentrisulfid eingefärbt) oder braunem Lack (Eisenoxid).

Die meisten Ritualgefäße, die in Gräbern gefunden wurden, waren aus Bronze; nur selten waren sie aus lackiertem Holz, wie dieser Dreifuß, der Speiseopfern diente.

Stilisierte Motive in Feder-, Drachen- oder Wolkenform, die sich mit Voluten und Spiralen abwechseln, sind typisch für den Dekor der Lackarbeiten dieser Epoche.

Der Gefäßkörper ist aus einem einzigen Stück gedrechselten Holzes, an dem die U-Henkel und die Füße angebracht wurden.

Die antiken rituellen Vorschriften legten die Anzahl der Ritualgefäße fest, die Verstorbenen ins Grab bei gelegt werden durften; eine Ausstattung mit sieben Dreifußgefäßen wie im hiesigen Fall war für Markgrafen reserviert, nur Kaisergräber durften neun enthalten.

▲ Dreifußgefäß mit Deckel,
Westliche Han-Dynastie, um 168 v. Chr.,
Fund aus Grab Nr. 1 von Mawangdui (Provinz Hunan),
Lack auf Holzkern, H: 28 cm, Ø: 23 cm,
Changsha, Provinzmuseum von Hunan.

Der Schnitzlack ist eine Lacktechnik, die ab dem späten 8. Jh. n. Chr. in China entwickelt wurde und außergewöhnlich arbeitsaufwändig ist, da sechzig bis hundert Lackschichten aufgetragen werden müssen, um einen zwei bis vier Millimeter dicken Lackauftrag zu erhalten.

Jede Schicht muss mindestens 24 Stunden lang bei relativ hoher Luftfeuchtigkeit und Wärme trocknen und wird dann poliert, bevor die nächste Schicht darüberlackiert werden kann.

Der typische chinesische Schnitzlack ist das »geschnittene Rot« (tihong) *und das »geschnittene Schwarz«* (tihei)*; zusätzlich gibt es den im Westen unter dem japanischen Namen* guri *bekannten zweifarbigen Schnitzlack.*

Der weiche und empfindliche Schnitzlack hebt den figürlichen Dekor heraus und erleichtert damit die Lesbarkeit der Szene, die von den Symbolen des langen Lebens – Schildkröten und lingzhi-*Pilzen – umgeben ist.*

Neben Schnitzlacken mit abstraktem, geometrischem Dekor gibt es Schnitzlacke mit figürlichem Dekor, wie dieses von buddhistischen Motiven inspirierte achtlappige Tablett, das die Göttin Guanyin (Avalokiteshvara) darstellt.

Die äußeren Felder sind am Rand mit Lotosranken und -blüten dekoriert.

▲ Achtlappiges Tablett, Ming-Dynastie, Hongwu-Ära, 1368–98, geschnittene rote Lackarbeit, Ø: 34,8 cm, Tokio, Lee Family Collection.

»Die Seres machen kostbare Gewänder, geschmückt mit Zeichnungen von der Farbe der Wiesenblumen und so fein wie die Arbeit der Spinne.« (Dionysios der Periegetes)

Seide

Man erzählt, dass Xi Lingshi, die mythische Gemahlin des Gelbkaisers, dem chinesischen Volk um die Mitte des 3. Jahrtausends v. Chr. die Aufzucht des Seidenspinners *(Bombyx mori)* und die Verarbeitung des Seidenfadens beibrachte – Aufgaben, die traditionell in den Händen der Frauen lagen. In der Hanzeit hatte die Produktion von Seidengewebe und -wirkereien bereits industrielle Ausmaße erreicht. Die Seidengewebe, die ab dem 1. Jh. v. Chr. nach Rom gelangten, waren zum Großteil Geschenke Chinas an tributpflichtige Staaten, die diese auf den Markt warfen. Das Geheimnis der Seidengewinnung wurde jahrhundertelang gut gehütet, doch im 3. Jh. n. Chr. entstanden die ersten Aufzuchten in Japan, gefolgt von Indien und Syrien im 4. Jh. In Europa begann sich die Seidenraupenzucht erst ab dem 10. Jh. zu verbreiten. Der entbastete Faden wurde mit Pflanzenfarben gefärbt, die in der Beize fixiert wurden. In der Hanzeit wurden polychromer Seidendamast, durchscheinende Gazestoffe und Brokate hergestellt, die teils mit Goldfäden durchwirkt waren; manchmal wurden die Stoffe bestickt oder mit Farbpigmenten bemalt. Es gab geometrische Motive, oft Rautenmuster, oder figürliche wie Drachen, Tiger, Vögel, Bäume und Blumen. Schlitzwirkerei kam in der Tangzeit auf, in der auch die Techniken des Stempelaufdrucks und der Batik entwickelt wurden. Die Applikation ausgeschnittener Ornamente breitete sich in der Mingzeit aus.

Begriffe
Gelbkaiser *(Huangdi)*; Seide *(si)*; Seidenraupe *(can)*; Kokon *(canjian)*; Seidensamt *(sirong)*; Faden *(siji)*; Schlitzwirkerei *(kesi)*

Verwandte Stichworte
Die Fünf Beziehungen; Technik und Industrie; Jenseits

◄ Seidenraupe *(Bombyx mori)*, Westliche Han-Dynastie, 206 v. Chr. – 8. n. Chr., aus dem Bezirk Shiquan (Provinz Shaanxi), vergoldete Bronze, L: 5,6 cm, Xi'an, Museum des Stelenwaldes.

In späteren Epochen prangten die Rangabzeichen des Besitzers auf den schweren Seidengewändern: Sie wurden auf die Brust gestickt.

Die Vorderseite des langen Gewandes mit den verhältnismäßig schmalen Ärmeln wurde vermutlich am Gürtel festgesteckt.

Der Seidenstoff ist mit stilisierten Zugvögeln und Rauten bestickt. Diese Dekorationsmotive kamen im 4./3. Jh. v. Chr. auf und wurden zur Zeit der Westlichen Han vereinheitlicht.

Das mit Flockseide wattierte Gewand aus besticktem Gazestoff ist mit blickdichten Seidenbahnen umrandet und mit einem Brokatstreifen gesäumt.

▲ Seidengewand, Westliche Han-Dynastie, um 168 v. Chr., Fund aus Grab Nr. 1 von Mawangdui (Provinz Hunan), bestickte Seide, L: 150 cm, Changsha, Provinzmuseum von Hunan.

Die Technik der »geschnittenen Seide« oder »Schlitzwirkerei«, wurde in der Songzeit zur Perfektion gebracht und ermöglicht die Wiedergabe der zartesten Farbnuancen.

Bei den Schlitzwirkereien wird der Kettfaden an den Stellen, an denen später das Dekor hinkommen soll nicht verwebt; dieses wird mit Fäden geestaltet, die eine andere Farbe, Stärke und Zusammensetzung aufweisen als das Untergrundgewebe.

Diese Webart wurde angewandt, um bestimmte Werke der Maler der Kaiserlichen Akademie der Song-Dynastie unsterblich zu machen. Die Schlitzwirkereien galten in jeder Hinsicht als Kunstwerke.

▲ Zhu Kerou, *Kamelie*, Südliche Song-Dynastie, 12. Jh., chlitzwirkerei aus Seide *(kesi)*, als Albumblatt montiert, 25,6 x 25,3 cm, henyang, Provinzmuseum von Liaoning.

»Die Chinesen besitzen die Gabe, gebrannte Tonware in durchscheinendes Geschirr zu verwandeln: Im Porzellankelch kann man den Wein schon von außen sehen.« (Sulayman)

Keramik

Begriffe
Terrakotta, Irdenware *(tao)*; Steinzeug *(ci* oder *yingtao)*; Porzellan *(ci)*; Glasur *(you)*

Verwandte Stichworte
Hongwu; Yongle; Technik und Industrie; Jenseits; Virtuelle Gefährten; Grabwächter; Hangzhou

▼ Runde Vase, Westliche Han-Dynastie, Ende 2./1. Jh. v. Chr., Terrakotta mit olivgrüner Glasur, H: 17 cm, Turin, Fondazione Giovanni Agnelli.

Eine unendliche Qualitäts-, Formen-, Dekor- und Farbenvielfalt kennzeichnet die chinesische Keramikproduktion, die Luxusware, Alltagsgegenstand oder Grabbeigabe sein konnte. Die Keramikkunst war von Anfang an ein integraler Bestandteil der chinesischen Kultur, allerdings nicht als Ergebnis individueller Schöpfungskraft, sondern als Resultat einer Organisation von Arbeitskräften in verschiedenen spezialisierten Sektoren. Gefäße wurden meist an der Töpferscheibe hergestellt, die schon in der Jungsteinzeit aufkam, Figuren fertigte man hingegen ab dem 3. Jh. v. Chr. mit Hilfe von ein-, zwei- oder mehrteiligen Formen. Die abwechslungsreiche Ware aus Nordchina war aus einem durch Sedimentation entstandenen Ton; die Gefäße, die im 7. Jh. n. Chr. in den Brennöfen von Xing (Provinz Hebei) hergestellt wurden, sind so rein, dünn und hart, dass sie von vielen Fachleuten als das erste Porzellan der Welt angesehen werden. Der Rohstoff, der in Südchina verwendet wurde, war noch feiner und erlaubte ab dem 10. Jh. die Herstellung eines durchscheinenden Porzellans, das später unter der Yuan-Dynastie durch eine Erhöhung des Anteils an Kaolin, auch Porzellanerde genannt, noch weiter verfeinert werden konnte. Monochrome oder polychrome Glasuren überziehen oft den Gegenstand als Ganzes oder auch nur teilweise.

Der Teller stammt vermutlich aus den Manufakturen, die unter dem Namen der Stadt Xing in der Provinz Hebei zusammengefasst werden, wo im kaiserlichen Auftrag ein weißes und durchscheinendes Geschirr mit hartem und dünnem Körper produziert wurde.

Anfangs mussten die Töpfer häufig farbliche Mängel und Makel am Scherben mit einer weißen Engobe überdecken; das wurde überflüssig, als die Kunsthandwerker den Gebrauch des Kaolins, das auch Porzellanerde genannt wird, als Rohstoff absolut beherrschten.

Während das weiße Geschirr den Höhepunkt der nordchinesischen Keramikproduktion markierte, wurde ab dem 3. Jh. n. Chr. in den Produktionsstätten von Yue (Provinz Zhejiang) porzellanartiges Steinzeug mit durchscheinender grünlicher Glasur hergestellt.

Die Klarheit der Form, die von Silberwaren aus dem Mittleren Osten angeregt ist, die Dünnheit des Körpers und die perfekte Haftung der durchscheinenden Glasur machen die Schönheit des Tellers aus.

▲ Fünflappiger Teller, Tang-Dynastie, 618–907, aus Huoshaobi (Provinz Shaanxi), weißes porzellanartiges Steinzeug mit durchscheinender Glasur, Ø (Rand): 13,8 cm, Xi'an, Amt für die Verwaltung der Kulturgüter.

Seit der Antike trugen Nord- und Südchina zur Weiterentwicklung der Keramikproduktion mit jeweils spezifischen Merkmalen bei, die erst ab dem 11. Jh. n. Chr. in gemeinsame Bestrebungen mündeten.

Tonwaren mit der Dreifarbenglasur sancai *entwickelten sich aus der Tradition der Bleiglasuren, die ab dem 3./2. Jh. v. Chr. in Nordchina aufkamen und die Leuchtkraft der Bronzegegenstände nachbilden wollten.*

Kobalt wurde hauptsächlich aus dem Mittleren Osten importiert, der auch Anregungen für die Form- und Dekorgestaltung dieser Keramik lieferte, die in der Blüte und Hochzeit des Kosmopolitismus der Tang-Dynastie hergestellt wurde.

Die Farben wurden mit dem Pinsel, tropfenweise oder auch mit einer Spritztechnik aufgetragen, die dem Dekor etwas Leichtes und Zufälliges verleiht.

Die Produktion der Keramik mit Dreifarbenglasur setzte wohl im 7. Jh. n. Chr. ein und stützte sich auf frühere Versuche; ihren Höhepunkt erreichte sie in der ersten Hälfte des 8. Jh., um dann sehr schnell wieder in Vergessenheit zu geraten.

Der Glasurüberzug wird Dreifarbenglasur genannt, obwohl oft nur eine oder zwei Farben Verwendung finden, üblicherweise Grün, Weiß, Bernsteingelb, oder im Gegenteil mehr als drei, d. h. auch Gelb, ein violettes Schwarz und Kobaltblau.

▲ Dreifußgefäß, Tang-Dynastie, 1. Hälfte 8. Jh. n. Chr., weiße Terrakotta mit Dreifarbenglasur *sancai*, H: 13,4 cm, Ø (Rand): 12,2 cm, Turin, Museo di Arte Orientale.

Die mit Mäandern oder anderen wiederkehrenden geometrischen Mustern eingerahmten Blumen- und Blattornamente kommen häufiger vor als figürliche Motive wie Vögel und Fische.

Gegen Ende der Tangzeit (10. Jh. n. Chr.) produzierten die Töpfer von Ding (Provinz Hebei) ein hochwertiges weißes Geschirr, das später die Xing-Ware verdrängte.

In den Manufakturen von Ding wurden v. a. Schalen und Teller hergestellt, die am Rand häufig mit Kupfer oder Silber überzogen wurden, weil ihnen dadurch, dass sie im Brennofen auf dem Kopf standen, an dieser Stelle die Glasur fehlte.

In der ersten Produktionsphase wurden die Muster auf dem Ding-Geschirr meist mit der Hand eingeschnitten und eingeritzt, ab dem 11. Jh. überwogen dann die mit Stempeln eingeprägten Dekore.

▲ Tiefer Teller *(pan)* mit eingeprägtem Dekor, Nördliche Song-Dynastie, 12. Jh., weißes Porzellan mit cremefarbener Glasur und Kupferrand, Ø: 15,6 cm, Staatliche Kunstsammlungen Dresden, Porzellansammlung.

Porzellan mit schwarzer Glasur kam in der Tangzeit auf und wurde in der Songzeit mit den Teeschälchen zur Vollendung gebracht, die besonders die Anhänger des Chan-Buddhismus (japanisch Zen) für die Teezeremonie bevorzugten.

Die Songzeit zeichnet sich durch eine große Vielfalt von Porzellanwaren aller Art aus, die mit ihren einfachen linearen Formen, einer monochromen Glasur und dem sparsamen Umgang mit spontanen Farbeffekten ein Streben nach dem Wesentlichen erkennen lassen.

Die blattförmige Verzierung dieses Schälchens aus Jizhou wirkt so naturecht, dass in Fachkreisen die Hypothese aufgestellt wurde, es sei ein echtes Blatt verwendet worden. Allerdings ist nichts über das Applikationsverfahren und die chemische Behandlung bekannt.

Die renommiertesten Manufakturen für diese Schälchen waren in Jian'an (Provinz Fujian), wo auch die »Hasenfellglasur« entwickelt wurde, die ihren Namen der bernsteinfarbenen gestreiften Schattierung verdankt, sowie in Jizhou (Provinz Jiangxi), deren Produkte sich durch das »zufällige« Dekor auszeichnen.

▲ Teeschale, Südliche Song-Dynastie, 1127–1279, Porzellan mit schwarzer Glasur und Blattornament, Ø (Rand): 14,3 cm, Boston, Museum of Fine Arts.

Die Porzellanmanufaktur von Jingdezhen, die ab 1004 unter dem Schutz des Kaisers stand, spielte eine außerordentlich wichtige Rolle bei der Entwicklung der letzten großen Innovation auf dem Gebiet der Keramiktechnik: der Unterglasurmalerei.

In Jingdezhen wurde ein reines, feines, weißes und durchscheinendes Porzellan hergestellt: der ideale Untergrund für eine Bemalung, die im Laufe der Yuanzeit mit zwei Farbpigmenten, Kobaltblau und Kupferrot, eingeführt wurde.

Das Dekor wurde auf dem trockenen, ungebrannten Scherben aufgemalt, eine Arbeit, die wegen der Porosität der Keramikoberfläche schnell ausgeführt werden musste.

Die Dekore, die durch die Glasur versiegelt und bei hohen Temperaturen gebrannt wurden, erwiesen sich als haltbar.

▲ Flaschenvase, Ming-Dynastie, Yongle-Ära, 1403–24, Porzellan mit Dekor in Unterglasurblau, Erzeugnis der Porzellanmanufaktur von Jingdezhen (Provinz Jiangzi), H: 44 cm, Peking, Palastmuseum.

Anfänglich hielt die chinesische Oberschicht dieses Porzellan mit Blauweiß-Dekor, das in großer Stückzahl in den Mittleren Osten und in den südostasiatischen Raum exportiert wurde, für ordinär und zog das monochrome Dekor vor.

Erst im Laufe der ersten Jahrzehnte des 15. Jh. begann der chinesische Kaiserhof dieses Porzellan zu schätzen, das später charakteristisch für die gesamte Keramikproduktion Chinas wurde.

Der Export von Porzellanwaren nach Europa setzte im 16. Jh. im großen Maßstab ein, mehrere Jahrhunderte nach der Öffnung des Marktes im Mittleren Osten und in Südostasien.

Nach dem ersten Brand bei hohen Temperaturen (ca. 1350 °C) wurde das Emailledekor aufgetragen und daraufhin das Werkstück bei niedrigen Temperaturen (ca. 800 °C) ein zweites Mal gebrannt, um das Dekor beständig zu machen.

Die Swatow-Ware war eine Exportware, die in der späten Mingzeit für den ostasiatischen Raum hergestellt wurde.

Vor allem die Manufakturen Südchinas in der Nähe der großen Häfen stellten Porzellan in riesigen Mengen her. Es wurde mit Techniken und Mustern verziert, die dem Geschmack des jeweiligen Abnehmerlandes entgegenkamen.

▲ Teller, Ming-Dynastie, spätes 16./1. Hälfte 17. Jh., Porzellan mit Emailledekor, Ø: 42,8 cm, Tokio, Idemitsu-Kunstmuseum.

»Zigong sprach: ›Wenn ich hier einen schönen Nephrit habe, soll ich ihn in einen Kasten stecken … oder … verkaufen?‹ Der Meister sprach: ›Verkaufe ihn ja!‹«
(Konfuzius, Gespräche, *IX, 12)*

Jade

Die Eigenschaften der Jade – Glanz, Transparenz, Farbigkeit und Maserung, Härte und der reine Klang, den sie erzeugt, wenn sie angeschlagen wird – verliehen ihr eine außergewöhnliche symbolische und magische Bedeutung, die dem Ansehen der Bronze gleichkam und über die Jahrhunderte hinweg Bestand hatte. Zahlreiche archaische Objekte, deren ursprüngliche Funktion nicht mehr bekannt war, wie etwa die *bi*-Scheiben und die *cong*-Zylinder, die um 2500 v. Chr. in der Liangzhou-Kultur aufkamen, wurden in späteren Epochen nachgebildet, teils weil man ihnen unheilabwehrende Kräfte zuschrieb, teils weil in China die Vergangenheit stets eine Vorbildwirkung hatte. Ab dem 10. Jh. n. Chr. zogen Jadeobjekte die Aufmerksamkeit der Sammler-Literaten auf sich, was zu einer rapiden Steigerung der Produktion führte. Der Begriff »Jade« umfasste eine ganze Reihe von harten farbigen Steinen, die unter mineralogischen Gesichtspunkten bisweilen keinerlei Ähnlichkeit aufweisen. Die chinesische »Echte Jade« ist der Nephrit, der seit Urzeiten aus Chinesisch-Turkestan eingeführt wurde, Jadeit hingegen wurde erst ab dem 18. Jh. importiert. Nephrit – ein Stein, der je nach Grad der Unreinheit unterschiedliche Färbungen aufweist – ist härter als Eisen und sogar härter als Stahl; daher wurde er nicht geschnitten, sondern mit Hilfe von Schleifmitteln wie Quarz-, Granat- oder Korundpulver geschliffen.

Begriffe
Jade *(yu)*;
Echte Jade, Nephrit *(zhenyu)*

Verwandte Stichworte
Antikensammlungen; Streben nach Unsterblichkeit; Die zwei Seelen des Verstorbenen

◄ Kelch mit Henkeln in Gestalt zweier daoistischer Unsterblicher, Yuan-Dynastie, 1279–1368, Jadeschnitzerei, Ø (Rand): 10,3 cm, Cleveland (Ohio), Museum of Art.

In den Wirren, die das Ende der ersten Dynastie markierten, machte sich einer der Generäle von Qin unabhängig und gründete das Reich Nan Yue mit der Hauptstadt Panyu, die sich auf dem Stadtgebiet des heutigen Canton befand.

Im Jahr 1983 entdeckten Bauarbeiter zufällig das Grab von Zhao Mo, dem zweiten König von Nan Yue, der 122 v. Chr. hier bestattet wurde.

In der Mitte der Grabstätte befand sich die Kammer des Königs, der in einer Jaderüstung bestattet wurde. Die Nebenkammern bargen die Überreste von 15 Personen, die gezwungen worden waren, dem Herrscher ins Grab zu folgen.

In der Nähe des Kopfes fand man diese Scheibe aus zwei Ringen: eine Durchbrucharbeit aus Jade.

Der innere Ring umschließt einen Drachen, dessen Schwanz und Vorderpfoten bis in den äußeren zweiten Ring ragen. Auf den Vorderpfoten des Drachens hockt ein Phönix mit langem Schwanz.

▲ Doppelring mit Drache und Phönix, Westliche Han-Dynastie, Reich von Nan Yue, 122 v. Chr., aus dem Grab von Zhao Mo, dem Herrscher von Nan Yue, in Guangzhou, Jadeschnitzerei, Ø: 10,6 cm, Guangzhou, Museum des Königs von Nan Yue der Westlichen Han-Dynastie.

»In der östlichen Vorstadt häuft ein vermögender Alter / Reichtümer aus den fünf Städten an … Tags die Geschäfte, nachts die Buchführung, / und niemals findet er Ruhe.« (Bai Juyi)

Handel

In der konfuzianischen Rangordnung der »produktiven Klassen« belegten die Bauern formal den ersten Platz, die Händler den letzten. Die Staatsmacht, die den Ein- und Verkauf als gesellschaftlichen Risikofaktor ansah, war stets bemüht, den Binnen- und Außenhandel streng zu kontrollieren. Die Aktivierung der Handelswege nach Zentralasien in der Han- und später zur Tangzeit führte jedes Mal zu einem massiven Aufschwung des Handels. Dieser war auf bestimmte Marktareale in den Verwaltungszentren beschränkt. Da die Regierung neue Steuereinnahmequellen auftun musste, erfuhr der Binnenmarkt gegen Ende der Tang-Dynastie eine partielle Liberalisierung. Mit der Verlegung des politischen und agrarischen Zentrums nach Südchina im 11. Jh. ging auch ein bedeutender Umbruch des Handels einher, der sich in einer enormen Steigerung des Handelsvolumens, in der Qualität und in der Vielfalt der Waren niederschlug. Der staatliche Markt wurde durch den Privathandel überholt, und infolge der zunehmenden Verstädterung verwandelten sich die Verwaltungssitze in Handelszentren und Domizile der Großhändler und Großgrundbesitzer. Die Steigerung der Agrarproduktion unter dem Ming-Kaiser Hongwu verstärkte diese Tendenz noch, und die Händler, die ein dichtes Firmen- und Banknetz aufgebaut hatten, erlangten unter den Ming schließlich auch soziales Prestige.

Verwandte Stichworte
Han Wudi; Hongwu; Yongle; Landwirtschaf; Technik und Industrie; Seide

◄ Vier Gewichte, drei davon datierbar (von links nach rechts): Qin-Dynastie, 221–206 v. Chr.; Interregnum von Wang Mang, 9–24 n. Chr.; Nördliche Dynastien, 386–581 n. Chr.; alle Bronze, 7,7 kg, 126 g, 280 g, Xi'an, Historisches Museum der Provinz Shaanxi.

Einige der Wandmalereien der Grotten von Mogao in Dunhuang zeigen Szenen aus dem wirklichen Leben, die buddhistische Werte vermitteln.

Die gesamte Südwand der Grotte Nr. 45 ist dem barmherzigen Bodhisattva Guanyin geweiht; allein die Ausrufung seines Namens reicht, um die Ketten der Gefangenen zu sprengen und Gegenden, die von Räubern unsicher gemacht werden, wieder passierbar zu machen.

Der bewaffnete Mann könnte ein Räuber oder auch ein Zöllner an der chinesischen Grenze sein, der mit der Eintreibung der Zölle beauftragt ist.

Die Szene gibt eine Gruppe bärtiger Händler wieder, vermutlich Sogdier, die ihre Ware auf dem Boden abgestellt haben und mit einer flehenden Geste vor einem mit einem langen Säbel bewaffneten Mann stehen.

Die Bedeutung dieser Szene lässt sich nicht eindeutig festmachen, sie vermittelt aber in jedem Fall eine Vorstellung davon, wie beschwerlich und hindernisreich das Leben der Händler im antiken China gewesen ist.

▲ *Händler auf Reisen*, Tang-Dynastie, 8. Jh. n. Chr., Ausschnitt von der Südwand der Grotte Nr. 45 von Mogao, Dunhuang (Provinz Gansu).

Die Handelsaktivitäten beschränkten sich im Wesentlichen auf die Verwaltungszentren, die ländlichen Gebiete wurden durch wandernde Händler versorgt.

Zur größten Freude der Frauen und Kinder führten die fliegenden Händler unendlich viele nützliche und auch unterhaltsame Waren in ihrem Laden mit, den sie auf einer Stange auf den Schultern trugen: Werkzeug und Heilpflanzen, Geschirr und Talismane, Spielzeug und sprechende Vögel.

So schnell wie möglich hat der Händler seine Last abgestellt, um eine kleine Schlange zu retten, mit der fünf übermütige Knaben spielen.

In der Songzeit beschäftigten sich einige Maler der Kaiserlichen Akademie mit einem Genre, das den Alltag des Volkes zum Thema hat, und lieferten auf diese Weise auch einige wertvolle Informationen zu den volkstümlichen Sitten und Gebräuchen.

▲ Li Song, *Krimskramsverkäufer*, Südliche Song-Dynastie, 1212, Albumblatt, Tusche und leichte Farbe auf Seide, 24,2 x 26 cm, Cleveland (Ohio), Museum of Art.

»Auf sämtlichen Wegen finden sie alle 25 Meilen einen Posten, und überall steht da ein riesiger schöner Palast, der den Boten des Ehrwürdigen Kaisers Unterkunft bietet.« (Marco Polo)

Verkehr

Begriffe
Schnellstraßen *(qidao)*; Seidenstraßen *(Sichou zhilu)*

Verwandte Stichworte
Qin Shi Huangdi; Han Wudi; Yongle; Kontrolle der Gewässer

Um die Einheit des chinesischen Reiches zu erhalten, war es nötig, den Ausbau des Verkehrsnetzes voranzutreiben: Das System der »Schnellstraßen«, das von Xianyang, der Hauptstadt des Ersten Kaisers, in alle Provinzen führte, hatte eine Gesamtlänge von schätzungsweise 7000 km. Die Han erweiterten später das Straßennetz, das am Ende des 2. Jh. n. Chr. eine Länge von ca. 35 400 km erreichte. In den Ebenen konnten die Straßen bis zu 23 m breit sein. Sie bestanden aus drei Fahrbahnen, von denen die mittlere, die gepflastert war, den Beamten und Boten vorbehalten war. In regelmäßigen Abständen befanden sich Relaisstationen für den Pferdewechsel. In vielen Teilen Chinas waren Wasserwege der schnellste und billigste Transportweg, das hatte schon der Erste Kaiser erkannt. Der Kaiserkanal, der ab dem 6. Jh. eine Nord-Süd-Verbindung schuf, wurde in der Songzeit ausgebaut und verlängert, bis er das Südmeer mit dem Gelben Fluss verband. Die Verlegung des politischen und ökonomischen Zentrums nach Süden war für den Handel mit Übersee förderlich. Fortschritte auf den Gebieten der Kartographie und der Nautik – der Kompass kam ab dem 11. Jh. zum Einsatz – ließen China zur stärksten Seemacht der Welt aufsteigen, eine Position, die das Reich bis in die frühe Mingzeit behielt.

► Modell eines beladenen Kamels, Tang-Dynastie, 618–907, aus dem Grab von Zheng Rentai, Bezirk Liquan (Provinz Shaanxi), Terrakotta, Glasur und Pigmente, H: 48 cm, Xi'an, Historisches Museum der Provinz Shaanxi.

Ein von fünf Ochsen gezogener Karren hat es fast bis zu dem Vorplatz vor der Herberge geschafft, wo schon vier Kamele rasten.

Eine kleine Herberge bietet Reisenden in einer vereisten Berglandschaft Unterschlupf.

Eine Art Schlitten oder Karren, der von einem Ochsen gezogen und von einem Mann nach Kräften angeschoben und gelenkt wird, schlittert auf dem vereisten Schnee.

Ferntransporte waren in China mit erheblichen Problemen verbunden. Grund dafür waren die unterschiedlichen klimatischen und geographischen Bedingungen: von der feuchten Hitze der Sümpfe und Tropenwälder im Süden bis hin zu den verschneiten Bergen und der trockenen Wüste im Norden.

▲ *Transport nach Osten*, Südliche Song-Dynastie, 1127–1279, Hängerolle, Tusche und leichte Farbe auf Seide, 109 x 49,5 cm, Peking, Palastmuseum.

Die Schifffahrt war sehr weit fortgeschritten und hochspezialisiert: Für die befahrbaren Wasserwege gab es im antiken China hunderte verschiedene Schiffstypen.

Das Bild vermittelt eine Vorstellung vom regen Flussverkehr im antiken China: Masten, so weit das Auge reicht, von Schiffen, die im Vordergrund und am gegenüberliegenden Ufer der Insel in der Mitte des Bildes vor Anker liegen.

Grundmaterial der chinesischen Segel ist Bambus, der so geflochten ist, dass er sich wie ein Fächer auseinanderfalten lässt. Im Unterschied zum europäischen Segel wird das chinesische Segel nach unten eingefächert.

Bei Windstille wurden die Boote gestakt oder mit langen Bambustrossen getreidelt.

Die Handelsschiffe, die den Kaiserkanal benutzten, konnten bis zu 140 Tonnen Getreide transportieren

Die Steuerstange befindet sich am Heck des Schiffes, die Anker – meist zwei – werden am Bug ausgeworfen

▲ *Getreidetransport*,
Südliche Song-Dynastie, 1127–1279,
Hängerolle, Tusche und Farbe auf Seide, 95,4 x 48,1 cm,
Taipei, Nationales Palastmuseum.

»Allein am Geld / finde ich keinen Gefallen. / Solange du lebst, / kommt es nicht von allein; / wenn du stirbst, kannst du es nicht nitnehmen.« (Yuan Mei)

Münzwesen

Nach der Reichseinigung wurde die Münze vom Typ »½ liang«, lie 336 v. Chr. im Qin-Reich eingeführt worden war, zum überall gültigen Zahlungsmittel. Die Form dieser Münze – rund mit einem nittigen quadratischen Loch – blieb bis in die ersten Jahrzehnte les 20. Jh. unverändert. Han Wudi führte die Münze vom Typ »5 zhu« ein; sie wurde erst 700 Jahre später durch die kupferne »Urmünze« ersetzt, die bis zum Fall des Kaisertums im Umlauf blieb. Neben diesen kleinen, auf Schnüre gezogenen Münzen gab s zumindest zeitweise auch verschiedenförmige Goldbarren, und ange Zeit wurde Seide bei wichtigen Transaktionen als edles Tauschgut verwendet. Ab dem ausgehenden 8. Jh. traten neben lie Seide, deren Herstellung und Vertrieb sich nun der staatlichen Kontrolle entzog, noch Silberbarren. Zur gleichen Zeit kam »fliegendes Geld« in Umlauf, eine Art Kreditschein, ler durch eine beim Großhändler hinteregte Geldsumme gedeckt war. Dieses ystem wurde in der Songzeit ausgeweitet: In einer ersten Phase eteiligte sich der Staat an der Herausgabe solcher Kreditscheine, später emittierte er elbst reguläres Papiergeld. Keiner Regierung gelang es edoch, den Missbrauch mit em Papiergeld langfristig zu nterbinden, und so kam es im 6. Jh. wegen anhaltender Inflaion außer Gebrauch.

Begriffe
Münze *(qian)*;
»½ liang«-Münze *(banliang)*;
»5 zhu«-Münze *(wuzhu)*;
»Urmünze« *(kaiyuan)*;
»fliegendes Geld« *(feiqian)*

Verwandte Stichworte
Qin Shi Huangdi; Li Si; Handel

▼ »5 zhu«-Münze *(wuzhu)*, Westliche Han-Dynastie, 206 v. Chr.–8 n. Chr., Kupfer, Ø: 2,6 cm, Xi'an, Historisches Museum der Provinz Shaanxi.

Dies ist eines der beiden Teile einer Gussform für 40 Münzen. Wenn beide Teile zusammengefügt waren, wurde das flüssige Kupfer in die obere Öffnung gegossen und verteilte sich über den Mittelkanal in die einzelnen Kompartimente.

Münz-Gussformen waren aus Keramik, Metall oder Stein.

Die »$^1/_2$ liang«-Münze, die auch »4-zhu«-Münze genannt wurde, führte der Erste Kaiser im Rahmen seiner Politik der Vereinheitlichung der Maße und Gewichte ein. Sie blieb bis 118 v.Chr. im Umlauf; danach wurde sie von Kaiser Han Wudi durch die »5-zhu«-Münze ersetzt.

Im antiken China wurden Münzen nicht geprägt, sondern in zweiteiligen Formen gegossen.

Nach dem Guss wurden die Verbundstege entfernt und wieder eingeschmolzen.

▲ Gussform für Münzen vom Typ »$^1/_2$ liang« *(banliang)*,
Westliche Han-Dynastie, vor 118 v.Chr.,
Stein, H: 17,3 cm,
Jinan, Provinzmuseum von Shandong.

Das Papier, das aus Fasern der Rinde des Maulbeerbaums hergestellt wurde, ist nur einseitig bedruckt.

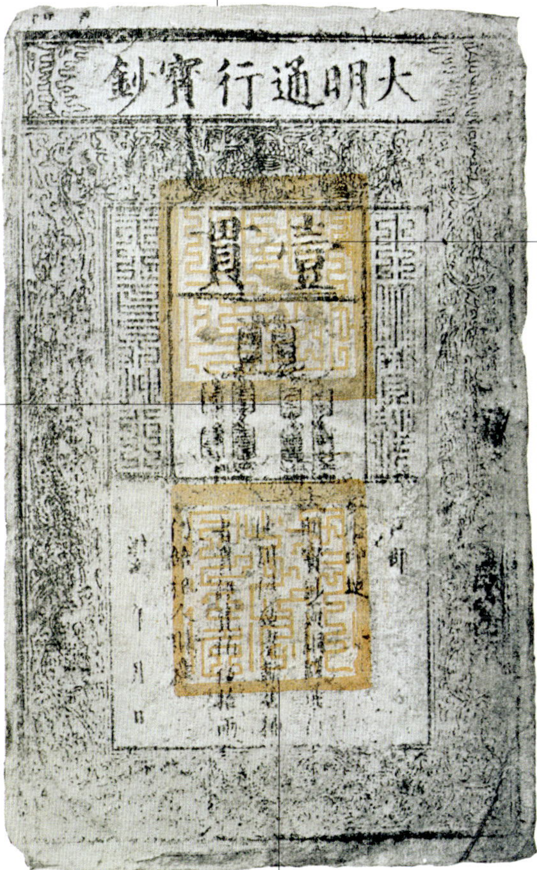

In der Mitte prangt das Zeichen für »1 guan«, die Bezeichnung für eine Schnur zu tausend Kupfermünzen.

Aus den abgebildeten zehn Schnüren zu jeweils 100 aufgereihten Lochmünzen konnte der Analphabet erkennen, dass es sich um den Wert yi guan *– eine Schnur – handelte.*

Folgende Mitteilung richtete das Kaiserliche Schatzamt an die Übelgesinnten: Fälscher werden mit Enthauptung bestraft, und wer sie anzeigt, erhält 250 Unzen Silber und das Eigentum des Verbrechers als Belohnung.

▲ 1-guan-Geldschein, Ming-Dynastie, Hongwu-Ära, 1368–98, bedrucktes Papier, 34 x 22 cm, Hannover, Kestner-Museum.

»Sich satt essen den ganzen Tag, ohne den Geist ... zu beschäftigen, wahrlich das ist ein schwieriger Fall. Gibt es denn nicht das bo- *und das* yi-*Spiel? Das zu treiben ist doch immer noch besser.«*

(Konfuzius, Gespräche, *XVII, 22)*

Spiele

Begriffe
»Sechs-Stöcke-Spiel« *(liubo)*;
Chinesisches Schachspiel *(xiangqi)*;
Chinesischer Fußball *(cuju)*;
»Brett der sieben intelligenten Kombinationen« *(qiqiaoban)*

Verwandte Stichworte
Song Huizong; Feste; Ausländer am Kaiserhof

Die zu den Brettspielen zählenden originalchinesischen Spiele *Liubo* und *Weiqi* dienten ursprünglich Weissagungen in Verbindung mit astrologischen Aspekten. Das *Liubo*-Spiel kam im 3. Jh. n. Chr. außer Brauch, das *Weiqi*-Spiel, das im Westen unter dem japanischen Namen *Go* bekannt ist, entwickelte sich zu einem militärischen Strategiespiel. Das *Xianqi* entspricht unserem Schachspiel und hat vermutlich dieselben indischen Wurzeln. In adligen Kreisen gab man sich beim Festmahl zahlreichen Zerstreuungen hin, kannte auch Treibjagden und ab der Hanzeit Fußballspiele. Der Kaiserhof der Tang liebte exotische Polopartien, praktizierte aber auch einheimische Spiele wie das Drachensteigen, das in vorchristlicher Zeit zu militärischen Zwecken erfunden worden war. Ab der Song-Dynastie breiteten sich unter den Literaten kulturelle Zerstreuungen aus: Allein oder mit Freunden delektierte man sich an der Gestaltung eines ästhetisch perfekten Ambientes, man musizierte oder spielte Schach, dichtete oder malte. Ein seit dem 10. Jh. in China bezeugtes Spiel ist das »Brett der sieben intelligenten Kombinationen«, bei dem der Spieler sieben Teile wie bei einem Puzzle zu verschiedenen Figuren zusammensetzt. Rätselwettbewerbe waren verbreitet, wobei die komplizierten Rätsel nur zu lösen waren, wenn man eine solide klassische Bildung genossen hatte, wie z. B. im Fall der »Lampenrätsel«, die mit dem Laternenfest verbunden waren.

▼ *Liubo*-Spiel, Westliche Han-Dynastie, um 168 v. Chr., Fund aus Grab Nr. 3 von Mawangdui (Provinz Hunan), lackiertes Holz, 45 x 45 x 17 cm, Changsha, Provinzmuseum von Hunan.

Die Vorliebe für das Exotische und die Lust, sich an der frischen Luft zu bewegen, machten Polo zu einer der beliebtesten Zerstreuungen des Kaiserhofes der Tang. Es wurde sogar von Frauen gespielt, wie einige Statuetten von Polospielerinnen aus dieser Zeit belegen.

Die Mannschaften lassen sich an der Farbe des Gewandes unterscheiden.

Das ursprünglich aus Persien stammende Polo kam über Steppenvölker nach China, die es gewohnt waren, ständig im Sattel zu sitzen.

Der Ausschnitt zeigt fünf der insgesamt zwanzig berittenen Spieler einer Polopartie. Der erste Reiter dreht ab, um den Ball mit dem Schläger zu treffen, dessen Spitze zu einem Halbkreis geformt ist.

Fels und Baum verweisen darauf, dass die Szene sich im Freien abspielt, zugleich sind sie aber auch Vorboten der Landschaftsmalerei, die sich unter der nachfolgenden Song-Dynastie zu ungeahnter Blüte entwickelte.

▲ Wandmalerei mit der Darstellung einer Polopartie (Ausschnitt), Tang-Dynastie, 706 oder 711 n. Chr., von der Ostwand der Zugangsrampe zum Grab des Prinzen Li Xian in Qianling (Provinz Shaanxi), Xi'an, Historisches Museum der Provinz Shaanxi.

Der Kopf des Bogenschützen, der noch Spuren der nach dem Brand aufgetragenen Farbpigmente aufweist, wurde separat in weißem Ton modelliert und später auf den Körper aufgesetzt.

Der gehobene Arm, der nach hinten gebeugte Oberkörper, die nach oben gerichteten Augen, die einen am Himmel fliegenden Vogel ins Visier nehmen – alles weist darauf hin, dass der Pfeil gleich von der Sehne schnellen wird. Doch leider haben Pfeil und Bogen die Zeit nicht überlebt, da sie aus verderblichem Material gefertigt waren.

Die Jagd wurde schon in der Hanzeit dargestellt und blieb bis zur Tangzeit ein weit verbreitetes Sujet.

Die marmorierte Zeichnung der Statuette erhielt man durch die Verwendung einer Mischung von weißer und brauner Tonerde.

Nach dem ersten Brand bei eher hohen Temperaturen wurde eine Bleiglasur aufgetragen, die teils bernsteinfarben war, teils grün, wie im Falle des Schwertes, das an der linken Flanke des Rosses herunterhängt.

▲ Modell eines Jägers, Tang-Dynastie, um 706 n. Chr., aus dem Grab des Prinzen Li Zhongrun (Li Yide) in Qianling (Provinz Shaanxi), marmorierte Terrakotta, H: 36,2 cm, Xi'an, Historisches Museum der Provinz Shaanxi.

Die Schüssel illustriert die beliebtesten Freizeitbeschäftigungen der chinesischen Elite ab der Song-Dynastie: Zwei Männer ergehen sich in einem lyrisch anmutenden Garten, während vier andere sich die Zeit mit einem Brettspiel vertreiben.

Mit wenigen, fast karikaturhaften Strichen sind die Spieler gezeichnet, von denen einer sich offensichtlich über einen gelungenen Zug freut, während die Gesichter der anderen eher Missvergnügen auszudrücken scheinen.

Bei dem Spiel könnte es sich um das alte Brettspiel Weiqi *handeln, das schon im* Zuozhuan *(»Kommentar des Zuo«) aus dem 6. Jh. v. Chr. Erwähnung findet.*

Brettspiele gehörten seit jeher zur chinesischen Kultur und wurden zeitweise als probate Lehrmittel zum Erlernen taktischen Denkens gelobt, zeitweise als oberflächliche Zerstreuungen verurteilt.

▲ Schüssel, Ming-Dynastie, 1. Hälfte 16. Jh., Porzellan mit Überglasur-Emailledekor, Erzeugnis der Porzellanmanufaktur von Jingdezhen (Provinz Jiangsu), Ø: 22,2 cm, Tokio, Idemitsu-Kunstmuseum.

»Die große Saite tost so laut / wie ein Sturm, / die kleineren wimmern / in einem langen Geflüster.« (Bai Juyi)

Musik und Tanz

Begriffe
Riten *(li)*;
Musik *(yue)*;
Grundton, wörtl. »gelbe Glocke« *(huangzhong)*;
Zwölf Töne *(lü)*;
Rituelle Musik *(yayue)*;
Weltliche Musik *(suyue)*;
Seidene Saite *(sixian)*;
Yijing (»Buch der Wandlungen«);
Liji (»Buch der Riten«);
Shijing (»Buch der Lieder«)

Verwandte Stichworte
Han Wudi; Yin-Yang und die Fünf Wandlungsphasen

Die Schlüssel zur Wahrung der sozialen und politischen Ordnung sind für Konfuzius die Riten und die Musik, die wegen ihrer Schönheit, aber auch wegen ihrer wohltuenden Wirkung auf den Menschen geschätzt wird. Die auf der Basis alter Überlieferungen in der Hanzeit zusammengestellten konfuzianischen Klassiker bildeten den Ausgangspunkt der Musiktheorie der nächsten 2000 Jahre: Das *Buch der Wandlungen* bezieht die Musik in die Kosmogonie von Yin-Yang und den Fünf Wandlungsphasen ein, nach dem *Buch der Riten* bringt Musik die Harmonie zwischen Himmel und Erde zum Ausdruck. Das *Buch der Lieder* enthält ein Verzeichnis von Musikinstrumenten, die aufgrund ihres Materials acht Kategorien zugeordnet sind: Kürbis, Bambus, Holz, Seide, Terrakotta, Bronze, Stein, Tierhaut. Im Mittelpunkt des chinesischen Musiksystems steht die Tonalität. Jeder Ton wird langsam und für sich gespielt, um Klang und Timbre hervorzuheben. Jede Dynastie bestimmte ihren eigenen Grundton, von dem dann zwölf Töne abgeleitet und mit einem fünfstufigen Tonsystem in Beziehung gesetzt wurden. Die rituelle Musik baute auf der Pentatonik auf, während weltlichen Liedern auch die achtstufige Tonleiter zugrundelag. Von alten Liedern sind nur die Texte erhalten, obwohl verschiedene Methoden existierten, um die Melodie eines Musikstücks zu notieren (aber keine, um den Rhythmus festzuhalten).

► Oktogonaler Kelch, verziert mit Musikern und Tänzern, Tang-Dynastie, 7.–frühes 8. Jh. n. Chr., aus Hejiacun (Provinz Shaanxi), teilweise vergoldetes Silber, H: 6,6 cm, Ø: 7,2 cm, Xi'an, Historisches Museum der Provinz Shaanxi.

Die Glocken wurden in langen Reihen an oben angebrachten Ringen aufgehängt und so gruppiert, dass sie einzelne Glockenspiele aus Glocken abnehmender Größe bildeten.

Durch die Aufschrift yue fu *(»Musikamt«) bekommt die Glocke, die im »Palast der Festmahle« genannten Areal in der riesigen Grabanlage des Ersten Kaisers gefunden wurde, etwas Offizielles.*

Die feierlichen Kompositionen, die durch den rhythmischen Anschlag eines Glockenspiels entstehen, waren charakteristisch für die Zhouzeit, als man Festmahle und Rituale mit Glockenspielen begleitete.

Chinesische Glocken haben keinen Klöppel und werden von außen im unteren Bereich angeschlagen. Je nachdem, ob der Schlag seitlich oder mittig erfolgt, entstehen zwei unterschiedliche Töne.

▲ Glocke vom Typ *Zhong*, Qin-Dynastie, 221–206 v. Chr.,
vom Areal des Mausoleums des Ersten Kaisers in Lintong,
Bronze mit Gold- und Silberintarsien, H: 12,8 cm,
Lintong, Museum der Terrakotta-Armee des Kaisers der Qin.

Zhou Fang, der sich auf die Darstellung des höfischen Lebens spezialisierte, malt drei Damen, die sich in die Intimität des Innengartens des Palastes zurückgezogen haben. Die eine Dame stimmt gerade das Qin, hinter ihr hält eine Magd die Schachtel mit den Ersatzsaiten in Händen.

Das Qin – eine Wölbbrettzither ohne Bünde, deren seidene Saiten gezupft oder mit einem Plektron angerissen werden – war das Prestigeinstrument des antiken China. Seine Erfindung wurde dem mythischen Fuxi im 3. Jahrtausend v. Chr. zugeschrieben.

Im Laufe des 3./4. Jh. erhielt das Qin sein typisches Aussehen, das die Chinesen mit Begriffen umschreiben, die auf die antike Kosmologie verweisen: Die Oberseite des Schallkörpers symbolisiert den Himmel, die Unterseite spielt indes auf die Erde an.

In alten Zeiten wurde das Instrument auf die Knie gelegt, um es zu spielen. Ab der Songzeit baute man eigens Tischchen, auf denen das Instrument abgestellt wurde.

Für die Literaten der Ming-Dynastie war das Qin ein wichtiges Mittel der Selbstentfaltung. Es wurde vorzugsweise an einem abgelegenen Ort gespielt, entweder allein oder im Beisein der engsten Freunde.

▲ Nach Zhou Fang, *Beim Stimmen des Qin und Teetrinken*,
.opie eines tangzeitlichen Bildes (2. Hälfte 8. Jh.) aus dem 12. Jh.,
)uerrolle, Tusche und Farbe auf Seide, 28 x 75,3 cm,
.ansas City, The Nelson-Atkins Museum of Art.

Sieben Spieler sitzen um eine Sängerin auf einer Art Plattform, die auf dem Rücken eines Kamels festgemacht und mit einem schweren Teppich in leuchtenden Farben bedeckt ist.

Links vom Harfespieler sitzt ein Oboist, der eine zylindrische Oboe (bili) *hält, und daneben ein Lautenspieler, der eine birnenförmige Laute* (ruan) *zupft.*

Im 8. Jh. n. Chr. waren »westliche Musik« und insbesondere die Texte und Melodien aus der zentralasiatischen Oasenstadt Kuqa sehr in Mode.

Anlässlich großer Feste und Umzüge, die in der Öffentlichkeit stattfanden, traten häufig Musikgruppen auf, die sich aus Männern und Frauen, Chinesen wie Nichtchinesen zusammensetzten.

▲ Kamel mit acht Musikern auf dem Rücken, Tang-Dynastie, frühes 8. Jh. n. Chr., aus Zhongpucun, Xi'an (Provinz Shaanxi), glasierte Terrakotta, H: 58 cm, Xi'an, Historisches Museum der Provinz Shaanxi.

»Ein mächtiger Löwe wird vor den Erhabenen Kaiser geführt. Sobald der Löwe den Kaiser erblickt, fällt er vor ihm nieder, macht Zeichen der Verehrung und Hochachtung.« (Marco Polo)

Zirkus und Akrobatik

Eine Quelle aus der Zeit der Streitenden Reiche berichtet, wie die Armee von Chu gegen die Soldaten des Song-Reiches siegte, weil diese sich von den Künsten eines geschickten Jongleurs hatten ablenken lassen. In der Hanzeit gehörte die Akrobatik zu den »hundert Darbietungen«, die traditionelle einheimische Zerstreuungen mit solchen aus Zentralasien verbanden. In Gräbern des 1./2. Jh. n. Chr. finden sich häufig Darstellungen von Gauklereien, die das Leben im Jenseits versüßen sollten: Neben Komödianten, die meist von Musikern begleitet werden, sind Magier und Wahrsager, Tänzer und Akrobaten, Feuerschlucker und Gewichtsheber, Seiltänzer und Jongleure dargestellt. Unter den Tang standen die Darbietungsformen, deren Urspung in Zentralasien lag, wieder in hohem Ansehen, und Gruppen von Gauklern und Schauspielern traten auf Marktplätzen und in den Häusern der Oberschicht auf. Am Kaiserhof erreichte die Leidenschaft für diese Darbietungen ihren Höhepunkt unter Kaiser Xuanzong (Regierungszeit 712–756), der auch Vorführungen mit Tieren liebte, von sprechenden Papageien bis zu tanzenden Pferden, wie sie in einigen bemerkenswerten Statuetten aus farbiger Terrakotta dargestellt sind.

Begriffe
Hundert Darbietungen *(baixi)*; Kunststücke *(zaji)*

Verwandte Stichworte
Han Wudi; Virtuelle Gefährten

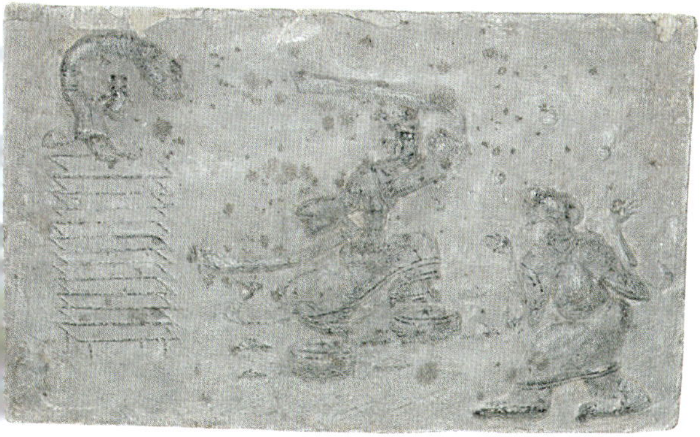

◄ Ziegelstein mit eingeprägten Zirkusszenen, Östliche Han-Dynastie, 25–220 n. Chr., aus dem Bezirk Peng (Provinz Sichuan), Terrakotta, 28 x 47 cm, Chengdu, Provinzmuseum von Sichuan.

In der Tangzeit kamen Musiker, Sänger, Tänzer, Magier und Schauspieler in Scharen aus Zentralasien in die Hauptstadt Chang'an, wo viele eine feste Anstellung und ein Gehalt am Kaiserhof oder in den Palästen der Elite erlangten.

Während die langen Ärmel entsprechend der chinesischen Tanztradition die Bewegungen betonen, erinnern die Gürtel und besonders die Kopfbedeckungen an persische Trachten.

Drei groß gewachsene Schauspieler führen einen rhythmischen Tanz auf, der vermutlich nur als Begleitung für den Vortrag des Zwerges im Vordergrund dient.

Verschiedene Grabstatuetten belegen, dass Zwerge oft als Geschichtenerzähler oder Spielleute tätig waren.

▲ Vier Schauspieler oder Akrobaten, Tang-Dynastie, 1. Hälfte 8. Jh., Terrakotta, Engobe, Pigmente, H (max.): 25 cm, Turin, Museo di Arte Orientale.

»Ich sah einen Mann mit offenen Armen neben der Tür zur Schaubude stehen, / der schrie …: ›Vorwärts! Vorwärts!‹ / Und: ›Wer zu spät kommt, kriegt keinen Sitzplatz mehr!‹« (Di Renjie)

Theater

Theaterstücke in Prosa waren im antiken China unbekannt, doch gab es im Lauf der Geschichte verschiedene Arten von Musiktheater. In der Hanzeit kannte man Soloauftritte singender Geschichtenerzähler. Der Hof der Tang liebte Aufführungen, bei denen zwei Schauspieler mit Orchesterbegleitung komische Dialoge zu berühmten Themen improvisierten. In der Songzeit kam mit zunehmender Urbanisierung eine Art Opera buffa als neues Genre auf, mit Texten, die v.a. die öffentliche Verwaltung aufs Korn nahmen. Die ältesten überlieferten ernsthaften Bühnenwerke gehen auf die Zeit der mongolischen Besatzung zurück, und viele Elemente des Musiktheaters dieser produktiven Phase wurden charakteristisch für das chinesische Theater ganz allgemein: Die Figuren sind stilisiert und an den Kostümen, der Schminkmaske und den Gesten erkennbar; die Bühnenausstattung ist minimal; Vortrag und Gesänge werden von einem Orchester begleitet. Anfänglich waren die Stücke Vierakter, dagegen hatten die »Geschichten über Merkwürdigkeiten«, die sich am Ende der Yuanzeit in Südchina zu verbreiten begannen, eine offenere Struktur und konnten viele Akte umfassen. Im 16. Jh. entstand eine gehobenere Opernform, »Melodien von Kun« genannt, die v.a. von den Literaten-Beamten verfasst und geschätzt wurde.

◄ Figur eines Schauspielers, Yuan-Dynastie, 1279–1368, aus Xifengfeng, Bezirk Jiaozuo (Provinz Henan), Ziegelstein mit Hochreliefdekor, H: 35,8 cm, Zhengzhou, Provinzmuseum von Henan.

Begriffe
Singende Geschichtenerzähler *(shuochang)*; Theater (*xi* oder *ju*); Musiktheater (wörtl. »gemischte Aufführungen«; *zaju*); Akt *(zhe)*; Bühnenbearbeitung, Theaterstück *(juben)*; Geschichten über Merkwürdigkeiten *(chuangqi)*; Literarisches Musiktheater (wörtl. »Melodien von Kun«; *kunqu*)

Verwandte Stichworte
Roman; Zirkus und Akrobatik

Totenkult

Streben nach Unsterblichkeit
Die zwei Seelen des Verstorbenen
Bestattungsrituale
Jenseits
Grabstätte
Virtuelle Gefährten
Grabwächter

◀ Terrakottastatuen von Soldaten in militärischer Aufstellung,
in-Dynastie, 221–206 v.Chr.,
usschnitt aus Grube 1 des Mausoleums des Ersten Kaisers in Lintong,
luseum der Terrakotta-Armee des Kaisers der Qin.

»Wan Zi gab mir Drogen für ein langes Leben, / Xian bereitete mir seltsame Trünke. / Mit solchen Speisen entrinne ich den Totenritualen, / verlängere die Tage und werde unsterblich.« (Cao Zhi)

Streben nach Unsterblichkeit

Begriffe
Ureinheit *(yuanyi)*; Äußere Alchemie *(waidan)*; Innere Alchemie *(neidan)*; Unsterblicher *(xian)*

Verwandte Stichworte
Yin-Yang und die Fünf Wandlungsphasen; Daoismus; Heilige Berge; Heiler und Heilmittel; Leibesübung

Der Wunsch, den Tod und die Grenzen von Raum und Zeit zu überwinden, ist allen Menschen gemeinsam. Da der Mensch in der Vorstellungswelt des antiken China als ein getreues Abbild des Makrokosmos galt, wurde das Streben nach Unsterblichkeit mit dem Studium der Entstehungs- und Funktionsprinzipien des Kosmos verbunden, die zu einem Forschungsfeld der Daoisten wurden. Durch die Reproduktion der zyklischen Abläufe der Natur in beschleunigtem Tempo erhofften sich die Daoisten, bis zur »Ureinheit«, zum Ursprung des Lebens, vorzudringen. Dafür gab es im Wesentlichen zwei Methoden: die Innere und die Äußere Alchemie. Die Äußere Alchemie strebte die Erlangung der Unsterblichkeit durch die Einnahme von Trünken und Pillen an, die aus bestimmten natürlichen Zutaten unter strenger Befolgung ritueller Abläufe zubereitet wurden. Die ab der Songzeit dominierende Strömung der Inneren Alchemie versuchte Unsterblichkeit nicht durch ein Lebenselixier, sondern durch eine transzendentale Erkenntnis zu erlangen. Durch Atem- und Meditationsübungen, unterstützt durch bestimmte Nahrungsmittel, sollte der Körper auf die Wiedergeburt vorbereitet werden.

► Zikade, Han-Dynastie, 206 v. Chr. – 220 n. Chr., Jadeschnitzerei, H: 6 cm, London, British Museum.

Nur in der Hanzeit war es den Angehörigen der kaiserlichen Familie und einigen verdienstvollen hohen Beamten gestattet, als Totenbekleidung Jadegewänder zu tragen, die den gesamten Leichnam bedeckten.

Man glaubte, dass Jade den Leichnam vor Verwesung bewahren könne: So wurden Verstorbenen schon seit der Jungsteinzeit Jadegegenstände mit ins Grab gegeben; der Brauch, die neun Körperöffnungen mit Jade zu verschließen, geht auf das 2. Jahrtausend v. Chr. zurück.

In der Gegend der Fontanelle, die »Stöpsel der himmlischen Seele« (tianlinggai) *hieß, wurde eine* bi-*Scheibe in die helmartige Kopfbedeckung eingelassen, sodass ein Loch von einem Durchmesser von 3,2 cm entstand.*

Die bi-*Scheiben sollten Unheil abwehren, die neun Jadestöpsel das Entweichen der Körperseele aus den Körperöffnungen verhindern.*

Der Leichnam der Gemahlin des ältesten Bruders des Kaisers Han Wudi ist mit insgesamt 2160 Jadeplättchen bedeckt, die mit Golddraht vernäht und mit gelben Stoffstreifen gesäumt wurden.

Im alten China waren die Kopfstützen nicht weich wie Kissen, sondern aus hartem Material wie Keramik oder Bronze.

▲ Totengewand, Westliche Han-Dynastie, 2. Jh. v. Chr.,
aus dem Grab der Prinzessin Dou Wan, Bezirk Mancheng (Provinz Hebei),
Steinplättchen *(Bovenit)* und Golddrähte, L: 172 cm,
Shijiazhuang, Provinzmuseum von Hebei.

Visionen der Welt der Unsterblichen finden sich bereits in einigen Gräbern der Hanzeit und verbreiteten sich gegen Ende der Mingzeit, die durch politische Instabilität und persönliche Unsicherheit gekennzeichnet war.

Vor den Augen des Betrachters breitet sich eine monumentale, im klassischen Blau-Grün-Stil der Tangzeit gemalte Landschaft aus.

Die gleichzeitige Anwesenheit von Wasser, das im unteren Teil des Bildes vorherrscht, und Bergen, die sich majestätisch im oberen Bildteil erheben, lässt vermuten, dass das Gemälde die sagenhafte Insel der Unsterblichen im Ostmeer oder aber den Kosmischen Berg im Westen darstellt.

▲ Zhu Dan, *Berge und Wohnsitze der Unsterblichen*, Qing-Dynastie, 1683, Hängerolle, Tusche und Farbe auf Seide, 394 x 124,6 cm, Washington D. C., Freer Gallery of Art, Smithsonian Institution.

»Auch wenn der Mensch viel Lebensenergie besitzt … sie erlischt, wenn die Hauchseele zum Himmel und die Körperseele zur Erde zurückkehrt und beide sterben.« (Zhu Xi)

Die zwei Seelen des Verstorbenen

Begriffe
Hauchseele *(hun)*; Körperseele *(po)*; Himmelspforte *(tianmen)*; Königinmutter des Westens *(Xiwangmu)*; Körper *(hunpo)*; Geist *(shen)*; böser Geist, Dämon *(gui)*

Verwandte Stichworte
Ahnenkult; Streben nach Unsterblichkeit; Grabstätte

Um die zeitgenössischen Vorstellungen und den Volksglauben auf eine rationale Grundlage zu stellen, entwickelten die Literaten der Hanzeit im 2. Jh. v. Chr. eine Theorie über das Leben nach dem Tod, die sich in den Yin-Yang-Dualismus eingliederte: Nach dem Tod des Menschen kehrt die Hauchseele *hun*, die Yang zugeordnet wird, durch die Himmelspforte in die himmlische Welt zurück. Dagegen gelangt die Körperseele *po*, die Yin zugeordnet wird, in die Unterwelt, die sich an den Gelben Quellen oder, nach anderen Vorstellungen, beim Berg Tai befindet. Die Stellung der Körperseele innerhalb des Verwaltungssystems des Jenseits hängt vom Erhaltungszustand des Leichnams und den Grabbeigaben ab. Auf ihrer Reise zum Himmel durchquert die Hauchseele den Wohnsitz der Unsterblichen, den man im 2. Jh. v. Chr. auf den Inseln des Ostmeeres wähnte und im Laufe des 1. Jh. v. Chr. auf den Kosmischen Berg im Westen verlegte. Einige Inschriften auf Steinstelen des 2. Jh. n. Chr. stellen dagegen den Körper des Verstorbenen mit seinen zwei Seelen dem freien Geist des Verstorbenen im Himmel gegenüber. Bei aller Uneinheitlichkeit ist den verschiedenen Theorien die Vorstellung gemeinsam, dass der Geist des Menschen das Grab verlassen kann und während der Opferzeremonien anwesend ist.

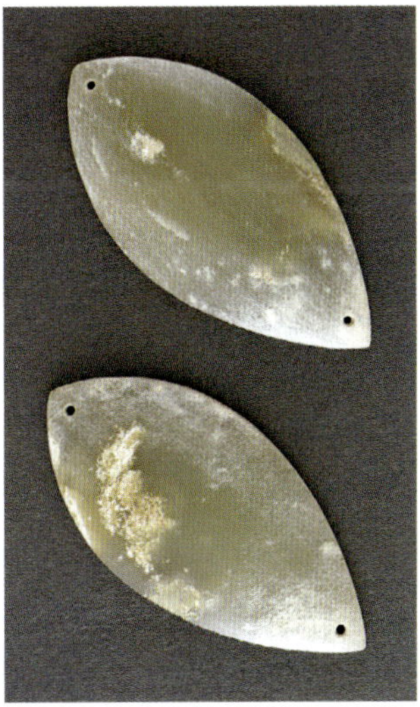

◄ Jadeplättchen zum Verschließen der Augenhöhlen, Han-Dynastie, 206 v. Chr. – 220 n. Chr., Jade, H: 4,8 cm, London, British Museum.

Das ausführliche Bildrepertoire der Urne vermittelt eine Vorstellung von den Gütern und Annehmlichkeiten, die im Jenseits auf die Seele warteten, wie z. B. der Palast ganz oben und darunter die vier von Vögeln umschwirrten Gefäße, die vermutlich Getreide enthielten.

Auf einigen Urnen desselben Typs befinden sich Inschriften auf der kleinen Stele, die es ermöglichen, die Verwendung der Seelen-Urnen als Beigaben in den Gräbern Südchinas auf die Zeit zwischen dem Beginn des 3. und den ersten Jahrzehnten des 4. Jh. n. Chr. zu datieren.

Diese verschlossenen Urnen wurden nach der Bestattung in die Gräber gegeben. Sie dienten als Bleibe für die Hauchseele des Verstorbenen und schützten auf diese Weise auch dessen Nachkommen vor eventuellen bösen Einflüssen.

Zu jener Zeit wurde im Norden der heutigen Provinz Zhejiang ein eisenhaltiges, hartes – Seladon genanntes – Steinzeug hergestellt, das einen grauen Gefäßkörper besaß, bei Sauerstoffentzug gebrannt und mit einer graugrünen Glasur überzogen wurde.

Glückbringende Figuren einheimischen Ursprungs wie die Schildkröte, die langes Leben symbolisiert, wechseln sich ab mit Bildern, die dem Buddhismus entlehnt wurden, der sich in dieser Periode des Zerfalls der chinesischen Einheit unter der Bevölkerung ausbreitete.

▲ Urne der Hauchseele *(hunping)*, Westliche Jin-Dynastie, 280–316 n. Chr., glasiertes porzellanartiges Steinzeug, H: 44 cm, Turin, Fondazione Giovanni Agnelli.

Das eingravierte Datum ist nicht eindeutig, da sich aufgrund des 60-Jahres-Zyklus die Jahresbezeichnungen im antiken China periodisch wiederholten. Wahrscheinlich ist jedoch eine Datierung in die Zeit, in der die fremde Sitte der Urnenbestattung am weitesten verbreitet war.

Die kleine Urne von eher grober Machart und Gestaltung enthielt mit hoher Wahrscheinlichkeit die Asche einer Person des gemeinen Volkes.

Die von den Buddhisten eingeführte und bevorzugte Methode der Feuerbestattung wurde von der konfuzianischen Ethik abgelehnt, die die Zerstörung des Körpers als Akt höchster Respektlosigkeit gegenüber den Eltern verabscheute.

Auf den Außenseiten sind die Namen der Tiere eingraviert, die den vier Himmelsrichtungen zugeordnet werden: der grüne Drache des Ostens, der rote Vogel des Südens, der weiße Tiger des Westens und der dunkle Krieger des Nordens.

▲ Kleiner Sarg zur Aufnahme von Asche,
Song- oder Yuan-Dynastie, auf die Jahre 1206, 1266 oder 1326 datierbar,
glasiertes Steinzeug, H: 28 cm,
London, Victoria and Albert Museum.

»Ergriffen und im Schmerz vereint, / stimmen viele Münder zusammen ein Lied an. / Die Grabhügel verschwinden im Unkraut. / Tagtäglich werden die neuen Gräber gepflegt.« (Bai Juyi)

Bestattungsrituale

Begriffe
Riten (*li*)

Verwandte Stichworte
Ahnenkult; Grabstätte; Virtuelle Gefährten

Neben den konfuzianischen Normen, die eine dem Rang des Verstorbenen entsprechende Trauerzeit und Bestattungszeremonie vorsahen, galt anlässlich eines Todesfalles eine Vielzahl magisch-religiöser Vorschriften, die auf den Schutz des Verstorbenen und seiner Familie vor unheilbringenden Mächten abzielten. Unmittelbar nach dem Eintreten des Todes erfolgte die dreifache rituelle Anrufung der Hauchseele *hun*. Danach zogen die Familienangehörigen Gewänder aus grobem Stoff über und eröffneten mit der Kundgebung des Todes die Trauerzeit. Nach der zeremoniellen Waschung des Leichnahms erfolgte dessen rituelle Einkleidung, die von Opferhandlungen begleitet wurde und mehrere Tage dauerte. Dann wurde der Leichnam in den Sarg gelegt und dieser mit zeremoniellen Knoten verschlossen. Manchmal musste man monatelang warten, bis der passende Tag für die Bestattung herankam, der von Spezialisten aufgrund der Lebensdaten des Verstorbenen und seiner Angehörigen bestimmt wurde. Der Leichenzug startete beim Ahnentempel: An der Spitze verscheuchten Musiker und Exorzisten die bösen Geister, es folgten die Geschenke und Grabbeigaben für den Verstorbenen. Hinter dem Sarg liefen die Angehörigen in der Reihenfolge des Verwandtschaftsgrades. Vor der Grabstätte wurden die vorgeschriebenen Opferrituale mehrfach wiederholt, bevor der Sarg an seinen Platz kam.

▼ Totenwagen des Kaisers, Ming-Dynastie, 1368–1644, Holzschnitt aus: *Sanlitu*, Kapitel 19.

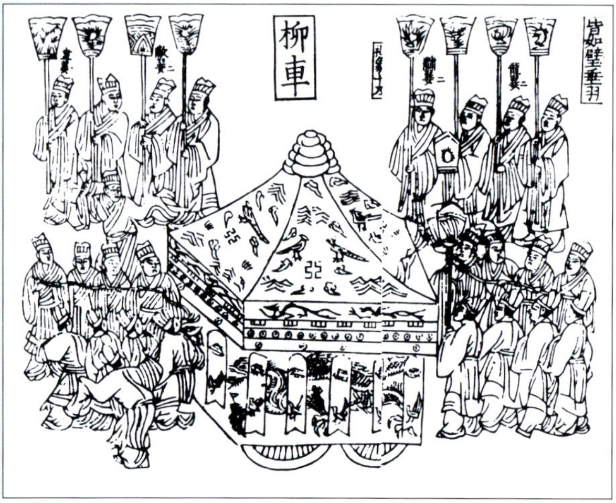

Diese schematische Darstellung ist das frühste bisher mit Sicherheit datierbare Dokument über einen der beständigsten Bräuche der antiken chinesischen Gesellschaft.

Das Schema wird mit einem Text erläutert.

Unter einem großen roten Baldachin sind heute noch neunzehn der ursprünglichen wohl dreiundzwanzig Quadrate zu erkennen, die auf der Zahlenmystik basieren und eine kosmologische Bedeutung haben.

▲ Schematische Darstellung der Bestattungsrituale, Westliche Han-Dynastie, um 168 v. Chr., Fund aus Grab Nr. 3 von Mawangdui (Provinz Hunan), Tusche und Farbe auf Seide, 26,2 x 48,4 cm, Changsha, Provinzmuseum von Hunan.

In der schematischen Darstellung werden die Bestattungsrituale und Trauerbräuche differenziert nach dem Verwandtschaftsgrad wiedergegeben.

Auf den Flügeln des weiß gefiederten Vogels – Weiß ist die Farbe, die mit dem Tod, aber auch mit der Unsterblichkeit assoziiert wird – findet eine Bestattungszeremonie statt.

Das Dreifußgefäß ding *ist ein Ritualgefäß aus der Shangzeit (16.–11. Jh. v. Chr.), das der Aufbewahrung von Speiseopfern diente.*

Unter einem roten Baldachin, der von einem Diener gehalten wird, stehen sich zwei Männer mit gekreuzten Armen gegenüber, die aufgrund ihrer Kopfbedeckung als Fürsten oder Kultvorsteher identifiziert werden können.

Die anthropomorphen Füße der Dreifußgefäße unterstreichen die Bedeutung des Bestattungsrituals, das durchgeführt wird, um dem Verstorbenen innerhalb der sozialen Hierarchie im Jenseits einen hohen Rang zu sichern.

▲ Vogel als Träger zweier Dreifußgefäße *(ding)*,
Westliche Han-Dynastie, 206 v. Chr. – 8 n. Chr.,
aus Wuyingshan (Provinz Shandong), Terrakotta, Pigmente, H: 53 cm,
Jinan, Stadtmuseum.

»Der Zustand, in dem sich die Toten befinden, bleibt uns verborgen, sie gehen andere Wege als die Lebenden, und ... alles ist ungewiss, vage und schwer verständlich.« (Wang Chong)

Jenseits

Die Idee der Kontinuität der Verwandtschaftsverhältnisse über den Tod hinaus hatte einen starken Einfluss auf die Vorstellung vom Leben im Jenseits, wo der Verstorbene in eine Hierarchie eingebunden war, die der diesseitigen Gesellschaftsordnung sehr ähnlich war. Die Unterscheidung in eine vom Wasser beherrschte, dunkle Unterwelt und eine himmlische Welt, eine Art Paradies, führte zu uneinheitlichen Vorstellungen von der Natur des Jenseits. Der Unsterblichkeitskult eröffnete außerdem die Möglichkeit, in irgendeiner Weise auf der Erde oder in der Heimat der Unsterblichen weiterleben zu können. Seinen Niederschlag fand dieser vielgestaltige Glaube in der reichen Grabausstattung, durch die die Körperseele mit allem Nötigen versorgt wurde, um das Lebensniveau in der Unterwelt zu halten oder zu verbessern. Ab dem 4. Jh. v. Chr. wurde ein Verzeichnis aller Grabbeigaben an die Verwaltung des Jenseits adressiert. Dekorationen mit kosmologischer Bedeutung wie z. B. mit Sternen und Konstellationen bemalte Decken von Grabkammern oder Grabbeigaben wie z. B. Spiegel mit Darstellungen der vier Himmelsrichtungen und den »zyklischen Zeichen« sollten den Verstorbenen mit dem Kosmos in Einklang setzen. Darstellungen von Tieren, die Glück bringen sollten – Drache, Hirsch, Phönix, Tiger –, und bestimmter göttlicher Wesen wie Xiwangmu erleichterten dem Verstorbenen seinen Aufstieg in die himmlische Welt.

Begriffe
Hauchseele *(hun)*; Körperseele *(po)*; Königinmutter des Westens *(Xiwangmu)*

Verwandte Stichworte
Streben nach Unsterblichkeit; Die zwei Seelen des Verstorbenen; Grabstätte

▼ Sarkophag mit Götter- und Fabeltierdekor, Westliche Han-Dynastie, um 168 v. Chr., Fund aus Grab Nr. 1 von Mawangdui (Provinz Hunan), innen rot und außen schwarz lackiertes und bemaltes Holz, 114 x 256 x 118 cm, Changsha, Provinzmuseum von Hunan.

Das ursprünglich um einen Bambusstab gewickelte Banner wurde bei den Ritualen der Anrufung der Seele des Verstorbenen verwendet und vielleicht auch während des Trauerzuges hochgehalten, bevor man es über dem Sarg ausbreitete.

Zwei Wächter bewachen das Tor zur himmlischen Welt, die von Drachen, Vögeln und zwitterhaften Göttern bevölkert wird und über der eine rote Sonne mit einem schwarzen Raben und eine Mondsichel mit Kröte und Hasen prangen.

Auf einer Art Bühne, die von einem Baldachin geschützt und oben von einem geflügelten Tier sowie seitlich von den Köpfen zweier Drachen eingerahmt wird, erscheint die verstorbene Fürstin, gefolgt von drei Frauen und angerufen von zwei Männern, die vor ihr knien.

Zwei durch eine bi*-Scheibe aus grüner Jade geschlungene Drachen steigen von der Unterwelt zur himmlischen Welt auf. Der Drache, der die Götter und Unsterblichen beförderte, geleitete auch die Hauchseelen* hun *auf ihre Reise in die Unsterblichkeit.*

Auf der Ebene, die von einem Atlanten getragen wird, spielt sich eine Szene ab, die an die feierlichen Opferrituale zu Ehren der Verstorbenen erinnert. Hier sind auch zahlreiche typische Grabbeigaben dargestellt.

Die zwei verschlungenen Fische versinnbildlichen die kalte und dunkle Unterwelt.

► Seelenbanner, Westliche Han-Dynastie, um 168 v. Chr., Fund aus Grab Nr. 1 von Mawangdui (Provinz Hunan), bemalte Seide, L: 205 cm, Changsha, Provinzmuseum von Hunan.

Einige Münzbäume wurden in Westchina in Gräbern aus dem 1. bis 3. Jh. n. Chr. gefunden.

In der chinesischen Mythologie stellt der kosmische Baum als Symbol der Fruchtbarkeit und des ewigen Lebens die Verbindung zwischen Himmel und Erde her; in den Wipfeln lebt der rote Vogel des Südens.

In die am Stamm angebrachten Ringe wurden vier Lagen seitlich ausladender Äste eingehängt, die die Form eines rechtwinkligen Strahlenkranzes ergeben; der Stamm selbst ist mit eingeritzten Wellen und durchbrochenen Lamellen verziert, die mythologische Szenen darstellen.

Die Hoffnung, unsterblich zu werden, spiegelt sich im Dekor der Äste wider, an denen die typisch chinesischen runden Münzen mit einem quadratischen Loch in der Mitte hängen, die wohl dem Verstorbenen ein angenehmes Leben im Jenseits sicherstellen sollten.

Die Drachenköpfe, die Elefanten, die die Stadttore passieren, und Dongwanggong, der von Hirschen flankierte Königvater des Ostens, symbolisieren den Wunsch nach Unsterblichkeit.

▲ Goldschüttelbaum, Westliche Han-Dynastie, 2.–frühes 3. Jh. n. Chr., teilweise vergoldete Bronze und Terrakotta mit Farbspuren, H: 139 cm, Turin, Fondazione Giovanni Agnelli.

»Die alten Gräber sind bewachsene Hügel, / ein unterirdischer Palast – scharlachrote Terrasse: / Sterne verteilt auf sieben Lichtermeere, / sprudelnd aus neun Quellen der Fluss des Himmels.«
(Wang Wei)

Grabstätte

Begriffe
Grab, Grabanlage *(mu)*; Geisterweg *(shendao)*

Verwandte Stichworte
Qin Shi Huangdi; Hongwu; Yongle; Virtuelle Gefährten

Ab der Zeit der Streitenden Reiche waren grüne Hügel ein Hinweis auf die Präsenz von Grabstätten. Das Mausoleum des Ersten Kaisers, eine außergewöhnlich große Anlage war in traditioneller Bauweise aus Holz gebaut und hermetisch abgeschlossen. Erst in der Hanzeit kamen Grabstätten mit Eingangstüren auf, zu denen ein mit steinernen Tierskulpturen gesäumter »Geisterweg« führte. Die Öffnung der Grabstätte war die Folge des allmählichen Wandels bestimmter Bestattungsbräuche: Eheleute wurden jetzt im selben Grab beigesetzt und einige Rituale wurden in das Grab verlegt. Die Grabanlagen waren in verschiedene Räume unterteilt, und mit der Zeit setzte sich nach dem Vorbild des Häuserbaus auch in der Grabarchitektur die axiale Bauform durch. Paläste und Häuser waren Holzkonstruktionen, doch in der Grabarchitektur bestimmte das Bedürfnis nach solider Bauweise die Wahl der Materialien: Man verwendete gebrannte Ziegel oder Stein. Die Gräber der Kaiserfamilie der Tang-Dynastie vermitteln ein schillerndes Bild der Epoche, waren doch die in Nord-Süd-Richtung ausgerichteten Anlagen mit Wandmalereien ausgeschmückt, die den Übergang vom umliegenden Park in das Herz des Palastes illustrieren. Die Gräber der Song-Herrscher waren weniger prunkvoll, die Ming-Kaiser wiederum gaben einen Großteil der öffentlichen Gelder für die Errichtung ihrer Mausoleen aus, die größtenteils überirdisch gebaut wurden.

▼ Grabhügel des Ersten Kaisers Qin Shi Huangdi in Lintong (Provinz Shaanxi), Qin-Dynastie, 221–206 v. Chr.

Die Grube dieses in Nord-Süd-Richtung angelegten trichterförmigen Grabes ist 16 m tief und mit einem Tumulus von einem Durchmesser von 25 bis 30 m bedeckt; längs misst sie 7,60 m auf dem Grund und 20 m auf ebener Erde.

Seit dem Ende der Jungsteinzeit wurde auf dem Boden der senkrechten Grube – das war die Bauform der damaligen Gräber – eine Holzkonstruktion errichtet, die man »äußerer Sarg« (guo) *nannte, in die der Leichnam gelegt wurde.*

Ab dem 4. Jh. v. Chr. wurde der sog. äußere Sarg, der in der Shang- und Zhouzeit zu einem Rangsymbol geworden war, unterteilt: Die mittlere Kammer war nach wie vor der Bahre vorbehalten, die seitlichen Bereiche enthielten die Grabbeigaben.

Die zentrale Kammer enthielt vier ineinander gestellte Särge. Der innere barg den Leichnam, der auf dem Rücken lag und etwa 20 Gewänder trug, die mit Seidenbändern zusammengehalten wurden.

Der äußere Sarg war außen mit einer oftmals mehr als einen Meter dicken Schutzschicht aus Kohle und weißem Ton bedeckt, die den Inhalt über 2000 Jahre lang wirksam gegen das Eindringen von Luft und Feuchtigkeit schützten konnte.

▲ Grundriss von Grab Nr. 1 in Mawangdui, Changsha (Provinzhauptstadt von Hunan), Westliche Han-Dynastie, um 168 v. Chr.

Diese Grabstätte ist Teil einer einheitlichen Anlage aus drei Gräbern, in denen drei Nachfahren von Wu Zetian begraben liegen: Die zwei Prinzen und eine Prinzessin, die der Kaiserin zum Opfer gefallen waren, wurden nach dem Tod der Herrscherin rehabilitiert und in diese Ruhestätten umgebettet.

Die acht Nischen entlang der Zugangsrampe (vier auf jeder Seite) enthielten Terrakottafiguren. Die Grabbeigaben und persönlichen Gegenstände des Prinzen befanden sich im Sarg. Die Rampe war zusätzlich mit Schächten für die Belüftung des Grabes ausgestattet.

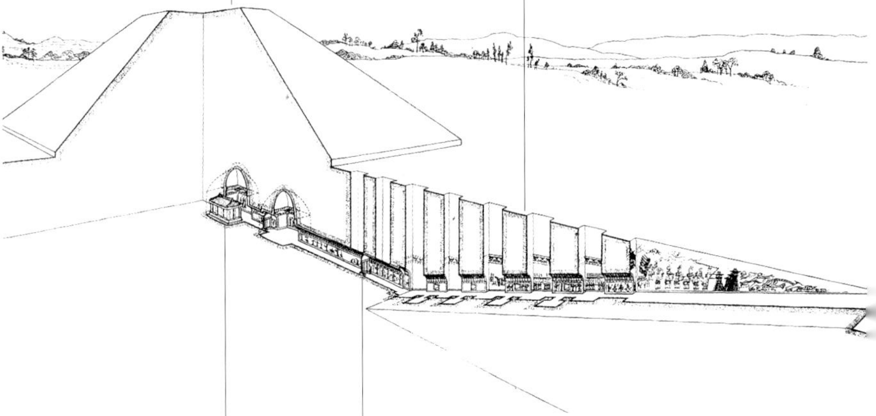

In der inneren Kammer befindet sich der große steinerne Sarkophag mit den Überresten des Prinzen Li Zhongrun, der im Alter von nur 19 Jahren zu Tode kam. Der Reliefdekor auf dem Sarkophag sowie die Wandmalereien schildern das Leben im Palast.

Eine Steintür verschließt den Bereich des inneren Palastes, der nur über den Mittelgang zu begehen ist und aus dem Vorraum und der Grabkammer besteht.

▲ Schematische Darstellung der Grabanlage des Prinzen Li Zhongrun (Yide) auf dem Grabareal von Qianling, Xi'an (Provinz Shaanxi), Tang-Dynastie, 706 n. Chr.

Die Gräber der beiden Prinzen und der Prinzessin, die der Kaiserin Wu Zetian zum Opfer fielen, sind auf der Nord-Süd-Achse angelegt. Im oberen Teil der Zugangsrampe, in der Nähe der Tür zur Grabstätte, sind der grüne Drache des Ostens und der weiße Tiger des Westens auf die Wände gemalt, davor einige Höflinge.

Der Blick in das Innere der Anlage gibt eine Vorstellung von der Größe des unterirdischen Palastes, der fast 88 m lang ist.

Auf den seitlichen Wänden der Rampe sind die Zerstreuungen und das Alltagsleben der nach »westlicher« Manier gekleideten adligen Damen der Epoche wiedergegeben.

. Ansicht der Zugangsrampe zum Grab der Prinzessin Li Yongtai
ıf dem Grabareal von Qianling, Xi'an (Provinz Shaanxi),
ang-Dynastie, 706 n. Chr.

Der große Opfertempel, »Halle des himmlischen Wohlwollens« genannt, ist mit gelb – der Farbe des Kaisers – glasierten Ziegeln gedeckt und ruht auf 32 vergoldeten Holzsäulen.

Direkt vor dem Eingang zum Innenbereich des Grabkomplexes steht ein steinerner Turm mit der Gedenkstele des Kaisers Yongle.

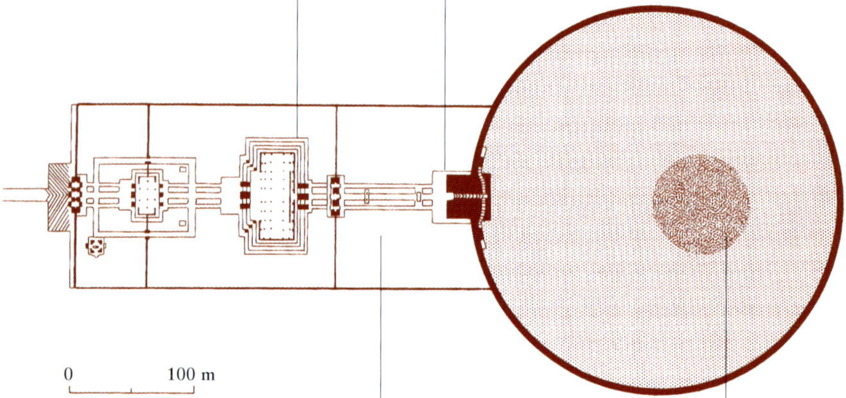

Mit Ausnahme der eigentlichen Grabstätte, die unterirdisch im mittleren Hügel des Tianshou-Gebirges erbaut wurde und noch nicht freigelegt worden ist, besteht das Mausoleum des Kaisers Yongle und seiner Hauptfrau in einer Abfolge von überirdisch errichteten Bauwerken.

Bei Ausgrabungen einer sehr ähnlich gestalteten Grabanlage, die für einen Nachfahren des Kaisers Yongle angelegt wurde, wurde eine Abfolge von fünf unterirdischen, in Stein erbauten Kammern entdeckt.

▲ Grundriss der Grabanlage des Kaisers Yongle in Changling bei Peking, Ming-Dynastie, 1409–27.

Etwa 50 km nordwestlich von Peking befindet sich eine Gruppe von Mausoleen, in denen 13 Ming-Kaiser bestattet wurden.

Alle Gräber sind durch den Geisterweg miteinander verbunden, der von überlebensgroßen Marmorstatuen gesäumt wird, und befinden sich jeweils am Fuße eines Hügels, der einen natürlichen Tumulus bildet, in dem der Sarg aufbewahrt wird.

Durch das rund 30 m hohe Portal aus fünf Bögen gelangt man zum Haupteingang des Grabareals.

▲ Marmorportal am Eingang zu den Grabanlagen der Ming-Kaiser in Changling bei Peking, 1540.

»Die Statuetten von Menschen und Pferden sind so gemeißelt und verziert, dass sie lebendig wirken; ihr einziger Zweck ist es, die Vorübergehenden in Staunen zu versetzen.« (Altes Buch der Tang)

Virtuelle Gefährten

Begriffe
Ersatzobjekte (*mingqi*)

Verwandte Stichworte
Qin Shi Huangdi; Grabstätte; Jenseits; Grabwächter

Die Zeugnisse aus der Grabanlage des Ersten Kaisers lassen auf eine Übergangsperiode schließen, in der serienmäßig produzierte »Ersatzobjekte«, maßstabgetreue Statuetten, die im 5. Jh. v. Chr. aufgekommen waren, bestimmte praktische Verteidigungs- und Dienstfunktionen übernahmen und gleichzeitig Untertanen, die in einem engen persönlichen Kontakt zum Herrscher gestanden hatten, diesem ins Grab folgen mussten. In der Hanzeit breitete sich der Brauch, »Ersatzobjekte« als Grabbeigaben zu verwenden, in der gesamten Bevölkerung aus, und neben den Figuren von Soldaten, Dienern, Damen und Tänzerinnen finden sich auch Darstellungen volkstümlicher Motive wie Bauern, Erzieherinnen und Nutztiere. In der Tangzeit wurde eine Behörde ins Leben gerufen, die über die Produktion von Grabbeigaben wachte, doch die Auflagen zur Begrenzung der Stückzahl und Größe wurden häufig missachtet und die Gräber mit Statuetten zu allen Aspekten des Lebens bestückt. Mit der Renaissance des Konfuzianismus in der Songzeit wurde die Grabausstattung wieder schlichter: Es überwogen Keramiken mit klassischen Formen und literarischen Motiven. In der Mingzeit wurden Statuetten immer seltener, als der Brauch sich ausbreitete, bei der Bestattung Papiermodelle zu verbrennen.

▼ Drei Literatenstatuetten, Ming-Dynastie, 1500–1600, Steinzeug mit Bleiglasurüberzug, H (max.): 21,6 cm, London, Victoria and Albert Museum.

Die naturalistische Farbgebung betonte ursprünglich den Verismus der Formen, doch sind die Mineralpigmente großenteils in die Erde vergegangen, in der der Vogel über 2000 Jahre lang verborgen lag.

In den letzten Jahren wurden bei Ausgrabungen Dutzende von Wasservögeln zutage gefördert, die alle auf einem Holzdamm zu beiden Seiten eines unterirdischen Grabens standen, der auf dem Areal des Mausoleums des Ersten Kaisers angelegt worden war.

Der Reiher hat soeben eine kleine Schlange gefischt.

Der Fund könnte die Behauptung des Geschichtsschreibers Sima Qian bestätigen, dass auf dem Areal des Mausoleums die großen Flüsse Chinas unterirdisch rekonstruiert worden seien.

Die tiefen Abdrücke, die die Handwerker auf dem Boden des Grabens hinterließen, geben Anlass zu der Annahme, dass hier ein Wasserlauf oder ein Teich angelegt war, der mit den Vögeln ausgeschmückt wurde.

▲ Reiher, Qin-Dynastie, 221–206 v. Chr.,
vom Areal der Grabanlage des Ersten Kaisers in Lintong,
Bronze mit Pigmentspuren, H: ca. 90 cm,
Lintong, Museum der Terrakotta-Armee des Kaisers der Qin.

Die Ausstattung der Gräber mit persönlichen Gegenständen und Figuren schuf eine einladende und angenehme Atmosphäre, in der die Körperseele des Verstorbenen glücklich weiterleben konnte.

Die Form des Objekts – ein Fuß in Gestalt eines Berges, über dem sich ein reich verzweigter Baum majestätisch erhebt – und die Dekoration mit Fabeltieren und unsterblichen Wesen verlagern die Festmahlszene in eine übernatürliche Welt.

Der Leuchter sollte ein Festmahl erhellen, das im Vorzimmer des Grabes aus Irdenware nachgestellt wurde und neben einer festlich gedeckten Tafel aus einer Gruppe von Musikern, Komödianten und Akrobaten bestand.

Die Ersatzobjekte, die in Nischen oder im Vorraum zur Grabkammer untergebracht waren – Orte, die anlässlich der Zelebrierung bestimmter Riten aufgesucht wurden –, dienten auch als Beweis gegenüber der Öffentlichkeit, dass die Nachkommen das Gebot der Pietät gegenüber den Eltern befolgten.

▲ Hundert-Blumen-Leuchter *(baihuadeng)*, Östliche Han-Dynastie, 2. Jh. n. Chr., aus Jianxi Xilihe (Provinz Henan), Terrakotta, Pigmente, H: 92 cm, Luoyang, Amt für die Verwaltung der Kulturgüter.

»Exorzisten tragen Bärenfelle, vier vergoldete Augen, dunkle und purpurfarbene Gewänder; sie ... exorzieren, indem sie durch die Häuser gehen und alles Unreine beseitigen.« (Riten der Zhou)

Grabwächter

Als die Grabstätten noch versiegelt waren, wurden sie von Armeen aus Terrakotta-Soldaten beschützt. Ab der Hanzeit führte ein mit steinernen Tier- und Wächterskulpturen gesäumter »Geisterweg« den Besucher vom Eingang der Grabanlage, der symbolisch durch zwei an Wachttürme erinnernde Steinpfeiler verschlossen war, bis zum Fuße eines zentralen Tumulus. Zu beiden Seiten der Zugangsrampe waren häufig der blaue Drache des Ostens und der weiße Tiger des Westens abgebildet, die das Grab in die kosmische Ordnung einfügten. Der Eingang zum Grab war durch ein Steintor verschlossen, das ein Flachrelief mit Unheil abwehrenden Motiven verzierte. Für die hanzeitlichen Statuen und Wandmalereien, die Exorzisten darstellen, dienten vermutlich echte Geisterbeschwörer als Vorbild, die während des Bestattungsrituals mit der Reinigung der Örtlichkeiten durch magische Formeln und Räucherwerk beauftragt waren. Ende des 5. Jh. n. Chr. kamen (in Gräbern der Nördlichen Wei) Figurenpaare von Untieren – eines mit menschlichem Antlitz, eines in Löwengestalt – auf. Diese Bestien gehörten zur Grundausstattung der tangzeitlichen Gräber nebst einem anderen anthropomorphen Wächterpaar, das ab dem 7. Jh. mit buddhistischen Bildelementen verbunden wurde.

Begriffe
Geisterweg *(shendao)*; Steinpfeiler der Stadt *(que)*; Fratzengesicht *(pushou)*; Exorzisten *(fangshi, fangxiangshi)*; Wächter mit Tierschnauze *(zhenmushou)*; Wächter mit menschlichem Antlitz *(zhenmuyong)*

Verwandte Stichworte
Exorzisten und Magier; Die beseelte Welt; Grabstätte; Virtuelle Gefährten

◄ Statuettenpaar von Grabwächtern, Tang-Dynastie, 1. Hälfte 8. Jh. n. Chr., Terrakotta, Pigmente, H: 57 und 60 cm, Turin, Museo di Arte Orientale.

Das zu einer beängstigenden Fratze verzerrte Gesicht mit den Glubschaugen, den geweiteten und nach oben gekräuselten Nasenflügeln und den fleischigen Lippen verleiht den Dargestellten ein abendländisches Aussehen.

Noch im 6. Jh. n. Chr. bewachten bewaffnete Hüter den Eingang zum Innenbereich der Grabstätten; später traten die Himmelskönige an ihre Stelle.

Die Ikonographie der Himmelskönige ist derjenigen der »vier Wächter der Welt« (lokapala) *entlehnt, die dem buddhistischen Pantheon angehören und zum Schutze des Glaubens an den vier Seiten eines heiligen Feldes aufgestellt sind.*

Mit den Füßen treten die Krieger die raksas, *böse Geister, nieder, die ebenfalls der buddhistischen Vorstellungswelt angehören.*

▲ Statuettenpaar von Himmelskönigen *(Tianwang)*, Tang-Dynastie, 1. Hälfte 8. Jh. n. Chr., Terrakotta mit Dreifarbenglasur *sancai*, Engobe, Pigmente, H: ca. 100 cm, Turin, Museo di Arte Orientale.

Der Geisterweg (shendao), *der vom Haupteingang der Grabanlage mit den Mausoleen der Ming-Kaiser zum »Drachen- und Phönixtor« führt, wird von zwölf Tierpaaren und sechs anthropomorphen Statuenpaaren gesäumt.*

Anthropomorphe Wächterstatuen werden auf chinesisch wengzhong *genannt. Die Bezeichnung leitet sich vom Namen eines beherzten Generals der Armee der Qin ab, der nach seinem Tod auf Befehl des Ersten Kaisers in Stein verewigt wurde.*

Die Statue ist aus einem einzigen Marmorblock gehauen.

Zwei der Statuenpaare in Menschengestalt stellen hohe Beamte aus dem zivilen Bereich dar, zwei weitere verkörpern hohe Militärfunktionäre und die dritte Gruppe würdigt verdienstvolle Würdenträger.

▲ Wächterstatue, Ming-Dynastie, 1435, weißer Marmor, H: ca. 200 cm, Peking, Grabanlagen der Ming-Kaiser.

Hauptstädte

Xianyang
Chang'an (Westliche Hanzeit)
Luoyang
Chang'an (Tangzeit)
Kaifeng
Hangzhou
Nanking (Nanjing)
Peking (Beijing)

Vormals Zhao Boju zugeschrieben, *Siegreich zieht Gaozu in die Stadt Chang'an ein* (Ausschnitt),
dliche Song-Dynastie, 12. Jh., Tusche und Farbe auf Seide, 29,7 x 312,8 cm,
ston, Museum of Fine Arts, William Amory Gardner Fund and Annie Anderson Hough Fund.

»Immer wenn das Qin-Reich einen der Feudalstaaten eroberte, wurden Modelle der Paläste und Pavillons angefertigt und diese im Norden von Xianyang … nachgebaut.« (Sima Qian)

Xianyang

Hauptstadt
- des Qin-Reiches (350–221 v. Chr.)
- der Qin-Dynastie (221–206 v. Chr.)

Begriffe
Shiji (»Aufzeichnungen der Geschichte«)

Verwandte Stichworte
Qin Shi Huangdi; Sima Qian; Kontrolle der Gewässer; Große Mauer; Verkehr

Xianyang war ab 350 v. Chr. die Hauptstadt des Qin-Reiches und wurde durch den Ersten Kaiser im Zuge der neuen Politik der Reichseinheit von Grund auf erneuert; dem *Shiji* zufolge ließ der Kaiser nördlich des Flusses Wei eine Reihe von Palästen errichten, die den Residenzen der Herrscher der eroberten Reiche nachgebildet waren. Archäologische Funde – Fragmente von Ziegeln verschiedener Stilrichtungen – bestätigen diese Aussage. Im selben Bericht steht auch, dass 120 000 Patrizierfamilien aus dem ganzen Reichsgebiet zwangsweise südlich des Flusses angesiedelt wurden. Doch für diese Behauptung ebenso wie für die beschriebenen geheimen Verbindungsgänge, die dem Ersten Kaiser die Möglichkeit gegeben haben sollen, sich zu jeder Zeit inkognito in die Stadt zu begeben, gibt es bislang keine archäologischen Belege. Tatsächlich sind von den Palästen nur einige Plattformen aus gestampfter Erde mit Abdrucken der Holzbauten erhalten. Auf der Grundlage dieser Funde wurde rekonstruiert, wie zwei der Paläste ausgesehen haben könnten: Die in verschiedene Einheiten unterteilten Bauwerke standen auf Erdfundamenten und waren durch Säulengänge und Korridore miteinander verbunden, die mit Flusskieseln oder Hohlziegeln gepflastert waren. Die Wände waren verputzt und geweißt oder mit bunten Malereien verziert, Bronzeornamente schmückten das Holzgebälk, die Dächer waren mit gebrannten Ziegeln gedeckt.

▼ Hohlziegel, Qin-Dynastie, 221–206 v. Chr., Terrakotta mit eingeprägtem Dekor, Xianyang, Stadtmuseum.

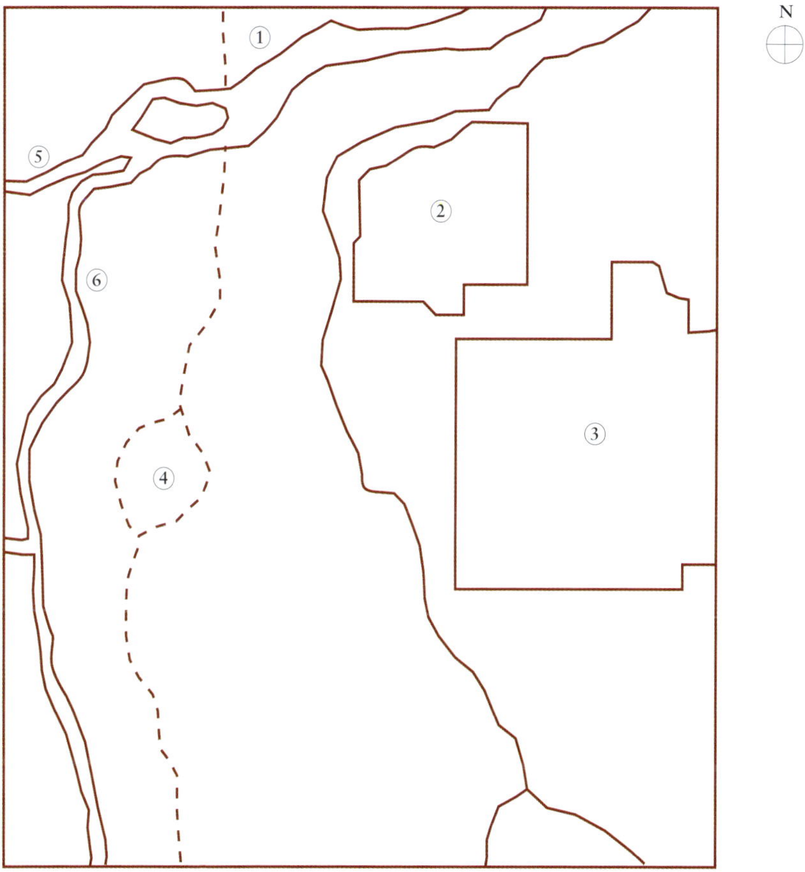

▲ Lageplan der drei Hauptstädte, ie sich in der Nähe des heutigen ï'an (Provinz Shaanxi) befanden.

1. Xianyang, Hauptstadt der Qin-Dynastie (221–206 v. Chr.)
2. Chang'an, Hauptstadt der Westlichen Han (206 v. Chr.–8 n. Chr.)
3. Chang'an, Hauptstadt der Tang (618–907 n. Chr.)
4. Kunmingsee (teilweise rekonstruierbar)
5. Fluss Wei
6. Fluss Feng

Das einzige Zeugnis der riesigen Palastanlage in Xianyang ist diese 60 m lange und 45 m breite Plattform, die als Fundament für die Holzkonstruktionen diente.

Von der Seite kann man die kompakten Erdschichten erkennen, die vor über 2000 Jahren gestampft worden sind und die infolge der natürlichen Erosion und der landwirtschaftlichen Nutzung von Jahr zu Jahr weniger werden.

Der Aufriss zeigt eine sehr breite Palastanlage, bestehend aus zwei links und rechts von einem Kanal angeordneten symmetrischen Gebäudeflügeln.

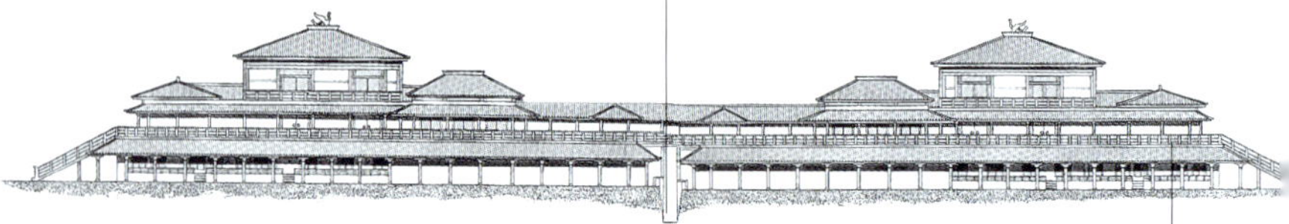

Diese Bauform aus einem großflächigen erhöhten Fundament mit Aufbauten, deren Gerüst aus Holzpfeilern und -balken besteht, war kennzeichnend für die Architektur des antiken China.

▲ Reste der Plattform des Palastes in Xianyang und Aufriss des rekonstruierten Bauwerks.

»Ich dehnte meine Macht / auf den ganzen Kosmos aus / und kehre in die Heimat zurück. / Wie soll ich jetzt / die Helden finden, die über / alle meine Grenzen wachen?« (Gaozu)

Chang'an (Westliche Hanzeit)

Südöstlich von Xianyang ließ Gaozu, der erste Kaiser der Westlichen Han-Dynastie, seine Hauptstadt Chang'an errichten und ab 198 v. Chr. sämtliche Bewohner im Umkreis von 600 *li* per Dekret hierher zwangsumsiedeln. Um die Siedlungsfläche von ca. 36 km² wurde zwischen 194 und 190 v. Chr. eine Stadtmauer aus gestampfter Erde hochgezogen. Die fünf Palastanlagen, die während der Regierungszeit des Kaisers Han Wudi etwa zwei Drittel des ummauerten Areals einnahmen, waren in traditioneller Qin-Bauweise errichtet und wurden teils als Residenzen, teils von staatlichen Behörden genutzt. Die Wohnviertel und Marktplätze befanden sich im Nordwesten der Stadt und waren durch Alleen und Mauern mit bewachten Toren voneinander getrennt. Dreispurige Alleen starteten an den zwölf Stadttoren und gliederten die Stadt in unregelmäßige Rechtecke. Westlich der Stadtmauer erstreckte sich der riesige Shanglin-Park des Kaisers Han Wudi, eine Mischung aus Jagdrevier und Vergnügungspark. Schriftliche Quellen berichten davon, dass es hier einen Teich mit vier künstlichen Inseln gab, der als ein Abbild des Paradieses der Königinmutter des Westens konzipiert war, sowie einen unglaublich hohen Turm, von dessen Spitze man mit den Unsterblichen in Kontakt treten konnte.

Hauptstadt
- der Westlichen Han (206 v. Chr. – 8 n. Chr.)
- der Westlichen Wei (535 – 556 n. Chr.)
- der Nördlichen Zhou (557 – 581 n. Chr.)

Begriffe
Li, altes Entfernungsmaß (ca. ½ km; *li*)

Verwandte Stichworte
Han Wudi; Streben nach Unsterblichkeit; Chang'an (Tangzeit)

◄ Statuetten zweier Männer, Westliche Han-Dynastie, 2. Jh. v. Chr., aus dem Grab des Kaisers Jingdi, Yangling (Provinz Shaanxi), Terrakotta, Engobe, Pigmente, Spuren von Holz und Gewebe, H: 57 und 58 cm, Yangling, Archäologisches Museum.

Die traditionelle Geschichtsschreibung glorifiziert die Han-Dynastie, weil sie das ideologische Fundament für die Erhebung des Konfuzianismus zur Staatslehre legte, die über 2000 Jahre lang Bestand haben sollte.

Der erste Kaiser der Han, der sowohl mit seinem Familiennamen Liu Bang als auch mit seinem postumen Titel Gaozu in die Geschichte einging, war bäuerlicher Herkunft.

Der Standort des Weiyang-Palastes, der von Gaozu errichtet und unter Wudi erweitert wurde (am Schluss umfasste er vierzig Gebäude, die durch Arkaden miteinander verbunden waren), wird mit der Position des Polarsterns in Zusammenhang gebracht.

▲ Vormals Zhao Boju zugeschrieben, *Siegreich zieht Gaozu in die Stadt Chang'an ein* (Ausschnitt), Südliche Song-Dynastie, 12. Jh., Tusche und Farbe auf Seide, 29,7 x 312,8 cm, Boston, Museum of Fine Arts, William Amory Gardner Fund and Annie Anderson Hough Fund.

Das verherrlichende Gemälde stellt die Stadt Chang'an als große bewehrte Stadt dar. Tatsächlich ließ Gaozu die Hauptstadt auf dem Areal einer alten Residenz der Qin errichtet.

Bestimmten Bauelementen der Stadt wird in der Überlieferung symbolische Bedeutung zugeschrieben, wie auch der Han-Dynastie eine wesentliche Rolle innerhalb der kosmischen Ordnung zugewiesen wurde.

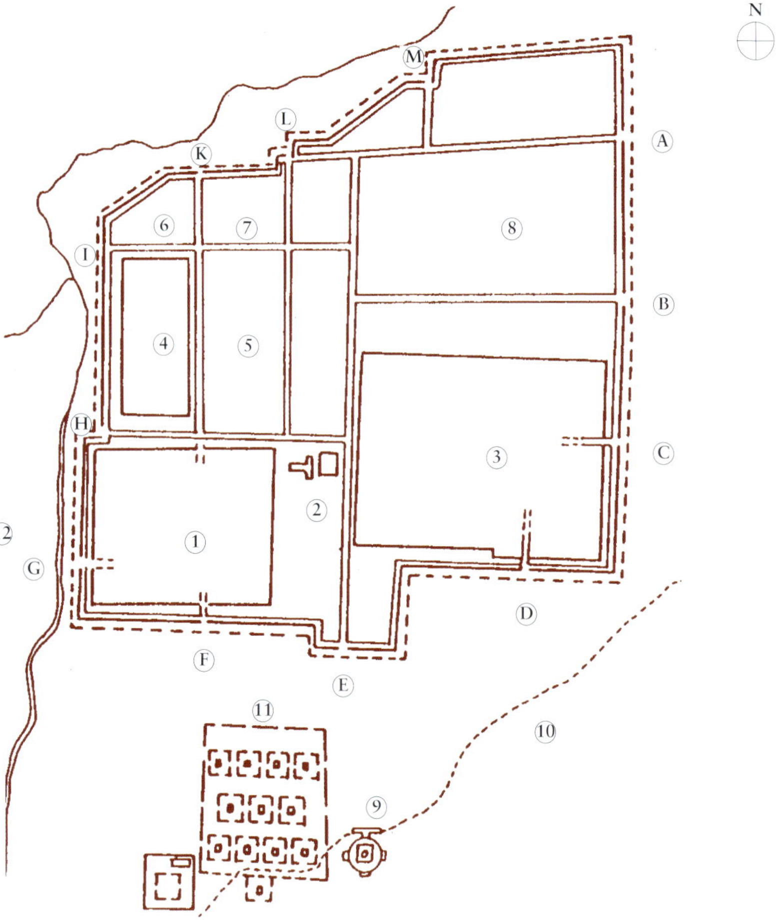

▲ Grundriss der Stadt Chang'an, Westliche Han-Dynastie, 206 v. Chr. – 8 n. Chr.

A–M: Stadtmauer mit zwölf Toren (194–190 v. Chr.)

1. Weiyang-Palast (Regierungszeit von Gaozu, 206–195 v. Chr.)
2. Arsenal
3. Ch'angle-Palast (Regierungszeit von Gaozu, 206–195 v. Chr.)
4. Gui-Palast (Regierungszeit von Wudi, 141–87 v. Chr.)
5. Nordpalast (Regierungszeit von Wudi, 141–87 v. Chr.)
6. Westmarkt (Regierungszeit von Gaozu, 206–195 v. Chr.)
7. Ostmarkt (Regierungszeit von Gaozu, 206–195 v. Chr.)
8. Mingguang-Palast (Regierungszeit von Wudi, 141–87 v. Chr.)
9. *Mingtang*, *biyong* (4 n. Chr.)
10. Kanal
11. Kulturkomplex (Interregnum von Wang Mang, 8–24 n. Chr.)
12. Jianzhang-Palast (Regierungszeit von Wudi, 141–87 v. Chr.)

»Ich klettere bis zum Kamm des Berges Bei Mang hoch / und schaue auf die Stadt Luoyang herab.« (Cao Zhi)

Luoyang

In den Jahren 9 bis 23 n. Chr. wurde die Herrschaft der Han durch das Interregnum von Wang Mang unterbrochen, einem konfuzianischen Staatsmann, der eine eigene Dynastie gründete und drastische Reformen zugunsten der Kleinbauern einzuleiten versuchte. Ein Nachkomme der Kaiserfamilie brachte die Han-Dynastie im Jahr 25 n. Chr. wieder an die Macht und verlegte die Hauptstadt nach Luoyang, in die berühmte Hauptstadt der Östlichen Zhou. Obwohl von kleinerer Ausdehnung zählte Luoyang im 1. Jh. n. Chr. mehr als doppelt so viele Einwohner wie Chang'an, nämlich rund 500 000. Die zu Füßen des Berges Mang gelegene, im Süden durch den Fluss Luo geschützte Stadt wies die Form eines unregelmäßigen Rechtecks auf, das von einer Mauer umgeben und durch breite Alleen gegliedert war. Zwei große Palastkomplexe, einer im Norden und der andere im Süden, beherrschten das Stadtbild. Zahlreiche Gärten und Parks befanden sich innerhalb der Stadtmauern, einige Marktplätze wurden nach außerhalb verlegt. Im ahr 68 n. Chr. wurde hier der erste buddhistische Tempel auf hinesischem Boden rrichtet, das »Kloster les Schimmels«. Luoyng wurde noch vor lem Untergang der Han-Dynastie zerstört, rlebte aber ab 493 nter den Nördlichen Wei, die von der Nordrenze in das Herz Chias umsiedelten und amit dem Buddhismus ie Tore öffneten, eine eue Blüte.

Hauptstadt
- der Östlichen Zhou (770–221 v. Chr.); Name: Chengzhou
- der Westlichen Han (25–220 n. Chr.)
- des Wei-Reiches (265–316 n. Chr.)
- der Nördlichen Wei (493–534 n. Chr.)

Begriffe
Kloster des Schimmels (*Baima si*)

Verwandte Stichworte
Barbarische Dynastien; Chang'an (Westliche Hanzeit); Longmen

◄ Flachrelief mit der Darstellung eines Stadttores, Östliche Han-Dynastie, 25–220 n. Chr., aus Anren, Bezirk Dayi (Provinz Sichuan), Ziegel mit eingeprägtem Dekor, 38 x 44 cm, Chengdu, Provinzmuseum von Sichuan.

Katastrophen verheerenden Ausmaßes – die schlimmste war das Hochwasser des Gelben Flusses im Jahr 11 n. Chr., das in fünf zentral- und nordchinesischen Provinzen schreckliche Zerstörungen anrichtete – führten zu Aufständen gegen den Usurpator Wang Mang, der 23 n. Chr. ermordet wurde.

Die strategische Entscheidung für Luoyang hatte einerseits mit dem Renommee der alten Hauptstadt der Östlichen Zhou zu tun, andererseits mit der Notwendigkeit, eine Alternative für die zerstörte Hauptstadt Chang'an finden zu müssen.

Bedingt durch die Veränderung des Verlaufs des Gelben Flusses (Huanghe) nach dem Hochwasser und infolge der Nomadeneinfälle in Nordchina kam es zu einer ersten großen Migrationswelle in Richtung der vormals kaum besiedelten Südprovinzen.

Der im Jahr 25 n. Chr. durch die Angehörigen des Kaiserklans zum Kaiser erhobene Liu Xiu (postumer Name: Guangwu) brauchte elf Jahre, um den Bürgerkrieg zu beenden und sich in der neuen Hauptstadt Luoyang dauerhaft und sicher einzurichten.

► Qiu Ying, *Kaiser Guangwu durchquert einen Fluss an einer Furt*, Ming-Dynastie, 1368–1644, Hängerolle, Tusche und Farbe auf Seide, 170,8 x 65,4 cm, Ottawa, National Gallery of Canada.

Die Regierung der Östlichen Han-Dynastie zeichnete sich durch eine liberale Wirtschaftspolitikaus. Die Autonomie der großen Familien wuchs, während die Zentralgewalt immer stärker in die Hände der Eunuchen gelangte.

Innerhalb der Mauern eines Besitztums lebten die leibeigenen Bauern, die Privatmilizen, die Bediensteten und Sklaven, die sich – in einem völlig autarken System – um Ackerbau und Tierzucht, die Herstellung von Werkzeug und Gebrauchsgegenständen sowie um den Handel kümmerten.

Das fruchtbare Ackerland der Großgrundbesitzer war mit Einfriedungsmauern und Wachttürmen geschützt.

▲ Modell eines Wachtturmes, Östliche Han-Dynastie, 2. Jh. n. Chr., aus Mazuocun (Provinz Henan), Terrakotta, Pigmente, H: 148 cm, Zhengzhou, Provinzmuseum von Henan.

Architekturmodelle von Wachttürmen, Getreidespeichern, Brunnen, Schweineställen usw. gehörten in der Östlichen Hanzeit zur Ausstattung der Gräber von Großgrundbesitzern und liefern heute wertvolle Informationen über die ländliche Bauweise jener Epoche.

Traditionell gilt die Han-Dynastie als der eigentliche Ursprung des alten Reiches der Mitte, auf den stets Bezug genommen wurde. Noch heute nennen sich die alteingesessenen Chinesen selbst Han.

Von der hoch über dem Fluss gelegenen Terrasse aus genießt ein Mitglied der kaiserlichen Familie unter dem Schutz eines kleinen Baldachins die Aussicht auf die Landschaft in der Ferne.

Ab der Song-Dynastie waren die Festmahle, Zeremonien und Paläste der Han beliebte Darstellungsmotive der Malerei.

Allein mit schwarzer Tusche gibt der Maler eine Palastanlage wieder, die sich in einer Abfolge von Höfen, Terrassen, Passagen und Pavillons an einer Felswand in die Höhe erstreckt.

▲ Li Rongjin, *Han-Palast*, Yuan-Dynastie, um 1350, Hängerolle, Tusche auf Seide, 156,6 x 108,7 cm, Taipei, Nationales Palastmuseum.

»Immerzu muss ich an dich denken / in Chang'an, / wo die Hausgrillen im Herbst / an der goldenen Brunnenmauer zirpen.« (Li Bai)

Chang'an (Tangzeit)

Ein großartiges städtebauliches Projekt wurde unter der kurzen Sui-Dynastie geplant und verwirklicht sowie unter der nachfolgenden Tang-Dynastie mit einem effizienten Verwaltungsapparat versehen: die unweit der alten Kapitale der Westlichen Han gelegene gleichnamige neue Hauptstadt Chang'an. Sie wurde zum wirtschaftlichen, kulturellen und religiösen Zentrum der gesamten antiken Welt. Die Stadt mit einer Fläche von 84 km² war symmetrisch zu beiden Seiten einer Süd-Nord-Achse angelegt, die vor dem einzigen zentrierten Bauwerk, dem dreiteiligen Gebäudekomplex des Kaiserpalastes, endete. Das kaiserliche Viertel, wo die Ministerien und Verwaltungsbehörden ihren Sitz hatten, erstreckte sich südlich vom Palast. Die Mauern, die um die Stadt, den Kaiserpalast und jedes der 108 Wohnviertel errichtet waren, sowie die breiten Baumalleen mit den offenen Wasserkanälen daneben, über die an jeder Kreuzung eine kleine Brücke führte, dominierten das Stadtbild. Jedes Viertel war eine autarke Gemeinde mit Privathäusern, Geschäften, Trinkwasserbrunnen und mindestens einem buddhistischen oder daoistischen Tempel. Zwei große Märkte, die der Kontrolle einer eigens eingerichteten staatlichen Behörde unterstanden, boten Waren aller Art feil. Kanäle dienten dem Transport und zur Bewässerung der Gärten und Parks.

Hauptstadt
• der Sui (587–617 n. Chr.); Name: Daxing
• der Tang (618–907 n. Chr.)

Begriffe
zentraler Kaiserpalast *(taiji)*; Stadtviertel *(fang)*

Verwandte Stichworte
Tang Taizong; Xuanzang; Wu Zetian; Li Bai; Ausländer am Kaiserhof; Handel; Verkehr; Virtuelle Gefährten; Grabwächter

◄ Griffe in Gestalt von zwei Fratzen *(pushou)*, Tang-Dynastie, 7. Jh. n. Chr., aus den Ruinen des Daming-Palastes in Xi'an (Provinz Shaanxi), vergoldete Bronze, Ø: 26,4 cm, Xi'an, Sammlung des Amtes für die Verwaltung der Kulturgüter.

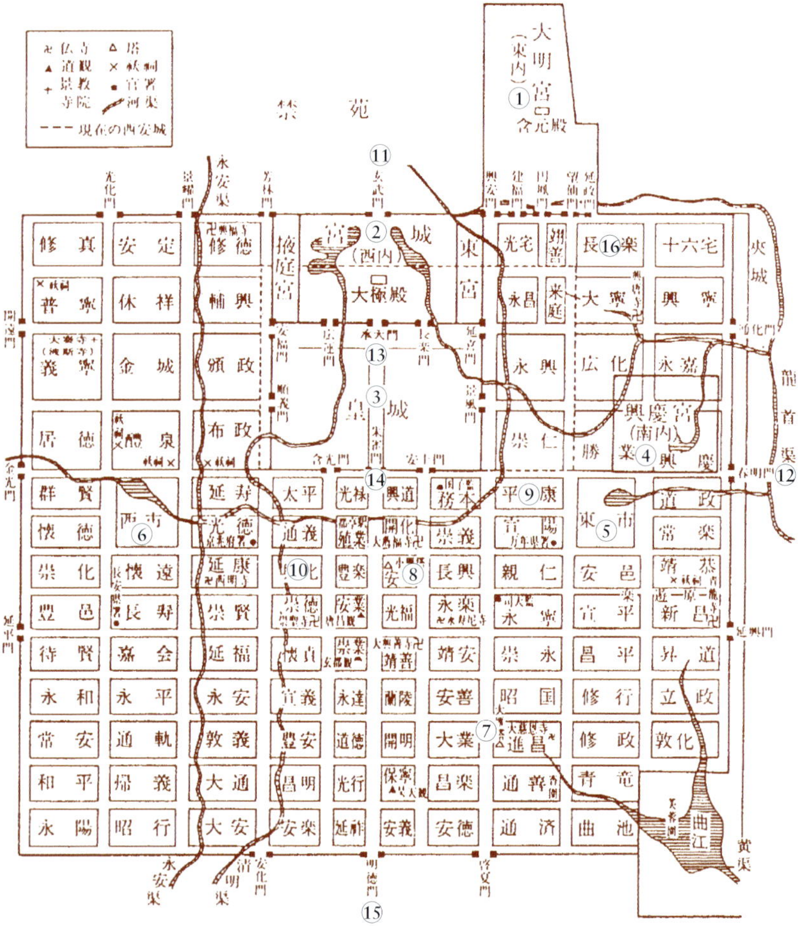

1. Daminggong (»Palast der Großen Helle«): Die 634 n. Chr. errichtete Palastanlage wurde um 660 erheblich erweitert und war danach kaiserliche Residenz.
2. Gongcheng (»Palaststadt«): kaiserliche Residenz bis zur Regierungszeit von Tang Gaozong (649–683 n. Chr.)
3. Huangcheng (»Kaiserstadt«): Sitz der Verwaltungsbehörden
4. Xingqinggong (»Xingqing-Palast«): weiterer kaiserlicher Gebäudekomplex, errichtet unter Xuanzong (Regierungszeit 712–756 n. Chr.)
5. Dongshi (»Ostmarkt«): Handelszentrum für hochwertige einheimische Waren
6. Xishi (»Westmarkt«): vergleichbar einem Bazar, der hauptsächlich von Ausländern aufgesucht wurde
7. Dayanta (»Große Ganspagode«)
8. Xiaoyanta (»Kleine Ganspagode«)
9. Pingkang fang: Vergnügungsviertel
10. Xinghua fang (»Xinghua-Viertel«)

11–15. Eindeutig nachweisbare Stadttore

16. Ch'angle fang (»Ch'angle-Viertel«)

Diese Statue vurde zusammen nit einer anderen ehr ähnlichen, allerdings unbe-vaffneten Statue gefunden, die einen Jäger dar-tellt, vermutlich den Verstorbenen elbst, ein hoher Beamter, der sich Kaiser Xuanzong egenüber auch n kritischen ituationen stets oyal verhielt.

Nur selten kommen Statuen aus Marmor als Grabbeigaben vor. Das Material fand vor allem in der buddhistischen Bildhauerkunst Verwendung.

Der Knecht trägt zwei kom-plette Jagdaus-rüstungen: Vom Gürtel hängen auf der einen Seite ein Bogen und ein Säbel mit gekrümmter Klinge, der wie ein persischer Krummsäbel aussieht, auf der anderen Seite ein Kö-cher. Auf dem Rücken und vor der Brust trägt er die Waffen seines Herrn.

◀ Grundriss der Stadt Chang'an in er Tangzeit

▲ Statuette eines Knechtes, Tang-Dynastie, um 740 n. Chr., aus dem Grab des Generals Yang Sixu in Dengjiapocun, Xi'an (Provinz Shaanxi), weißer Marmor, Spuren von Pigmenten und Blattgold, H: 40,3 cm, Peking, Museum der chinesischen Geschichte.

Im Jahr 1970 wurden in einem kleinen Dorf nahe der heutigen Stadt Xi'an im Keller eines Hauses zufällig ungefähr tausend wertvolle Gegenstände entdeckt, die sich in zwei großen Steingutkrügen befanden.

Die Gestalt dieses Weinkrugs ist den Feldflaschen aus Leder nachgebildet, die unter den Nomadenvölkern und Pilgern, die in die »Westregionen« reisten, verbreitet waren.

Das in Treibarbeit ausgeführte und vergoldete Ross scheint mitten im Galopp abzubremsen. Die ausgefallene Pose und der Kelch im Maul lassen vermuten, dass es sich um eines der berühmten »tanzenden Pferde« handelt, die zur Belustigung des Hofes dressiert wurden.

▲ Weinkrug in Form einer Feldflasche, Tang-Dynastie, 7.–Mitte 8. Jh. n. Chr., aus Hejiacun, Xi'an (Provinz Shaanxi), teilweise vergoldetes Silber, H: 18,5 cm, Xi'an, Historisches Museum der Provinz Shaanxi.

Dank einiger sassanidischer, persischer, japanischer und chinesischer Münzen konnten die wertvollen Gegenstände datiert werden: Sie wurden während des Aufstands von An Lushan in den 50er-Jahren des 8. Jh. n. Chr. versteckt.

»Südlich und nördlich der Hauptstadtbrücke verläuft die Hauptstraße, / Jahr um Jahr warten hier die Alten auf die Rückkehr der kaiserlichen Kutsche.« (Fan Chengda)

Kaifeng

Die am Kaiserkanal und in der Nähe bedeutender Steinkohle- und Eisenbergwerke gelegene »östliche Hauptstadt« der Nördlichen Song-Dynastie war nicht nur der Sitz der Zentralverwaltung, sondern auch ein modernes Handelszentrum. Die Stadtmitte wurde durch das kaiserliche Viertel – die Residenz der Herrscherfamilie, Behörden, Ministerien und die Malakademie – beherrscht. Da die einzelnen Quartiere nicht mehr durch Mauern umschlossen waren, lagen die Häuser und Geschäfte direkt an den belebten Straßen. Statt der in der Breite angelegten, durch Höfe und Gärten gegliederten Residenzen baute man nun mehrstöckige Wohnhäuser mit kleinen Parkanlagen und legte sehr viel Wert auf dekorative Details. Eine gut ausgerüstete Feuerwehr und die breiten Hauptstraßen sollten die Brände verhindern, die aufgrund der Holzbauweise häufig vorkamen. Brücken und Pagoden waren seit jeher die einzigen Bauwerke aus Stein oder gebrannten Ziegeln, und so zeugen noch heute zwei Pagoden von der songzeitlichen Stadt: Von der sechseckigen Po-Ta sind drei der einstigen neun Etagen erhalten, die sog. Eisenpagode ist in ihrer gesamten ursprünglichen Höhe von 55 m erhalten. Der Tempel der jüdischen Gemeinde, die ab der Songzeit dokumentiert ist, bestand nach alter traditioneller chinesischer Bauart aus mehreren einstöckigen Holzbauten, die in der Mitte des 19. Jh. zerstört wurden.

Hauptstadt
- in der Zeit der Fünf Dynastien (907–960 n. Chr.): Hauptstadt der Späteren Liang, der Späteren Jin, der Späteren Han und der Späteren Zhou; Name: Bian oder Bianliang
- der Nördlichen Song (960–1127 n. Chr.); Name: Bianliang

Begriffe
östliche Hauptstadt *(dongjing)*; Eisenpagode *(tieta)*

Verwandte Stichworte
Song Huizong; Su Shi; Zhu Xi; Religiöse Minderheiten; Baukunst

◄ Zhang Zeduan, *Flussaufwärts am Tag des Qingming-Festes* (Ausschnitt), Nördliche Song-Dynastie, frühes 12. Jh., Querrolle, Tusche und Farbe auf Seide, 25 x 528 cm, Peking, Palastmuseum.

Der Maler, der Mitglied der Hanlin-Akademie unter Kaiser Song Huizong war, verschafft uns mit seinem Gemälde einen wunderbaren Überblick über das Leben und Treiben in der Hauptstadt der Nördlichen Song kurze Zeit vor ihrer Eroberung im Jahr 1127.

Die Handrollen im Querformat konnten mehrere Meter lang sein und wurden von rechts nach links betrachtet: Während der Betrachter das Gemälde mit der einen Hand entrollte, rollte er es mit der anderen wieder auf und ließ die Abfolge der Szenen gewissermaßen wie einen Film vor seinen Augen vorbeiziehen.

Der Ausschnitt aus einer der Schlussszenen der Handrolle gibt eines der Stadttore wieder, an dem eine Karawane beladener Kamele sich gerade auf den Weg in die Wüstengebiete im Nordwesten Chinas macht.

Das abrupte Ende der Handrolle, deren Darstellung kurz nach dem Passieren der Stadtmauern aufhört, ließ Fachleute vermuten, dass sie unvollständig erhalten ist. In Kopien aus der Mingzeit ist die Darstellung bis zum Kaiserpalast fortgeführt, was diese Vermutung bekräftigt.

▲ Zhang Zeduan, *Flussaufwärts am Tag des Qingming-Festes*, siehe S. 331, Ende der Handrolle (unten) und Ausschnitt mit dem Stadttor (oben).

Kaiser Huizong war ein großer Kunstmäzen und Förderer eines Malstils mit ganz bestimmten gestalterischen und thematischen Merkmalen: Er bevorzugte realistische Sujets, die aus dem »wahren Leben« schöpften, statt sich, wie üblich, an alten Gemälden zu orientieren, und gab solche Darstellungen in Auftrag.

Unzählige Speiselokale und Läden säumen die Straßen, die in die Stadt führen. Während der Maler die Handelsaktivitäten vor den Augen des Betrachters entfaltet, gibt er niemals die Privatsphäre in den häuslichen vier Wänden den Blicken preis.

▲ Zhang Zeduan, *Flussaufwärts am Tag des Qingming-Festes*, siehe S. 331, Fortsetzung der Handrolle (unten) und Detail mit Geschäften und Speiselokalen (oben).

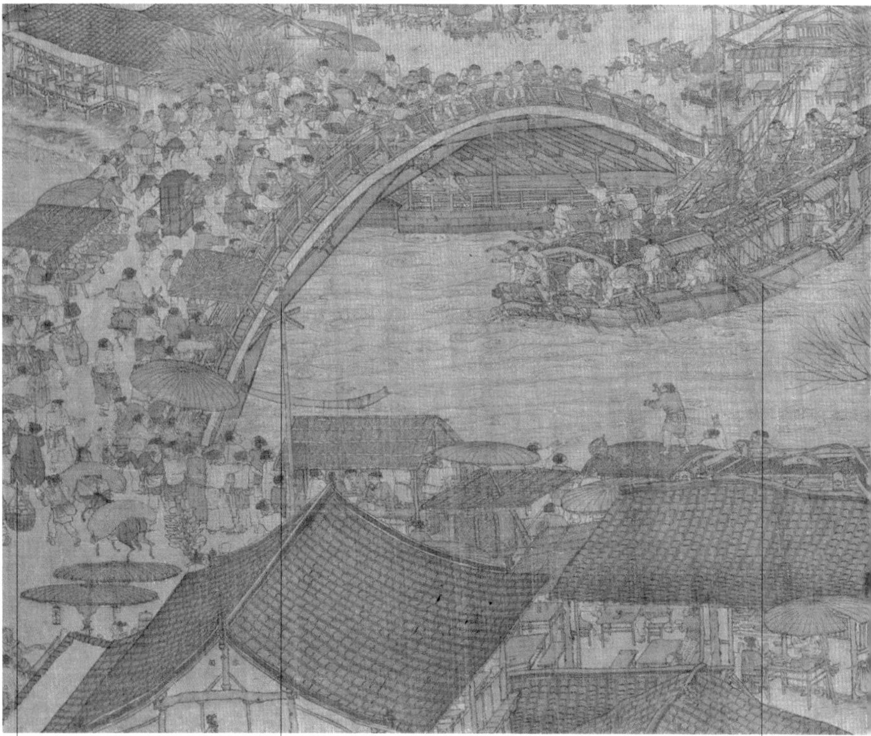

Die Stadt ist völlig überlaufen, und doch sieht man fast nur Männer aus allen sozialen Schichten; die Frauen, die zurückgezogen im Haus leben müssen, nehmen am öffentlichen Leben nicht teil.

Auf der Brücke sind unzählige Verkaufsstände aufgestellt, die anlässlich des Qingming-Festes, bei dem der Verstorbenen gedacht wird, Speisen und Nippsachen feilbieten.

Angefeuert durch die Schreie der Zuschauer, versuchen die Männer das Boot, das durch den starken Strom des Kaiserkanals gegen das Ufer gedrückt wird, unter die Brücke zu manövrieren.

▲ Zhang Zeduan, *Flussaufwärts am Tag des Qingming-Festes*, siehe S. 331, Fortsetzung der Handrolle (unten) und Detail mit Brücke (oben).

Das günstigste und schnellste Transportmittel in die Stadt waren Boote. Diese breiten und flachen Fähren waren eigens für die Flussfahrt gebaut und eigneten sich nur für kurze Strecken.

Normalerweise lebten die Fährleute zusammen mit ihren Familien auf diesen Schiffen – dieser Brauch hielt sich bis in die letzten Jahrzehnte des 20. Jh. und wurde schließlich auf Druck der Regierung aufgegeben.

▲ Zhang Zeduan, *Flussaufwärts am Tag des Qingming-Festes*, siehe S. 331, ortsetzung der Handrolle (unten) und Detail mit Hausboot (oben).

In den Vororten der Hauptstadt tauchen zwischen den Hütten die ersten Felder auf.

Je mehr man sich der Stadt nähert, umso dichter ist das Land bevölkert: Zwischen den Feldern sind die ersten Gasthäuser, beladene Pferde und Bauern zu erkennen, die ihre Erzeugnisse nach Kaifeng bringen

Hier am Anfang der Handrolle geht die Sonne auf, am anderen Ende ist es Spätnachmittag. Da in der chinesischen Malerei die Licht-und-Schatten-Verhältnisse keine Rolle spielen, ist die Tageszeit nur anhand der Tätigkeiten des Menschen ablesbar: Während die Leute am Morgen allen möglichen Beschäftigungen nachgehen, bleibt am Nachmittag mehr Zeit für Muße.

Die Handrolle beginnt mit der Darstellung der kargen Sumpflandschaft, von der die alte Hauptstadt einst umgeben war.

▲ Zhang Zeduan, *Flussaufwärts am Tag des Qingming-Festes*, siehe S. 331, Anfang der Handrolle (unten) und Detail mit Landszene (oben).

»Sollte ich mein Amt als Gouverneur / fünf Jahre innehaben, / so werde ich [meinen Pelzmantel] mit euch ausbreiten, / um alle Leute von Hangzhou damit zu bedecken.« (Bai Juyi)

Hangzhou

Kaifeng wurde 1127 n. Chr. durch das Nomadenvolk der Nüzhen gestürmt, das die Herrschaft der Jin-Dynastie auf ganz Nordchina ausdehnte. Ein Spross der Kaiserfamilie, der zunächst Zuflucht in Nanjing fand, richtete im Jahr 1138 die neue »provisorische« Hauptstadt der Südlichen Song in Hangzhou ein, einer Kleinstadt, die keineswegs den klassischen städtebaulichen Normen entsprach. Eingekeilt zwischen dem Fluss Zhe und dem Westsee – einem berühmten, 5,6 km² großen und nicht einmal 2 m tiefen See, der durch Begradigung und Eindämmung verschiedener Zuflüsse des Zhe unter der Tang-Dynastie entstanden war –, durchzog die Stadt ein dichtes Netz von Kanälen, die mit Brüstungen gesäumt und einmal im Jahr gesäubert wurden. Ein Spezialdienst sammelte täglich die Exkremente ein, die als Dünger dienten. Die Häuser waren mehrstöckig, die Gassen eng, und es wimmelte von Teehäusern, Gaststätten und Bordellen, die im Gefolge der regen Handelsaktivitäten entstanden waren. Nach mehreren Bränden wurden Warntürme in allen Stadtvierteln gebaut und eine Feuerwehr eingerichtet. Wegen Platzmangels wurden einige Märkte vor die Tore der Stadt verlegt. Im Jahr 1148 ließ der erste Kaiser der neuen Dynastie die Stadtmauern nach Süden ausdehnen und eine Palast- und Gartenanlage errichten, die zehnmal so groß war wie der Kaiserpalast in Kaifeng.

Hauptstadt
• der Südlichen Song (1138–1279); Name: Lin'an

Begriffe
Westsee (*Xihu*)

Verwandte Stichworte
Song Huizong; Kubilai Khan; Barbarische Dynastien; Technik und Industrie; Handel

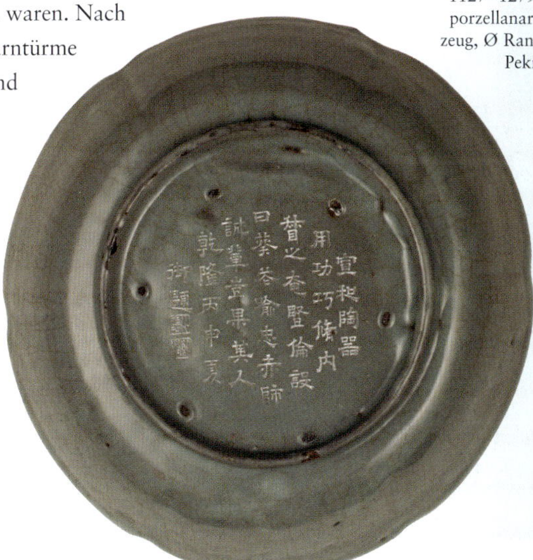

▼ Malvenblütenförmiger tiefer Teller, Unterseite mit Inschrift, Südliche Song-Dynastie, 1127–1279, glasiertes porzellanartiges Steinzeug, Ø Rand: 17,3 cm, Peking, Palastmuseum.

Der Teller ist ein Erzeugnis aus einer der beiden »amtlichen« (guan) *Manufakturen, die nach dem Umzug des Kaiserhofes nach Südchina in Hangzhou gegründet wurden.*

Die »amtliche« Keramikware war für den ausschließlichen Gebrauch durch den Hof und die Staatsbeamten bestimmt.

Im Unterschied zur ähnlich aussehenden Ru-Ware, *die unter Kaiser Song Huizong hergestellt wurde, ist die Glasur des* Guan-*Steinzeugs dicker und hat eine größere Tiefe, weil sie in mehreren Schichten aufgetragen wurde.*

Ab der ersten Hälfte des 15. Jh. verbreitete sich der Brauch, den Boden der Keramikwaren mit einem Zeichen zu versehen, das mit vier oder sechs Schriftzeichen auf den Dynastienamen und die Regierung verwies.

Seit der Gründung des chinesischen Reiches war es allgemein üblich, bestimmte Keramikwaren mit dem Namen der Manufaktur oder des Keramikers zu versehen, um die staatliche Kontrolle zu erleichtern.

▲ Malvenblütenförmiger tiefer Teller, Seitenansicht, Südliche Song-Dynastie, 1127–1279, glasiertes porzellanartiges Steinzeug, Ø Rand: 17,3 cm, Peking, Palastmuseum.

Grundriss von Hangzhou
ährend der Regierungszeit
er Südlichen Song-Dynastie,
n 1148–1279.

1. Kaiserpalast
2. Hauptstraße
3. *baidi*
4. Handelsviertel
5. innere Stadtmauer
6. äußere Stadtmauer
7. Westsee
8. Fluss Zhe

Yue Fei (1103–42), der aus einfachen Verhältnissen stammte, wurde Oberbefehlshaber der Armee der Song-Dynastie, nachdem der Hof Zuflucht in Hangzhou gefunden hatte und die Dynastie unter dem neunten Sohn des Kaisers Huizong wieder an der Macht war.

Dem geschickten Strategen und tapferen Krieger gelang es, weite Gebiete Zentralchinas den Nüzhen zu entreißen, die einen Großteil Chinas erobert und die Jin-Dynastie gegründet hatten. Der Vormarsch des Generals wurde gestoppt, nachdem ein geheimer Friedensvertrag zwischen dem neuen Kaiser und den Nüzhen geschlossen worden war.

Yue Fei wurde zum Symbol des Widerstands gegen fremde Invasoren, und so wurden im Jahr 1163 zwei Grabstätten errichtet, die man später in einen großen Tempelkomplex integrierte, der wiederum mehrfach umgestaltet und erweitert wurde.

Yue Fei wurde zusammen mit seinem jüngsten Sohn in einer Geheimaktion ermordet, nachdem man ihn fälschlicherweise des Komplotts gegen den Kaiser beschuldigt hatte, doch der General wurde bereits zwanzig Jahre später rehabilitiert.

▲ General Yue Fei geweihter Tempel in Hangzhou, gegründet während der Regierungsperiode der Südlichen Song-Dynastie, 1127–1279.

Durch den See führen zwei Deiche, die nach den Dichtern Su Shi (1037–1101) und Bai Juyi (772–846) benannt wurden. Letzterer soll den Bau des baumbestandenen Damms in den Jahren veranlasst haben, in denen er Präfekt in Hangzhou war (um 821 n. Chr.).

Im Unterschied zu vielen anderen Seen, die in den großen Parkanlagen der Kaiserpaläste künstlich ausgehoben worden waren, wurde der Westsee (Xihu) nicht zugeschüttet, sondern er wurde, ganz im Gegenteil, zum Wahrzeichen der Stadt.

Aus dem See ragen vier kleine Inseln, die in der Song- und Mingzeit angelegt und mit herrlichen Wasserparks und der Erholung dienenden Pavillons und Palästen ausgestattet wurden.

▲ *Der Westsee in Hangzhou,*
Ming-Dynastie, spätes 14./frühes 15. Jh.,
Albumblatt, Cleveland (Ohio), Museum of Art.

»Kahle Bäume im unbeständigen Frühling, / wo bringt der Wind diesen Duft her? / Ach, der Nachbar bereitet den Nachmittagstee zu!« (Gao Qi)

Nanking (Nanjing)

Hauptstadt
• aller nach dem Zusammenbruch des Han-Reiches kurzzeitig herrschenden Südlichen Dynastien (Wu, 222–280 n. Chr.; Östliche Jin, 317–420; Song, 420–479; Qi, 479–502; Liang, 502–557; Chen, 557–589); Name: Jianye oder Jiankang
• der Südlichen Tang (937–975); Name: Jiankang
• der Ming (1369–1402); Name: Yingtian, später Nanjing

Begriffe
Schwarzer-Krieger-See *(Xuanwu hu)*; Löwenhügel *(Shi shan)*

Verwandte Stichworte
Hongwu; Yongle; Barbarische Dynastien

Nach dem Zusammenbruch der Östlichen Han im Jahr 220 n. Chr. und der Besetzung des Nordens durch fremde Kulturen hatte Nanking den Ruf, als einzige Stadt die chinesische Kultur zu bewahren. Genau aus diesem Grund wurde die Stadt im Jahr 589 durch die Sui, die neue einende Kraft, die die chinesische Autorität in Zentral- und Nordchina wiederherstellte, dem Erdboden gleich gemacht. Unter den Tang zu neuer Blüte erwacht, wurde Nanking unter den lokal regierenden Südlichen Tang wieder Hauptstadt. Die Bauwerke dieser kurz regierenden Dynastie erwiesen sich als sehr dauerhaft: Unter den Song und Yuan wurde der Kaiserpalast zum Sitz von Verwaltungsbehörden. Der südliche Abschnitt der Stadtmauer diente über 400 Jahre später als Fundament für die neue Mauer, die der erste Ming-Kaiser errichten ließ. Noch bevor Hongwu sich des kaiserlichen Throns vollkommen sicher war, veranlasste er den Bau einer neuen Kaiserstadt östlich der alten Stadt, an der sich später die Planung der Verbotenen Stadt in Peking orientieren sollte. Die Stadtmauer wurde erweitert, sodass der Löwenhügel im Nordwesten nun innerhalb der Stadt lag, hingegen der Schwarze-Krieger-See im Nordosten, der kaiserliche Vergnügungspark, außerhalb. Am Nordufer des Sees waren verschiedene Behörden angesiedelt, auf einer der Inseln wurden die Steuerbescheide aufbewahrt.

► Der zur Grabanlage des Kaisers Hongwu führende Geisterweg *(shendao)* in Nanking, Ming-Dynastie, spätes 14. Jh.

Das Tor besteht aus drei massiven Steinkonstruktionen, in denen bis zu 3000 Soldaten untergebracht werden konnten.

Auch nach der Verlegung der Hauptstadt nach Peking im Jahr 1407 behielt Nanking seine Bedeutung als Handelsplatz und Industriestandort sowie als Kulturzentrum, da hier nach wie vor ein Teil der Kaiserlichen Akademie untergebracht war.

Im Jahr 1864 wurde Nanking bei der Niederschlagung des Taipingaufstands dem Erdboden gleichgemacht, nachdem die Stadt 1853 zur Hauptstadt des 1851 proklamierten »Himmlischen Reiches des allgemeinen Friedens« (taiping tianguo) *erklärt worden war.*

▲ Die Stadtmauer mit dem Südtor *(Zhonghua men)*, Ming-Dynastie, 14. Jh.

»Diese Stadt ist quadratisch, jede Seite ist gleich lang wie die andere, und alle vier zusammen messen 24 Meilen.« (Marco Polo)

Peking (Beijing)

Hauptstadt
• der Liao (südliche Hauptstadt; 936–1125); Name: Yanjing
• der Jin (1153–1214); Name: Zhongdu
• der Yuan (1267–1368); Name: Khanbalik bzw. Dadu
• der Ming (1406–1644); Name: Beijing
• der Qing (1644–1911); Name: Beijing

Begriffe
mongolische Verbotene Stadt *(danei)*; polare Verbotene Stadt *(zijincheng)*

Verwandte Stichworte
Kubilai Khan; Hongwu; Yongle; Barbarische Dynastien; Baukunst; Nanking (Nanjing)

Peking lag am Rande des antiken chinesischen Kulturraumes und diente ausländischen Mächten, die Nordchina im 10. bis 12. Jh. eroberten, als Bollwerk: Hier richtete die Liao-Dynastie ihre südliche Hauptstadt ein. Die nachfolgende, ebenfalls »barbarische« Jin-Dynastie initiierte ein ehrgeiziges städtebauliches Projekt nach dem Vorbild von Kaifeng. Im Jahr 1215 wurde die Stadt durch die Mongolen zerstört, fünfzig Jahre später beschloss Kubilai Khan jedoch, hier seine neue Hauptstadt zu errichten. Im Nordosten des alten Stadtzentrums wurde eine rechteckige Fläche mit einem Umfang von 28,6 km geplant und damit der Umriss der Äußeren Stadt bestimmt. Südlich der Mitte des schachbrettartigen Anlage lag die ummauerte Kaiserstadt und darin wiederum der Kaiserpalast. Der erste Ming-Kaiser Hongwu hatte seinen Regierungssitz in Nanking, sein Sohn Yongle verlegte dagegen die Hauptstadt nach Peking, das zur prachtvollen Kapitale ausgebaut wurde. Die Mauer im Norden wurde weiter nach Süden verlegt, sodass die »polare Verbotene Stadt« genau in die Mitte der Stadtanlage rückte. Die Gestaltung des neuen Peking stellt den Höhepunkt der traditionellen chinesischen urbanen Baukunst dar und basiert teils auf der mongolischen Anlage, teils auf den Bauformen der Kaiserpaläste in Kaifeng und Nanking, berücksichtigt aber auch Überlegungen aus der Wissenschaft der Geomantik.

► Signalturm gegenüber dem »Siegestor«, Ming-Dynastie, 1439.

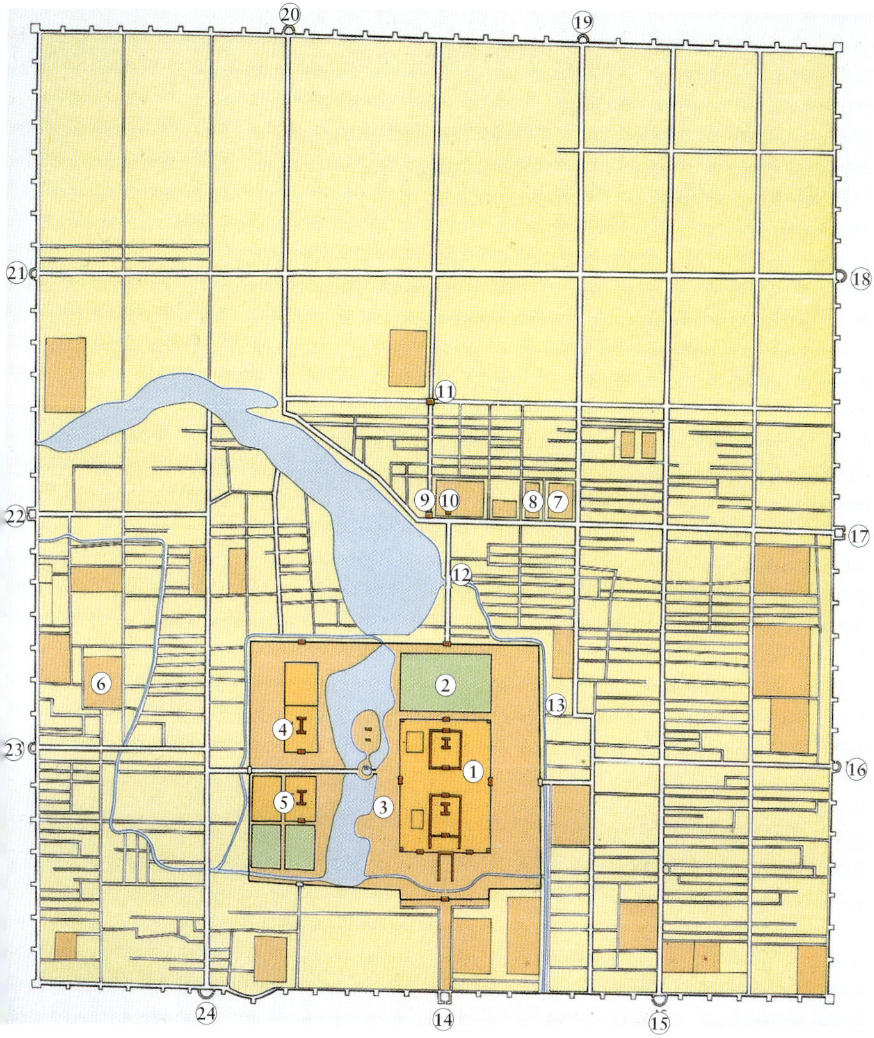

▲ Grundriss von Dadu (Beijing) während der Regierungszeit der Yuan-Dynastie, 1271–1368.

1. Kaiserpalast *(Daming dian)*
2. Kaiserpark
3. Kaiserstadt
4. Palast des Neuen Herrschers
5. Palast des Wohlstands
6. Altar, der Erde und dem Getreide geweiht
7. Konfuzius-Tempel
8. Kaiserliche Akademie
9. Trommelturm
10. Zentraler Turm
11. Glockenturm
12. Friedensbrücke
13. Fluss Tonghui

14–24. Stadttore

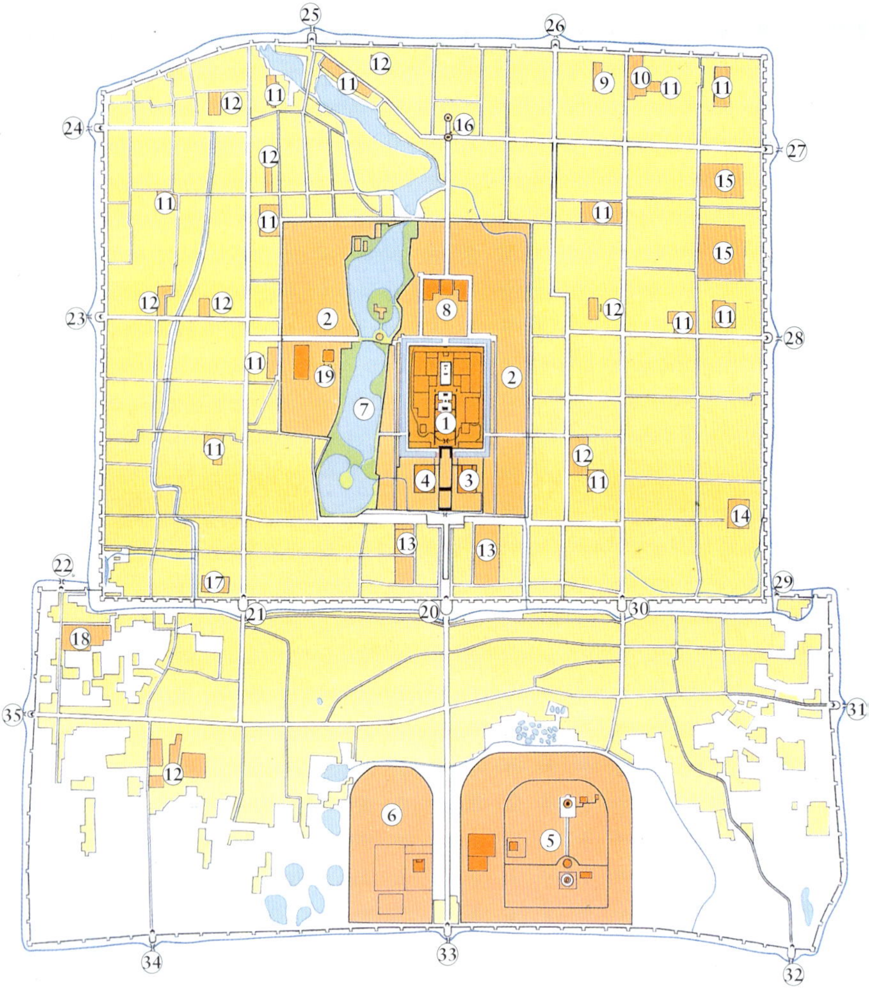

1. Verbotene Stadt
2. Kaiserstadt
3. Ahnentempel
4. Altar, den Erd- und Frucht barkeitsgöttern geweiht
5. Himmelstempel
6. Altar, dem Gott des Ackerbaus geweiht
7. Zentralsee (angelegt in der Jinzeit, 1127–1234) und Südsee (aus der frühen Mingzeit)
8. Aussichtshügel
9. Kaiserliche Akademie
10. Lamatempel, sog. »Palast der Harmonie und des Friedens« *(Yonghe gong)*, erbaut 1735
11. Residenzen der Prinzen der Kaiserfamilie
12. Tempel
13. Regierungsämter
14. Palast der Hauptstadt-Prüfungen
15. Lager
16. Glockenturm und Trommelturm
17. Elefantenhaus
18. Kaserne
19. Kirche

20–35. Stadttore

Die Verbotene Stadt war zweigeteilt: Im Äußeren Hof (Waichao) *pflegte der Kaiser die Beziehungen zur Außenwelt, in den Inneren Kammern* (Neiting) *waren die Kaiserfamilie sowie die Hofdamen und Eunuchen untergebracht.*

Die Gebäude der Verbotenen Stadt sind durch die dicken Nebelschwaden gut zu erkennen. Die Bereiche, in denen sich das Privatleben der kaiserlichen Familie abspielt, werden hngegen nicht preisgegeben.

In der 1420 errichteten »Halle zu Diensten des Himmels« (Feng Tian) *gewährte der Kaiser, der auf einem Drachenthron saß, Audienzen und empfing die höchsten Beamten des Staates.*

Die Nebelschwaden verweisen auch auf die den Kaiser umgebende himmlische Sphäre.

◀ Grundriss von Beijing während der Regierungszeit der Ming-und der Qing-Dynastie.

▲ Zhu Bang, *Bildnis eines Beamten vor der Verbotenen Stadt*, Ming-Dynastie, 16. Jh.,
Hängerolle, Tusche und Farbe auf Seide, 169 x 109 cm,
London, British Museum.

Die Hauptachse führt über den Bezirk der Verbotenen Stadt hinaus und endet im Norden am Glockenturm, der mit seinem Geläut am Morgen die Bewohner der Stadt weckte, und am Trommelturm, der die Schließung der Stadttore ankündigte.

▲ Blick über die Verbotene Stadt.

Das heutige Peking hat mit der alten Hauptstadt wenig gemein: Die Verbotene Stadt ist der einzige Gebäudekomplex, der die verschiedenen Zerstörungswellen der Revolutionen und der Modernisierung überlebt hat.

Die Verbotene Stadt war als ein Abbild des Kosmos konzipiert. Deshalb sind alle Bauwerke zur Hauptachse hin ausgerichtet, die vom Eingangstor (Wumen) durch die gesamte Anlage führt.

Im Zentrum der Welt erhebt sich die Verbotene Stadt, umgeben von einem Wassergraben und einer rot getünchten Mauer – Rot verweist auf die Farbe des Polarsterns.

Buddhistische Felsentempel

Buddha-Darstellungen
Mogao
Yungang
Longmen
Maijishan
Binglingsi
Bezeklik

◀ Decke der Grotte Nr. 390 von Mogao (Ausschnitt),
unhuang (Provinz Gansu), Sui-Dynastie, 581–618 n. Chr.

»Der Kaiser [Ming der Östlichen Han] entsandte Emissäre in die Westlande, die den Gott [Buddha] suchen sollten, und ... er erwarb buddhistische Schriften und Bilder.« (Yang Xuanzhi)

Buddha-Darstellungen

Begriffe
Westlande (*Xiyu*)

Verwandte Stichworte
Xuanzang; Barbarische Dynastien; Buddhismus; Handel

Es heißt, ein Übermensch mit einem Strahlenkranz züngelnder Flammen um das Haupt sei dem Kaiser Ming der Östlichen Han-Dynastie (Regierungszeit 58–75 n. Chr.) im Traum erschienen und habe ihm aufgetragen, buddhistische Schriften und Bilder aus den »Westlanden« sowie Indien einzuführen; diese seien dann in Luoyang, im ersten buddhistischen Tempel auf chinesischem Boden, aufbewahrt worden. Zweifellos hatte die Obrigkeit zu dieser Zeit Kenntnis von der neuen Religion, die wohl schon im Lauf des 1. Jh. v. Chr. inoffiziell nach China gelangt war. Positiv für die Verbreitung des Buddhismus in China wirkte sich der Machtverlust der Zentralgewalt aus, der ab der zweiten Hälfte des 2. Jh. n. Chr. die Expansion des Kushana-Reiches vom heutigen Afghanistan bis zu den weit entfernten chinesischen Kolonien begünstigte. In Kushana entstanden die ersten Buddha-Darstellungen unter dem Einfluss der hellenistischen figürlichen Bildtradition. Parallel zur Übersetzung des buddhistischen Kanons vermittelten die Missionare die neue Lehre mit Hilfe von Bildern. Entlang der sog. Seidenstraße und sogar im Herzen Chinas (in den Provinzen Henan und Shanxi, v. a. aber in Sichuan) entstanden zahlreiche Felsentempel mit Wandmalereien und Skulpturen, die das gesamte buddhistische Pantheon darstellen.

▼ Die Hauptrouten der Seidenstraße mit einigen der bedeutendsten buddhistischen Felsentempel

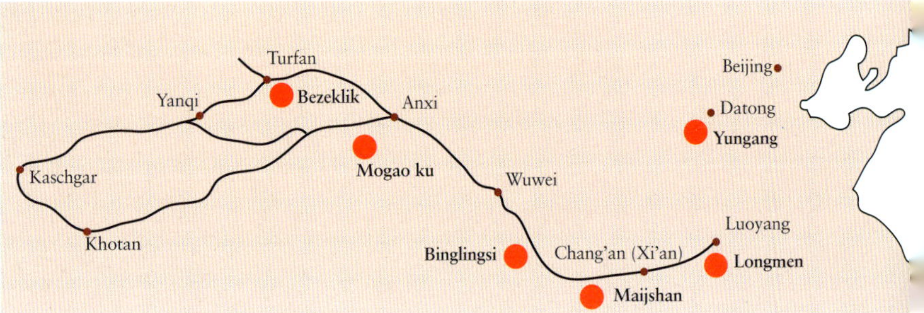

»In der Regierungsperiode der Östlichen Jin trieb der Sockel eines Buddhas aus vergoldeter Bronze im Ozean. Der Gegenstand leuchtete von innen.« (Inschrift in der Grotte Nr. 323 von Mogao)

Mogao

Begriffe
Jadetorpass (*Yumenguan*); Grotten von Mogao (*Mogao ku*)

Verwandte Stichworte
Han Wudi; Buddha-Darstellungen

Die im westlichen Gansu gelegene Oase Dunhuang, Präfektur im äußersten Nordwesten des Hanreiches, bildete die Nahtstelle zwischen China und den zentralasiatischen Ländern. Etwa 25 km südöstlich der Oase, nahe dem hanzeitlichen Jadetorpass, entstanden ab 366 n. Chr. die bedeutendsten buddhistischen Felsentempel Chinas: die Grotten von Mogao. Von den mehr als 1000 Grotten, die in den Berg Mingsha gegraben wurden, sind heute noch 492 erhalten, die in das späte 4. Jh. bis ins 14. Jh. datiert werden können. Die Grotten sind wundervoll dekoriert: Die Hauptfiguren der Szenen sind meist als fast freistehende Plastiken ausgestaltet und bemalt; die Episoden aus dem Leben Buddhas, die mythischen Figuren, Stifter, floralen und ornamentalen Elemente sowie Landschaften sind dagegen auf die Wände gemalt, die mit einem Gemisch aus Erde, Mist und Kalk geglättet und anschließend geweißt wurden. Die ältesten Grotten halten sich an zentralasiatische, manchmal auch indische Darstellungsschemata; später finden sich auch Figuren, die an die chinesische Ästhetik anknüpfen. Die Grotten gewannen im Jahr 1899 noch an Bedeutung durch den zufälligen Fund von rund 40 000 Handschriften, Gemälden und Stoffen, die in die Zeit zwischen 406 und 1004 datiert werden können; die meisten der Fundstücke befinden sich heute in Museen in London und Paris.

▼ Die Grotten von Mogao in der Nähe der Oase Dunhuang (Provinz Gansu).

Ein allgemeines Merkmal der Grotten von Mogao ist die thematische Zusammengehörigkeit der polychromen Statuen und den Wandmalereien.

Drei kleine Grotten zeugen heute noch von der ersten Entstehungsphase, die in die letzten Jahrzehnte des 4. Jh. und die ersten des 5. Jh. n. Chr. fällt.

Die »Himmelsbrunnen« (tianjing) *genannte Kassette in der Mitte der Decke ist von ihrer Aufteilung her von einem bestimmten Typus von Holzdächern entlehnt, der in ganz Asien verbreitet war.*

Die Skulptur wurde aus tonhaltigem Gips über einem Holzkern modelliert. Sie stellt vermutlich den zukünftigen Buddha Maitreya dar, dem an die zwei Dutzend göttliche Wesen (Deva) *zur Seite gestellt sind.*

▲ Deckenausschnitt und Westwand der Grotte Nr. 272, Nördliche Liang-Dynastie, 421–439 n. Chr.

Die vier Felder der Decke in Form einer abgeschnittenen Pyramide sind mit Paradiesmotiven der chinesischen Mythologie verziert.

Das südliche Feld gibt Xiwangmu wieder, die Königinmutter des Westens und Gebieterin über das daoistische Paradies.

Die zur daoistischen Mythologie gehörenden Figuren wurden in das buddhistische Ambiente integriert, um den allumfassenden Charakter der universalistischen Religion herauszustellen.

Der Wagen der Königin wird von zwei Phönixen gezogen und ist von weiteren Fabeltieren umgeben, z. B. dem grünen Drachen des Ostens und dem weißen Tiger des Westens.

▲ Südliches Feld der Decke von Grotte Nr. 249, Westliche Wei-Dynastie, 535–556 n. Chr.

Der volkstümliche Buddhismus der Tangzeit vermittelte die religiösen Lehren und Schriften durch einfache und eindeutige bilderreiche Erklärungen.

Eine junge Frau in wallenden Gewändern und Stolen tanzt inmitten einer Gruppe von Musikern. Zu jener Zeit waren die aus Zentralasien stammenden ausdrucksstarken Tänze nicht nur in den Randgebieten des Reiches berühmt, sondern auch am Kaiserhof.

In den Grotten der Tangzeit finden sich Illustrationen der wichtigsten Sutras, darunter diese Darstellungen des Paradieses von Amitabha, dem Buddha des unermesslichen Lichtglanzes.

▲ Südwand der Grotte Nr. 112 (Ausschnitt), Tang-Dynastie, spätes 7./frühes 8. Jh. n. Chr.

In der sog. Bibliotheksgrotte wurden im Jahr 1899 tausende Handschriften, hunderte Malereien auf Papier und Seide sowie die frühesten sicher datierbaren Druckwerke gefunden; man hatte sie zu Beginn des 11. Jh. dort versteckt.

Der Großteil des Fundes wurde zu Beginn des 20. Jh. von zwei Forschern aus dem Westen, Aurel Stein und Paul Pelliot, erworben. Der hochwertigste Teil des Schatzes von Dunhuang befindet sich heute im British Museum in London.

Ursprünglich war die Grotte eine Gedenkkapelle für den Mönch Hongbian, der in einer Zeit hier Klostervorsteher war, als es einem lokalen Magnaten gelang, die gesamte Region nach der mehr als fünfzig Jahre währenden tibetischen Besatzung wieder ins Kaiserreich einzugliedern.

Die Mönchsstatue, die man in der Felswand über der Grotte verborgen hatte, wurde erst in den 1960er-Jahren wiederentdeckt und an ihren ursprünglichen Platz zurückgestellt.

▲ Statue des Mönches Hongbian, dahinter die Wandmalereien der Nordwand von Grotte Nr. 17, Tang-Dynastie, 9./10. Jh. n. Chr.

»Mit diesem kaiserlichen Erlass weisen wir die Beamten an … Häuser zu bauen … damit die Gläubigen und Anhänger einen Platz zum Wohnen haben.« (Geschichte der Wei-Dynastie)

Yungang

Begriffe
Grotten von Tanyao (*Tanyao shiku*); Wolkenhügel (*Yungang*)

Verwandte Stichworte
Barbarische Dynastien; Buddhismus; Longmen

Die Felsentempel von Yungang wurden in nur wenigen Jahrzehnten errichtet, v.a. in der Zeit, als die nahe gelegene Stadt Datong Hauptstadt der Nördlichen Wei-Dynastie war: In der Felswand des Berges Wuzhou am Fluss Shili entstanden zwischen 460 und 523 n. Chr. an die 250 Nischen und Grotten, von denen jedoch viele durch Erosion stark beschädigt sind oder geplündert wurden. Die fünf ältesten Grotten werden »Grotten von Tanyao« genannt, nach dem Mönch, der Kaiser Wencheng zum Bau einer Kultstätte an diesem Ort bewegte – als Zeichen der Reue für die Verfolgungen der Buddhisten durch seinen Vorgänger. Diese Grotten haben einen Grundriss in Form eines auf dem Kopf stehenden U mit einer riesigen Statue in der Mitte, die nicht nur die Herrlichkeit Buddhas, sondern auch die staatliche Autorität symbolisiert. Die Modellierung der Figuren ist schlicht, die kräftigen Körper zieren eng anliegende Gewänder und Schmuck: Der Einfluss zentralasiatischer, indischer und hellenistischer Sakralkunst ist unverkennbar. In den Jahren 471–494 entstanden Grotten mit quadratischem Grundriss und teilweise mit steinernen Säulenhallen, die den Holzkonstruktionen der damaligen Zeit nachgebildet waren. Hier lassen das Bildrepertoire und die Modellierung chinesischen Einfluss erkennen, sind weniger schlicht und sinnlicher.

▼ Der große Buddha der Grotte Nr. 20, H: ca. 12 m, Nördliche Wei-Dynastie, 460–470 n. Chr.

Die Statuen der ältesten Grotten, die auf die Jahre 460 bis 470 n. Chr. zurückgehen, wurden direkt in die Felswand gehauen und mit einem schützenden Holzdach versehen; später wurden Säulengänge errichtet, die einen geschützten offenen Raum schufen, der als Vestibül diente.

Zwischen den größeren Grotten wurden zahlreiche Nischen mit Kultbildern in die Felswand gehauen.

Die heute durch Erosion und Sandstürme stark beschädigten Säulen waren ursprünglich nach dem Muster der Holzpfeiler gestaltet, achteckig und mit unzähligen kleinen Buddhafiguren in Meditationspose geschmückt, die auch mit dem Oberbegriff »Tausend Buddhas« (qian fo) *bezeichnet werden.*

▲ Felswand mit Säulenraum vor Grotte Nr. 10, Nördliche Wei-Dynastie, um 480 n. Chr.

Die nüchterne Gestltung der ersten Periode wurde von einer Überfülle von Bildern abgelöst: Säulen, Wände und Decke des Vestibüls sind ganzflächig behauen und leuchten in bunten Farben.

Die Motive leiten sich vom umfangreichen Bildrepertoire des buddhistischen Pantheons ab, das auf seiner langen Reise von Indien über Persien nach China die unterschiedlichsten Stile in sich aufnahm und hier auf einheimische Traditionen stieß und sich mit diesen vermischte.

Selbst die kleinformatigen Buddhafiguren weisen häufig die physischen Merkmale auf, die die klassische indische Ikonographie vorschreibt: den Stirnvorsprung (usnisa), *das »dritte Auge«* (urna), *die langen Ohrläppchen usw.*

Neben Buddhas in verschiedener Gestalt sind auch Götter und himmlische Wesen wie die geflügelten Apsaras, Krieger, Musiker und Tiere dargestellt.

Die Grotte Nr. 12 entstand in der Zeit der größten Bautätigkeit unter der Schirmherrschaft des Kaisers und bildet zusammen mit der benachbarten Grotte Nr. 10 eine Doppelgrotte.

▲ Dekor im Vestibül der Grotte Nr. 12, Nördliche Wei-Dynastie, um 480 n. Chr.

Der gesamte untere Bereich der Grotte ist mit Szenen wie dieser geschmückt, die den als jataka *bezeichneten Geschichten entnommen wurden.*

Szenen aus dem Leben des historischen Buddha – dargestellt ist hier, wie Shakyamuni den Palast verlässt, in dem er geboren wurde – bringen auf einfache und eindeutige Weise den Gläubigen die buddhistischen Lehren näher.

Der Brauch, dass Machthaber die Schirmherrschaft für den Bau von Grotten, Tempeln und Pagoden übernahmen, breitete sich mit der Mahayana-Schule aus, die das Stiften von Heiligenbildern als verdienstvolle und für das eigene Heil nützliche Tat ansah.

▲ Detail des Wanddekors in Grotte Nr. 6, um 490 n. Chr.

»Versucht man sie aus der Nähe zu betrachten, bleibt die Erscheinung unklar ... Erst wenn man langsam rückwärts geht, beginnt man [die Figur] und die Umrisse zu erkennen.« (Yang Xuanzhi)

Longmen

Begriffe
Drachentor (*Longmen*)

Verwandte Stichworte
Wu Zetian; Barbarische Dynastien; Buddhismus; Yungang

Der Umzug der Hauptstadt der Nördlichen Wei-Dynastie vom Rand in das Herz des chinesischen Reiches im Jahr 494 n. Chr. zeugt von dem Bestreben des fremdstämmigen Herrscherhauses, der chinesische Kultur zuzugehören. Der Buddhismus war integraler Bestandteil der Staatsideologie, und so wurde umgehend der Bau neuer Felsentempel 12 km südlich der historischen Metropole Luoyang veranlasst. Der Kalkstein der Felswand über dem Fluss Li ermöglichte eine feinere Bearbeitung als der Sandstein in Datong und erwies sich auch als resistenter, wenn man von den Plünderungen im frühen 20. Jh. und der Umweltverschmutzung absieht. Da noch heute immer weitere Grotten entdeckt werden, können keine genauen Zahlen genannt werden, außer, dass sich die Anzahl der Statuen auf mehr als 100 000 beläuft. Der chinesische Einfluss wird schon in der ersten Entstehungsphase deutlich, also während der Herrschaft der Nördlichen Wei zwischen 494 und 534 n. Chr.: Die Wände um die Hauptfiguren sind mit kleinen Figurennischen übersät, umgeben von Blumen, Wolken und Götterboten, die mit linearem Schwung angelegt sind. Die Figuren haben feine Gesichtszüge, sind schlank und tragen weite, spitz zulaufende Gewänder. Ihren Höhepunkt erreichte die Kunst von Longmen unter dem Tang-Kaiser Gaozong und seiner Gemahlin Wu Zetian mit monumentalen naturalistischen Statuen, die Güte ausstrahlen.

▼ Himmelswächter und Dämonen im Tempel von Fengxian, Tang-Dynastie, 672–675 n. Chr.

Seit Jahren versuchen chinesische und andere Forscher die zahlreichen in europäischen und amerikanischen Museen verstreuten Fundstücke der Grotten von Longmen virtuell einander zuzuordnen.

Der kleine Buddha Amitabha, der in der Mitte der Krone eine zentrale Position einnimmt, stellt vielleicht Guanyin, den Buddha der Barmherzigkeit, dar.

Stilistische und technische Merkmale – u. a. der charakteristische Kalkstein – geben Auskunft über die Herkunft des Kopfes, der nur eines von unzähligen Teilen ist, die im 19. und 20. Jh. von den Wänden gebrochen und in den Westen gebracht wurden.

Der Assimilationswunsch der fremdstämmigen Wei-Dynastie schlug sich im Stil der Plastiken nieder, die in der Zeit nach der Verlegung der Hauptstadt nach Luoyang entstanden: Die wuchtigen Körper wurden schlanker und die Gesichtszüge geradlinig und heiter.

► Kopf eines Bodhisattva, Nördliche Wei-Dynastie, 495–575 n. Chr., Kalkstein, H: 47,6 cm, Washington D. C., Freer Gallery of Art, Smithsonian Institution.

Die Grotte erhielt ihren Namen von der Lotosblüte, dem buddhistischen Symbol der Reinheit und einer der »acht Kostbarkeiten«. Frucht, Blume und Stängel stehen für Vergangenheit, Gegenwart und Zukunft.

Der harte Kalkstein von Longmen ermöglichte die Ausarbeitung der Motive bis in die feinsten Details. Hier wurde die ganze Grotte, mit Ausnahme des Fußbodens, behauen.

In die Seitenwände wurden zahlreiche Nischen gehauen, die mit Buddhabildnissen und Boddhisattvas reichlich bestückt und mit Girlanden, Wolken, Lotosblumen und geometrischen Mustern verziert sind.

An der Rückwand der Grotte steht eine über fünf Meter hohe Statue von Buddha Shakyamuni, dem historischen Buddha.

▲ Grotte der Lotosblüte *(Lianhua ku)*, Nördliche Wei-Dynastie, um 527 n. Chr.

Einen ihrer Höhepunkte erreichte die buddhistische Bildhauerkunst in Luoyang während der Regierungsperioden des Kaisers Gaozong (649–683) und der Kaiserin Wu Zetian (690–705), die den Hofstaat dorthin umziehen ließ.

Ein über 17 m hoher auf dem Thron sitzender Buddha Vairocana wird zu beiden Seiten jeweils von einem Boddhisattva, einem Himmelswächter, einem Krieger und einem Dämon flankiert.

Die ursprünglich durch ein Holzdach geschützten Statuen in der Mitte der südlichen Felswand am Südufer des Flusses Yi sind heute dem Licht und allen Witterungen ausgesetzt.

Einer der wenigen Künstlernamen, von denen die Nachwelt Kenntnis hat, ist Li Zhi, der als der Bildhauer der neun Kolossalstatuen des Tempels von Fengxian genannt wird.

▲ Der Tempel von Fengxian, Tang-Dynastie, 672–675 n. Chr.

»... als würde jemand den Berg durchlöchern ... über dem Kopf unzählige Sterne und unten das weite Land, bis in die Ferne« (Inschrift in Grotte Nr. 4 von Maijishan)

Maijishan

Begriffe
Heuhaufenberg (*Maijishan*)

Verwandte Stichworte
Xuanzang; Buddhismus; Binglingsi

Eine herrliche Landschaft bildet die Kulisse für den majestätischen Felsen, in den die Grotten von Maijishan gegraben wurden. Der zur Qinling-Bergkette gehörende Berg Maiji befindet sich in der Provinz Gansu etwa 45 km südöstlich der Stadt Tianshui, in der einst der Mönch Xuanzang auf seiner Reise nach dem Westen Halt machte. Dank der abgelegenen Lage blieben die Wandmalereien und die Statuen – meist in Ton um ein in der Felswand verankertes Holzgerüst modelliert – unberührt. Der Stein, der für andere Figuren benötigt wurde, musste von weit her herangeschafft werden, da sich der Fels für Bildhauerarbeiten nicht eignete. Heute umfasst der Felsentempel 194 Grotten, die über die West- und die Südwand verteilt sind; der mittlere Teil wurde im Jahr 734 durch ein Erdbeben zerstört. Beide Felswände werden jeweils durch eine an die 16 m hohe, von weitem gut sichtbare Statuengruppe dominiert, die aus der Sui-Dynastie datiert. Um diese Hochreliefs, die den Buddha mit zwei Bodhisattvas darstellen, sind die Grotten angeordnet, die ab dem 5. Jh. bis in die Songzeit (11. Jh.) angelegt sowie in der Qingzeit (1644–1911) teilweise ergänzt und restauriert wurden. Die Grotten können nur über ein hölzernes Rampensystem erreicht werden, das an der steilen Felswand des 150 m hohen Berges angebracht wurde.

► Der große Felsen von Maijishan

Der von seiner Beschaffenheit ziemlich kompakte Ton hat die Witterungseinflüsse eher gut überstanden, dagegen verschwand die ursprüngliche bunte Bemalung schon vor geraumer Zeit.

Von weitem schon sind die Löcher zur Verankerung des Holzgerüstes zu erkennen, über dem die Tonstatue geformt wurde.

▲ Große Buddhastatue mit zwei Bodhisattvas an der Südwand des Berges Maiji, Sui-Dynastie, 581–618.

Die größten Skulpturengruppen des Felsentempels entstanden in der Sui- und der Tangzeit. Die Figuren spiegeln die Ästhetik dieser Epochen wider: Obwohl von massiger Statur, strahlen sie Sinnlichkeit und Eleganz aus und sind wohl proportioniert.

»Nach all den Jahren und Dynastien waren die Heiligenbilder arg beschädigt – eingestürzt und zerbrochen. [Zhizhou] restaurierte sie … er bemalte sie und kleidete sie an.« (Zhizhou)

Binglingsi

Verwandte Stichworte
Maijishan

Dort, wo die bizarren Felsformationen der Xiaojishi-Bergkette über den Ufern des Gelben Flusses aufragen, kündigt eine 27 m hohe Statue aus der Tangzeit, die Maitreya, den zukünftigen Buddha, im Sitzen darstellt, den Schiffern die nur vom Fluss aus erreichbaren Grotten an, die ca. 70 km von der Stadt Lanzhou entfernt liegen. Der obere Teil der Statue wurde in den Sandstein gehauen, die Beine dagegen über einem Holzskelett aus Ton geformt. Durch den Bau eines Deiches im Jahr 1967 stieg das Wasserniveau, und es wurden an die 170 Grotten überflutet, darunter eine mit der Kolossalstatue eines schlafenden Buddha. Heute sind in Binglingsi noch 216 Grotten zu sehen, die zwischen dem frühen 5. Jh. und dem 18. Jh. entstanden sind. Die 183 am Westufer befindlichen, durch einen begehbaren Damm geschützten Grotten bergen neben vielen Fragmenten von Wandmalereien hunderte Ton- und Steinskulpturen. In Binglingsi findet sich die älteste Inschrift in einer buddhistischen Grotte, datierbar auf das Jahr 420 n. Chr. Mehr als 30 Grotten gehen auf die Regierungsperiode der Nördlichen Wei-Dynastie zurück, zwei Drittel aller Grotten stammen aus der Tangzeit. Während der Mongolenherrschaft war Bingling, damals Lingyan genannt, ein bedeutendes Kloster, wovon noch einige Wandmalereien mit esoterischer und tantrischer Thematik zeugen.

▼ Nische Nr. 28,
Tang-Dynastie, 18–907.

Durch die Erosion bildete der weiche Sandstein im Laufe der Jahrtausende bizarre Formen aus.

Vor dem Bau der neuen Talsperre in der zweiten Hälfte der 1960er-Jahre war das Wasserniveau wesentlich niedriger.

Um die Grotten pflanzten die Pilger aus den »Westlanden« einst seltene exotische Pflanzen an. Noch heute sind hier z. B. uralte indische Sandelbäume zu finden.

▲ Der Gelbe Fluss (Huanghe) in der Nähe der Grotten von Binglingsi

Unter den Anhängern des Buddha sind auch zwei Frauen zu sehen.

Eine Inschrift im Innern der 19 m langen und 27 m breiten natürlichen Höhle legt das Jahr 420 n. Chr. als Entstehungsjahr der Wandmalerei fest; damit wäre dieses Werk die älteste buddhistische Wandmalerei im heutigen China.

Die kalligraphischen Striche, mit denen die Konturen gezeichnet und die Details gestaltet wurden, scheinen – wie die Gesichtszüge der Figuren – eher chinesisch geprägt zu sein

Die wertvollen Farbpigmente aus den Kupfererzen Azurit und Malachit wurden großzügig verwendet; auf dem Gesicht der unteren Buddha-Darstellung sind noch Spuren des ursprünglichen Blattgoldüberzugs zu sehen.

▲ *Sitzender Buddha*, Wandmalerei an der Nordwand von Grotte Nr. 169, Westliche Qin-Dynastie, um 420 n. Chr.

Maitreya – eines der in der Plastik mit am weitesten verbreiteten Buddhabildnisse – ist der zukünftige Buddha, der Nachfolger des historischen Buddha Shakyamuni, der die ganze Welt unter seiner Führung vereinen wird.

Die in der Tangzeit modellierte Kolossalstatue wurde mehrfach restauriert.

Der große Buddha wurde in der Tangzeit von einem Gouverneur der Region Liangzhou in Auftrag gegeben.

▲ Monumentaler Buddha Maitreya, Tang-Dynastie, 645 n. Chr.

»[Dao]pu stammte aus Gaochang und reiste in die verschiedenen Länder der Westregion. Er ... [besuchte] die vier Stupas, den Bodhibaum und die Bilder der Spuren.« (Gaoseng zhuan)

Bezeklik

Begriffe
Flammende Berge *(Huoyan shan)*; westliche Präfektur *(xizhou)*; *Gaoseng zhuan* (»Biografien eminenter Mönche«)

Verwandte Stichworte
Barbarische Dynastien; Religiöse Minderheiten

In den Felsmalereien der Grotten von Bezeklik wird der Facettenreichtum der multikulturellen Gesellschaft in den Städten an der Seidenstraße deutlich. Die in eine Felswand am Westufer des Flusses Murtuk gehauenen Grotten befinden sich ca. 50 km von der Oase Turfan in den Flammenden Bergen. Zu Beginn des 20. Jh. schickte der deutsche Archäologe Albert von Le Coq einige der besterhaltenen Wandmalereien nach Berlin (heute im Museum für Asiatische Kunst). Von den 83 Grotten enthalten nur noch knapp mehr als 40 Wandmalereien und diese befinden sich größtenteils in einem schlechten Zustand. Die meisten der Darstellungen entstanden in der Blütezeit des Uiguren-Reiches von Gaochang (spätes 9. bis 11. Jh.), als Bezeklik das kultische Zentrum des Landes war und viele alte Grotten restauriert wurden. Die Bildmotive aus dem 10. Jh. dokumentieren u. a. den Übertritt der Uiguren vom Manichäismus zum Buddhismus. In einem Durchgang ist die in die Regierungsperiode von Qu Gaochang datierbare Darstellung einer Kassettendecke aus Holz erhalten, wie sie Nachfahren der Hunnen im 5. Jh. n. Chr. einführten. In der Tangzeit stieg die Stadt Gaochang, die unter der Westlichen Han-Dynastie als militärischer Vorposten errichtet wurde, zur Hauptstadt der westlichen Präfektur auf. Thematisch wie stilistisch erinnern die Wandmalereien aus dieser Epoche an die der Grotten von Mogao in Dunhuang.

▼ Die Grotten von Bezeklik in den Huoyan-Bergen (Provinz Xinjiang)

Aus der Entstehungsphase der Grotten von Bezeklik ist lediglich die Darstellung einer Kassettendecke im umlaufenden Gang der Grotte Nr. 18 erhalten, die auf die Regierungszeit des Lokalherrschers Qu (540–600 n. Chr.) zurückgeht.

Dafür finden sich in mehreren Grotten Zeugnisse der darauf folgende Epoche (Mitte 7. Jh.), als die Region, die »westliche Präfektur« genannt wurde, dem Kaiserreich der Tang unterstand.

Die Grotte Nr. 16 mit quadratischem Grundriss und gewölbter Decke geht auf diese Epoche zurück; neben Porträts der Stifter befinden sich hier auch Darstellungen von Sutras und des Paradieses von Amitabha, dem Buddha des unermesslichen Lichtglanzes.

Die individuellen Gesichtszüge, die langen bunten Gewänder mit rundem Stehkragen und engen Ärmeln sowie nicht zuletzt die Inschriften auf Uigurisch verraten die Herkunft der Stifter aus dem Turkvolk.

▲ *Stifterporträts*, Grotte Nr. 16, Tang-Dynastie, 7. Jh. n. Chr.

Als die Uiguren um 840 gezwungenermaßen ihr 744 n. Chr. gegründetes Khanat von den Steppen der heutigen Mongolei nach Südwesten verlegen mussten, ließen sie sich in der Oase Turfan im Gaochang nieder.

Aus den frühen, nach der Ankunft der Uiguren in Auftrag gegebenen Malereien wird deutlich, dass das Turkvolk dem Manichäismus anhing; am offensichtlichsten belegt dies der große »Lichtbaum« in der Grotte Nr. 38.

Die Inschrift rechts von der ersten Figur benennt sie mit »Tutuq Bugra [vom Geschlecht der] Sali«. Die senkrechte, von rechts nach links verlaufende uigurische Schrift ist alphabetisch und besteht aus fünf Vokalen und zwanzig Konsonanten.

Die zu Beginn des 20. Jh. abgenommene Wandmalerei geht vermutlich auf die Zeit zurück, die unmittelbar auf die Konvertierung des Herrscherhauses zum Buddhismus folgte.

In einigen Gebeten uigurischer Herkunft wird mit der Periphrase »diejenigen mit den Blumen [in der Hand]« auf die Toten verwiesen. Die Blumen scheinen erst später hinzugefügt worden zu sein: Vielleicht wurden Porträts auf diese Weise nach dem Tod des Stifters vervollständigt.

▲ *Porträts uigurischer Herrscher*, Tang-Dynastie, 9. Jh. n. Chr., Wandmalerei der Grotte Nr. 9 von Bezeklik, 62,4 x 59,5 cm, Berlin, Staatliche Museen zu Berlin, Museum für Asiatische Kunst.

Während der lang anhaltenden Schwächephase des chinesischen Kaiserreiches vermochten die Uiguren die Oberhoheit so lange zu behalten, bis sich die Jin-Dynastie vom Volk der Nüzhen im Jahr 1124 in Nordchina dauerhaft installieren konnte.

Vermutlich stellt die Wandmalerei Häretiker dar, die jubilieren, als ihnen die Nachricht vom Tod des Buddha zu Ohren kommt.

Auch wenn gewisse Ähnlichkeiten mit einigen Wandmalereien der Grotten von Mogao in Dunhuang feststellbar sind, so weist die Darstellung doch keinerlei chinesische Einflüsse auf.

▲ *Musiker*, Uiguren-Reich von Gaochang, Song-Dynastie, 10./11. Jh.

Anhang

Karte von China
Chronologische Übersicht
Museen
Stichwortregister
Bibliografie
Bildnachweis

◄ Statue von Budai, dem lachenden Buddha, Ming-Dynastie, datiert 1486, Steinzeug mit Dreifarbenglasur *sancai*, H: 119,2 cm, London, British Museum.

Karte von China

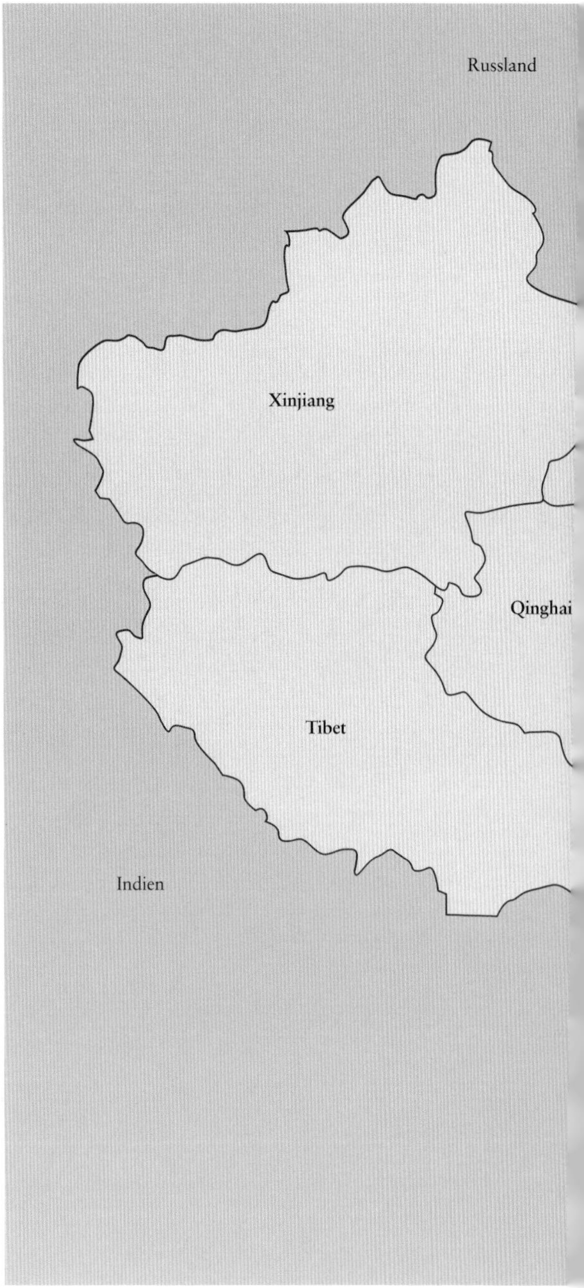

Heilongjiang
Mongolei
Jilin
Innere Mongolei
Liaoning
Nordkorea
Peking
(Beijing)
Hebei
Südkorea
Shanxi
Ningxia
Shandong
Luoyang
Xi'an
Henan
Shaanxi
Jiangsu
Chengdu
Shanghai
Anhui
Hubei
Sichuan
Zhejiang
Changsha
Hunan
Jiangxi
Guizhou
Fujian
Taiwan
Guangxi
Guangdong
Vietnam
Thailand
Hainan

Chronologische Übersicht

DYNASTIEN	ZEITRAUM	HAUPTSTADT
Shang (oder **Yin**)	um 1500–1050 v. Chr.	Anyang (ab ca. 1300 v. Chr.)
Zhou		
Westliche Zhou	11. Jh. v. Chr.–771 v. Chr.	Chang'an (Xi'an)
Östliche Zhou	770–256 v. Chr.	
Frühlings- und Herbst-Periode	770–476 v. Chr.	
Periode der Streitenden Reiche	475–221 v. Chr.	Luoyang
Qin	221–206 v. Chr.	Xianyang
Han		
Frühere oder Westliche Han	206 v. Chr.–8 n. Chr.	Chang'an (Xi'an)
Interregnum von Wang Mang	9–24	Chang'an (Xi'an)
Spätere oder Östliche Han	25–220	Luoyang
Drei Reiche		
Wei	220–265	Luoyang
Shu	221–263	Chengdu
Wu	222–280	Jianye (Nanking)
Westliche Jin	265–316	Luoyang
Östliche Jin	317–420	Jiankang (Nanking)
Südliche und Nördliche Dynastien		
Südliche Dynastien		
(Frühere) Song	420–479	Jiankang (Nanking)
Südliche Qi	479–502	
Liang	502–557	
Chen	557–589	
Nördliche Dynastien		
Nördliche Wei	386–534	Pingcheng (Datong), ab 493 Luoyang
Östliche Wei	534–550	Ye
Westliche Wei	535–556	Chang'an (Xi'an)
Nördliche Qi	550–577	Ye
Nördliche Zhou	557–581	Chang'an (Xi'an)
Sui	581–618	Daxing (Xi'an)
Tang	618–907	Chang'an (Xi'an)
Fünf Dynastien		
Spätere Liang	907–923	Bian (Kaifeng)
Spätere Tang	923–936	Luoyang
Spätere Jin	936–946	Bian (Kaifeng)
Spätere Han	947–950	Bian (Kaifeng)
Spätere Zhou	951–960	Bian (Kaifeng)
Zehn Reiche		
Wu	902–937	Yangzhou
Wuyue	907–978	Hangzhou
Südliche Han	907–971	Guangzhou
Chu	907–951	Changsha
Frühere Shu	908–925	Chengdu
Min	909–944	Changde (Fuzhou)
Nanping – Jingnan	913–963	Jingzhou
Spätere Shu	934–965	Chengdu
Südliche Tang	937–975	Jinling (Nanking)
Nördliche Han	951–979	Taiyuan
Song		
Nördliche Song	960–1127	Bianliang (Kaifeng)
Südliche Song	1127–1279	Lin'an (Hangzhou)
Liao	916–1125	Yanjing (Peking, südliche Hauptstadt)
Jin	1115–1234	Zhongdu (Peking)
Yuan (Mongolen)	1279–1368	Dadu bzw. Khanbalik (Peking)
Ming	1368–1406	Yingtian, danach Nanjing (Nanking)
	1407–1644	Beijing (Peking)
Qing (Mandschu)	1644–1911	Beijing (Peking)

Peking, Palastmuseum
www.dpm.org.cn
Die Verbotene Stadt ist ein einziges großes Museum mit einer Fläche von 720 000 m²; zu den Ausstellungsstücken gehören Kunstwerke und kunsthandwerkliche Gegenstände aller Art, die größtenteils aus dem Besitz des Kaiserhofes der Qing-Dynastie stammen.

Taipei, Nationales Palastmuseum
www.npm.gov.tw
Das nach der Flucht von Jiang Jieshi (Chiang Kaishek) nach Taiwan im Jahr 1949 gegründete Museum versammelt zahlreiche historische Werke aus den alten kaiserlichen Sammlungen. Die Qualität der Gemälde- und Kalligraphiensammlung ist weltweit unübertroffen. Die Werke werden turnusmäßig in großen, gut dokumentierten Ausstellungen präsentiert.

Lintong, Museum der Terrakotta-Armee des Kaisers der Qin
www.bmy.com.cn
Das größte Freilichtmuseum Chinas befindet sich direkt auf dem Grabungsgelände, wo die Terrakotta-Armee des Ersten Kaisers gefunden wurde. Die Ausgrabungen werden seit den 1970er-Jahren durchgeführt und bringen ständig neue überraschende Funde ans Licht; so wurde z. B. 2003 ein mit bronzenen Wasservögeln verzierter künstlicher unterirdischer Teich entdeckt.

London, British Museum
www.thebritishmuseum.ac.uk/
Die umfangreiche Chinasammlung deckt 5000 Jahre chinesischer Kulturgeschichte ab und hat einige Meisterwerke wie die Bilder von Gu Kaishi und Song Huizong aufzuweisen. Zu den bedeutendsten Werken zählen buddhistische Malereien und Schriften auf Seide, darunter das erste gedruckte Buch der Welt, das Aurel Stein in Dunhuang erwarb.

Paris, Musée Guimet
www.museeguimet.fr
Die Chinaabteilung des Museums ist berühmt für die von Paul Pelliot auf seinen Reisen nach Zentralasien und Dunhuang gesammelten Wandmalereien und Werke auf Papier und Seide. Sie umfasst eine große Sammlung von Grabstatuetten und Modellen *(mingqi)*, die aus zwei Privatsammlungen stammen und v. a. auf die Han- und die Tangzeit zurückgehen.

Paris, Musée Cernuschi
www.cernuschi.paris.fr
Das kürzlich umgebaute Museum befindet sich in der einladenden Villa seines Gründers Henri Cernuschi; mit einer eindrucksvollen Auswahl archaischer Bronzegefäße und einer Reihe von Grabstatuetten und Modellen *(mingqi)* aus der Han- bis zur Tangzeit bietet es einen Überblick über die chinesische Bestattungskunst von der Jungsteinzeit bis zum 14. Jh.

Berlin, Staatliche Museen zu Berlin, Museum für Asiatische Kunst
www.smb.spk-berlin.de
Herzstück des Museums ist die »Turfan-Sammlung«, die Holz- und Steinskulpturen, Textil- und Papierbilder sowie Fragmente von Wandmalereien des 3. bis 13. Jh. umfasst. Die Fundstücke, die vorwiegend aus den buddhistischen Felsentempeln in der Region um die Oase Turfan stammen, wurden in den ersten Jahren des 20. Jh. durch A. Grünwedel und A. von Le Coq zusammengetragen.

Zürich, Museum Rietberg
www.rietberg.ch
Die Chinasammlung ist für die buddhistischen Steinskulpturen des 6. bis 9. Jh. bekannt, die Teil einer repräsentativen Auswahl von Werken aus Indien, Indochina und Zentralasien sind. Bilder aus der Ming- und Qingzeit, die in einem weiteren Pavillon im großen Museumspark ausgestellt sind, bieten einen Überblick über die Kultur der Literaten dieser Epochen.

Boston, Museum of Fine Arts
www.mfa.org
Einige der einschlägigsten Kunstwerke des antiken China befinden sich heute in US-amerikanischen Museen: Die große Chinaabteilung des Bostoner Museums umfasst zahlreiche Bilder, v. a. Porträts und Werke der Gattung »Blumen und Vögel«, und bietet überdies einen Überblick über die Keramikkunst der Song- und der Qingzeit.

Washington D. C., Freer Gallery of Art and Arthur M. Sackler Gallery, Smithsonian Institution
www.asia.si.edu
Das Museum umfasst zwei große Abteilungen, deren Grundstock die Schenkungen von Charles Freer und Arthur M. Sackler bilden. Neben zahlreichen Bildern, die vorwiegend aus der Ming- und der Qingzeit stammen, besitzt es eine bemerkenswerte Sammlung von Ritualgefäßen und Jadegegenständen aus archaischer Zeit.

Kansas City, The Nelson-Atkins Museum of Art
www.nelson-atkins.org
Ritualgefäße und Waffen ermöglichen einen Einblick in die chinesische Kultur der Bronzezeit, einige seltene Bilder des 10. bis 13. Jh. geben wertvolle Hinweise zur Entstehung des Genres der Landschaftsmalerei in China. Bemerkenswert ist die Sammlung antiker Möbel.
Immer neue Funde und die Entdeckung interessanter Grabungsstätten hatten in den letzten Jahren die Gründung und Neustrukturierung zahlreicher Museen zur Folge. Stellvertretend seien hier genannt: das Provinzmuseum von Hunan in Changsha mit den herausragenden Lackarbeiten und Seidenstoffen aus den Gräbern von Mawangdui, das Provinzmuseum von Shaanxi in Xi'an mit kostbaren Funden aus der Gegend um die alte Hauptstadt sowie das Provinzmuseum von Hubei mit einer einzigartigen Sammlung von Musikinstrumenten aus der Bronzezeit, die dem 433 v. Chr. verstorbenen Fürsten Yi von Zeng gehörten. Einige neue Museen entstanden in der Nähe der Grabungstätten, in denen bedeutende Funde gemacht wurden, oder sogar direkt vor Ort, wie z. B. das Museum des Königs von Nan Yue in Guangzhou (Provinz Guangdong), das Museum von Sanxingdui nahe Chengdu (Provinz Sichuan) oder das Museum der Terrakotta-Armee in der Nähe von Xi'an. Wie die Grabanlagen um die alte Hauptstadt Chang'an wurden auch die Grabstätten der Ming-Kaiser in der Nähe von Peking in riesige Freilichtmuseen umgewandelt.

Stichwortregister

Bibliografie

Die folgenden Werke geben dem interessierten Leser die Möglichkeit, die im vorliegenden Band behandelten Themen weiter zu vertiefen. Zudem bieten sie ein breites Spektrum an wissenswerten Informationen über die Kultur im antiken China.

Blänsdorf, Catharina / Emmerling, Erwin / Petzet, Michael (Hg.), *Die Terrakottaarmee des Ersten Chinesischen Kaisers Qin Shihuang*, München 2001.

Cheng, Anne, *Histoire de la pensée chinoise*, Paris 1997 (erw. Ausg. 2002).

Ciarla, Roberto (Hg.), *Krieger für die Ewigkeit. Die Terrakotta-Armee des ersten Kaisers von China*, Vercelli 2006 (OA Ital. 2005).

Debaine-Francfort, Corinne, *La redécouverte de la Chine ancienne*, Paris 1998.

Desroches, Jean-Paul / Rey, Marie-Catherine, Chine. *Des chevaux et des hommes*, Paris 1995.

Eggebrecht, Arne (Hg.), *China, eine Wiege der Weltkultur: 5000 Jahre Erfindungen und Entdeckungen*, Ausstellungskatalog, Roemer- und Pelizaeus-Museum Hildesheim, Mainz 1994.

Fong, Wen C. / Watt, James C. Y., *Possessing the past: Treasures from the National Palace Museum, Taipei*, Ausstellungskatalog, The Metropolitan Museum of Art, New York 1996.

Goepper, Roger (Hg.), *Das alte China. Menschen und Götter im Reich der Mitte. 5000 v. Chr. – 220 n. Chr.*, München 1996.

Idema, Wilt L. / Haft, Lloyd, *A guide to chinese literature*, Ann Arbor 1997.

Institut für Geschichte der Naturwissenschaften der Chinesischen Akademie der Wissenschaften (Hg.), *Das Wissen der alten Chinesen. 4000 Jahre Entdeckungen und Erfindungen*, Düsseldorf 2001 (OA Chines. 1978).

Keswick, Maggie, *Der chinesische Garten. Geschichte, Kunst und Architektur*, Stuttgart 2004 (2., erg. u. neu bearb. Aufl.; OA Engl.).

Konfuzius, *Gespräche. Lun-yü*, aus dem Chines. v. Richard Wilhelm, München 2005.

Ledderose, Lothar, *Ten Thousand Things. Module and Mass Producti-*

on in Chinese Art, Bollingen Series XXXV. 46, Princeton 2000.
Lee, Sherman E. (Hg.), *China. 5000 Years. Innovation and Transformation in the Arts*, Ausstellungskatalog, Guggenheim Museum, New York 1998.
Miller, James, *Daoism: A short introduction*, Oxford 2003.
Laozi, *Tao-te-king. Das Buch vom Sinn und Leben*, übers. u. mit einem Kommentar v. Richard Wilhelm, München 1978 (°1995).
Li Zehou, *Der Weg des Schönen. Wesen und Geschichte der chinesischen Kultur und Ästhetik*, Freiburg i. Br. 1992 (OA Chines.).
Picard, François, *La musique chinoise*, Paris 2003 (überarb., erg. u. akt. Ausg.; EA 1991).
Pirazzoli-t'Serstevens, Michèle u.a., China, München 1970 (OA Franz.).
Dies. (Hg.), *L'arte per la vita nell'aldilà. Capolavori di arte antica cinese della collezione Meidaozhai*, 3 Bde., Turin 2002.
Prüch, Margarete (Hg.), *Schätze für König Zhao Mo. Das Grab von Nan Yue*, Ausstellungskatalog, Heidelberg 1998.
Rawson, Jessica (Hg.), *The British Museum Book of Chinese Art*, London 1992.
Roberts, John A. G., *A history of China*, New York 1996.
Scarpari, Maurizio, *Das antike China*, Köln 2001 (OA Ital. 2000).
Schlombs, Adele (Hg.), *China und die Hoffnung auf Glück. Sammlung Peter und Irene Ludwig, Museum für Ostasiatische Kunst Köln*, Heidelberg 2000.
Seidel, Anna, *Taoismus, die inoffizielle Hochreligion Chinas*, Tokio 1991 (überarb. Neuaufl.).
Temple, Robert K. G., *The genius of China: 3000 years of science, discovery, and invention*, New York 1986.
Tregear, Mary, Chinesische Kunst, München 1998 (OA Engl. 1971).
Whitfield, Roderick, *The Art of Dunhuang*, Japan Broadcast Publishing Co. Ltd. 1992.
Yang, Xiaoneng (Hg.), *The golden age of chinese archaeology. celebrated discoveries from the People's Republic of China*, Ausstellungskatalog, National Gallery of Art, Washington D. C. 1999.

Bildnachweis

A. De Luca/Archivio White Star, Vercelli, S. 12 unten, 92, 281, 288, 316
AKG-Images, Berlin, *Umschlagabbildung* (Laurent Lecat) und S. 54, 77, 86, 230, 240, 263, 319, 344 (Bruce Connolly)
Albert von Le Coq/Bildarchiv Preußischer Kulturbesitz, Berlin, S. 18
Alexandra Wetzel, Turin, S. 188
American Museum of Natural History, Courtesy of the Division of Anthropology, New York, S. 96 und 158
Amt für die Verwaltung der Kulturgüter, Luoyang, S. 310
Amt für die Verwaltung der Kulturgüter, Xi'an, S. 259
The Ancient Art & Architecture Collection Ltd., Pinner, S. 313
Foto Andrew Li, Hongkong, S. 236–237
© Ann Paludan, Brampton, S. 35, 56, 82
Archäologisches Institut der Provinz, Xi'an, S. 83
The Art Archive, London, S. 180 (Musée Guimet, Paris/Dagli Orti), 198 (Victoria and Albert Museum, London/Sally Chappell), 212 (Cleveland/Ohio, Museum of Art), 224 (Museum in Zhaoling), 347 (British Museum)
Asian Art Museum, Avery Brundage Collection, San Francisco, S. 176
Bezirksmuseum, Lianbei (Provinz Shanxi), S. 228
Biblioteca Apostolica Vaticana, Rom, S. 151
Bibliothèque Nationale de France, Paris, S. 31
BPK/Museum für Asiatische Kunst, Staatliche Museen zu Berlin/Photo: Jürgen Liepe, S. 124
The Bridgeman Art Library, London, S. 53, 78–79, 275
The British Library, London, S. 121
© 2005 China Institute in America, New York, S. 14 und 274 (Sammlung des Provinzmuseums von Shandong), 127 und 298 (Sammlung des Stadtmuseums von Jinan)
© The Cleveland Museum of Art, S. 49, 107, 235, 250–251, 265, 269, 341
Collezione Berenson, mit freundlicher Genehmigung des President and Fellows of Harvard College, Florenz, S. 114
© Copyright the Trustees of the British Museum, London, S. 290
Corbis, S. 33, 181 (Liu Liqun), 190 (Lowell Georgia), 353, 358, (Dean Conger), 362, 371 (Wolfgang Kähler)
Cultural Relicts Publishing House, Beijing (Peking), S. 10, 12 oben, 80, 133, 159, 160, 210, 226, 266, 361
Erhard Pansegrau, Berlin, S. 238 oben
© Erich Lessing/Contrasto, Mailand, S. 25, 32, 126, 128, 141, 231, 291, 376
Famen-Tempelmuseum, Fufeng, S. 152
Fondazione Giovanni Agnelli, Turin, S. 84, 148, 191, 192, 242, 244, 245, 258, 260, 294, 301
Foto Bertil Lundahl, Malmö, S. 34
Freer Gallery of Art, Smithsonian Institution, Washington D. C., S. 20, 48, 102, 199, 211, 292, 363
Fundação Oriente, Lissabon/Sammlung Kwok On, S. 30
Gamma/Contrasto, Mailand, S. 8
Graf-Luxburg-Museum, Schloss Aschbach, S. 196–197
Hans-Wilm Schütte, Hamburg, S. 139
Heritage-Images/Leemage, S. 64 (© The British Library), 155, 171, 206, 293 (© The British Museum), 173, 262, 273
Historisches Museum der Provinz Shaanxi, Xi'an, S. 24, 68–69, 75, 91, 115, 136, 147, 150, 156–157, 200, 201, 208, 214, 217, 218, 255, 267, 270, 277, 278, 280, 284, 330
Huntington Archive, Columbus (Ohio), S. 365
Idemitsu-Kunstmuseum, Tokio, S. 264 und 279
Imaginechina/Contrasto, Mailand, S. 13, 140, 340, 359, 360
Ingrid Booz Morejohn/Picture Works, Helsingborg, S. 117, 187, 342, 343, 366
Courtesy Jan van Beers Oriental Art, London, S. 81
Jessica Rowson, London, S. 59 und 194
Kunstmuseum, Hongkong, Xubaizhai Collection, S. 50
Lee Family Collection, Tokio/Foto Keitaku Takagi, S. 21, 22, 37, 252, 254
Linden-Museum, Stuttgart, S. 234
Lingbao-Palast, Xiyun Guan, Dun-

huang (Provinz Gansu), S. 167
Lothar Ledderose, Heidelberg, S. 177 unten
MAO – Museo d'Arte Orientale, Turin, S. 146, 168, 219, 286, 311, 312
Marka, Mailand, S. 165
Maximilian Schecker, Hamburg, S. 119 und 177 oben
The Metropolitan Museum of Art, New York, S. 51 (Foto © 1997), 58 (Foto © 1986), 60 (Foto © 1996), 95 (Foto © 1984), 103 (Foto © 1995), 149 (Foto © 1999), 213 (Foto © 1987)
Museum der chinesischen Geschichte, Beijing (Peking), S. 10, 216 und 329
Museum der Steintafeln, Suzhou, S. 66
Museum der Terrakotta-Armee des Kaisers der Qin, Lintong, S. 134, 302, 309
Museum des Stelenwaldes, Xi'an, S. 142, 178, 186
Museum für Ostasiatische Kunst/Photo Rheinisches Bildarchiv, Köln, S. 123, 144–145, 220, 223, 239
Museum für Völkerkunde, Leipzig, S. 71, 72, 183
© Museum of Fine Arts, Boston, S. 38–39, 41, 42, 73, 106 oben, 314, 320–321
Museum, Shanghai, S. 57, 104, 118
Nanjing-Museum (Provinz Jiangsu), S. 182
Nationalbibliothek, Taipei, S. 112
Nationales Palastmuseum, Taipei, S. 46, 52, 55, 74, 76, 109, 116, 162, 170, 172, 204, 209, 221, 227, 247, 272, 326
Photo © National Gallery of Canada, Ottawa, S. 324
Nationalmuseum, Tokio/TNM Image Archives, S. 40, 100, 246
The Nelson-Atkins Museum of Art, Kansas City, S. 93 und 101 (Photographs by Jamison Miller), 108 und 184 (Photographs by Robert Newcombe), 282–283
NHK Publishing, Tokio/Foto Seigo Otsuka, S. 17, 143, 241, 268, 350, 354, 355, 356, 357
Palastmuseum, Peking (Beijing), S. 28–29, 44, 62, 113, 129, 130–131, 132, 164, 195, 202–203, 243, 271, 331, 332, 333, 334, 335, 336, 337, 338
© Patrimonio Nacional, Madrid, S. 23
Philadelphia Museum of Art, Gift of John T. Dorrance, 1977, S. 61
Porzellansammlung Dresden, S. 261
Provinzmuseum von Hebei, Shijiazhuang, S. 2 und 189
Provinzmuseum von Henan, Zhengzhou, S. 287 und 325
Provinzmuseum von Hunan, Changsha, S. 65, 89, 97, 154, 193, 215, 232, 253, 256, 276, 297, 299, 300
Provinzmuseum von Liaoning, Shenyang, S. 43 und 257
Provinzmuseum von Shaanxi, Xi'an, S. 26–27
Provinzmuseum von Sichuan, Chengdu, S. 88, 125, 169, 225, 285, 323
Provinzmuseum von Yunnan, Kunming, S. 18 und 90
Qianling-Museum (Provinz Shaanxi), S. 36
Redlink Asian Photography Network Limited, Hongkong, S. 318
© Photo RMN, Paris, S. 67 (03-007679), 135 (03-007532), 222 (03-007544) (© Jean-Yves et Nicolas Dubois), 174 (99-024866) (© Thierry Ollivier)
Robert Harding Picture Library Ltd., London, S. 163, 233, 305, 348–349
Roemer-Museum, Ohlmersche Sammlung, Hildesheim, S. 94 und 205
Sammlung des Amtes für die Verwaltung der Kulturgüter, Xi'an, S. 327
Schlossmuseum, Gotha, S. 105
Staatsbibliothek, Preußischer Kulturbesitz, Berlin, S. 229
Städtisches Kunstmuseum, Osaka, S. 15 und 45
Stadtmuseum, Jingzhou, S. 98
Stadtmuseum, Luoyang (Provinz Henan), S. 166
Stadtmuseum, Qingzhou (Provinz Shandong), S. 179
Tokugawa Kunstmuseum, Nagoya, S. 110–111
Travel China Guide, Xi'an, S. 106 unten, 364, 368, 369
Tulufan diqu wenwu baoguansuo (Institut zum Schutz der archäologischen Funde der Gegend um Turfan), S. 372, 373, 374, 375
V & A Images/Victoria and Albert Museum, London, S. 122, 295, 308

Die Zeichnungen und Karten sind folgenden Werken entnommen: S. 70 und 304: *Cina a Venezia. Dalla Dinastia Han a Marco Polo*, Mailand 1986; S. 120 und 306: J. Rawson (Hg.), *The British Museum Book of Chinese Art*, London 1992; S. 161 und 303: J. Fontein/R. Hempel, *China, Korea, Japan*, Propyläen Kunstgeschichte Bd. 20, Berlin 1985; S. 238 unten, 317 und 322: M. Pirazzoli-t'Serstevens (Hg.), *La Cina*, Turin 1996; S. 318: A. Cotterell, *Ch'In Shih-Huang-Ti primo imperatore della Cina. L'emozione scoperta della sua tomba*, Mailand 1981; S. 328: H. Brinker/R. Goepper, *Kunstschätze aus China, 5000 v. Chr. bis 900 n. Chr. Neuere archäologische Funde aus der Volksrepublik China*, Köln 1981; S. 339: A. Cotterell/Y. Yap, *Das Reich der Mitte*, Bern/München 1986; S. 345 und 346: Y. Chongnian, *Beijing. The Treasures of an ancient Capital*, Peking 1989.

Der Verlag hat sich bemüht, sämtliche Rechteinhaber ausfindig zu machen. Sollte es in Einzelfällen nicht gelungen sein, Rechteinhaber zu benachrichtigen, so bitten wir diese, sich beim Verlag zu melden.